모던 키친

—농장 공장 주방

쉽게 시키

박찬용

HB PRESS

들어가며—주방 속으로

나는 2021년 7월부터 2023년 5월까지 약 2년 동안 40여 곳의 식품 제조와 식재료 재배 현장을 찾았다. 식품 제조 현장을 취재해 뉴스레터로 소개하자는 어느 기업의 콘텐츠 제작 제안으로 시작된 일이었다. 코비드-19 시국이었고, 배달앱 업계가 호황일 때였다. 어느 때보다 사람들이 집에서 음식을 많이 먹게 된 때였고, 동시에 여러 가지 이유로 요리를 점점 하지 않는 때이기도 했다. 그런 상황을 회접시의 무채처럼 깔아 두고 전국의 현장을 찾았다. 제주부터 철원까지, 산골짜기부터 바다 위까지. 작은 부엌부터 외식기업의 연구소까지, 가장 발전된 공장부터 가장 오래된 공장까지.

현장을 다니다 보면 그게 어디든 깨닫게 된다. 현장에 가면 반드시 배우는 게 있다. 마흔 곳의 현장은 마흔 번의 배움의 장이었다. 취재를 모두 마치고 책을 내기로 한 뒤 제목을 정할 시간이 왔다. 우리(편집자와 나)는 이야기 끝에 이 책의 제목을 '모던 키친'이라 짓기로 했다. 여기에는 몇 가지 이유가 있다.

여러 현장을 다니다 보니 이건 모두 주방의 이야기라는 사실을 깨닫게 되었다. 최첨단 식품 공장도, 오래된 식당 뒤편에서 40년째 쓰는 튀김기도 어느 정도의 공통점이 있었다. 다만 가정에서 이루어지는 소량 생산 조리와 공장 규모의 대량 생산에는 차이점이 생길 수밖에 없고, 대량 생산에서의 변수를 관리하는 건 별도의 예술이라 불러도 충분할 기예다. 즉 규모가 변하면 모든 게 변한다. 각 조리 현장에서의 공통점과 차이점. 이것이 내가 현장에서 보고 감탄한 것이자 책을 이루는 주된 요소 중 하나다.

식품 공장은 내가 식품에 대해 가지고 있던 생각을 근본적으로 바꾸어 주었다. 흔히 마트에 놓인 반조리식품이나 냉동만두 같은 걸 보면 저 만두는 우리가 명절에 해 먹는 만두와는 다른 과정으로 만들어졌을 것 같다. 그렇지 않다. 대형 식품 공장은 초대형 주방이다. 공장에서 만드는 밥과 집에서 짓는 밥은 원리만 같고 원리를 뺀 모든 게 다르다. 같은 논리로 중형 식품 공장은 중대형 주방이다. 영어 '모던 키친'은 두 가지 정도의 의미로 해석할 수 있다. 오늘날의 주방(The kitchen of the modern days) 혹은 현대화된 주방(The modernized kitchen) 정도다. 공장은 두 의미 중 후자, 현대화된 주방이다.

앞서 말했듯 규모가 변하면 모든 게 변하기도 한다. 식품 공장 운영은 엄격한 규제와 여러 가지 변수 사이에서 매일 같은 품질을 구현해 내는 곳이다. 말로 적으면 간단하지만 실제로 보면 이건 기적에 가까운 현장이다. 예를 들어 당신은 매일 몇 시에 일어나는가. 매일 똑같이 아침 7시 17분에서 18분 사이에 깨어날 수 있는가. 식품을 비롯한 제조업 공장은 불가능에 가까워 보이는 이런 일이 어김없이 계속되는 곳이었다. 과장하지 않고 표현하려 했으나 감탄할 수밖에 없는 순간들이 있었다.

오늘날 F&B 산업의 한 축에는 프랜차이즈 음식 회사가 있다. 프랜차이즈의 전제 중 하나는 어디에서나 같은 맛을 내는 맛의 표준화다. 그 사실은 어딘가에 이 맛의 표준화를 연구하고 교육하는 장소가 있음을 뜻하기도 한다. 몇 가지 이유로 이 책에는 그런 프랜차이즈 본사 연구소나 교육 시설을 다녀온 이야기도 실려 있다. 이 프로젝트의 클라이언트가 배달 플랫폼 기업 요기요였기 때문이기도 했지만 더 큰 이유는 그게 아니었다. 재미와 의미였다.

몇 번 가서 눈으로 확인한바 대형 프랜차이즈의 교육시설이

나 본사에도 보통 사람이 재미를 느낄 요소들이 있었다. 익숙한 음식일수록 더 절실하게 와닿는 게 사람 마음이니. 예를 들어 나는 부산에 유독 일본풍 카레의 부산풍 변형 가게들이 많다는 사실과 그 가게들의 면면에 수년간 관심을 갖고 있으나 이 책을 읽을 분들은 도미노피자나 굽네치킨의 신제품과 그 기술에 더 관심이 있을 것이다. 그게 여러 사람의 눈에 더 많이 보이니까. 아울러 이들에게도 확실한 세부 요소와 치열한 고민이 있었다.

현대 한국 사회 가정 주방의 특징 중 하나는 요리 기능이 점점 줄어든다는 점이다. 밀키트, 음식 구독, HMR 등 요 몇 년간 식품업계에서 일어난 경향은 명확한 하나의 지향점으로 향한다. 특별한 요리 기술이나 대단한 인프라 없이 먹을 수 있는 음식. 그다지 즐거운 상상은 아니지만 앞으로 도시인들에게 요리는 점점 럭셔리가 될 것이며, 그 결과 가내 주방은 최소한의 가열 혹은 플레이팅 정도를 수행하는 곳이 될 거라 예상한다.

그렇다면 프랜차이즈의 본사 역시 현대 사회 주방의 일부다. 맛을 표준화한 뒤 어디서든 최소한의 편차로 음식을 제공하는 매뉴얼을 만들어 내기 때문이다. 그 역시 가정 내 메뉴 개발의 일부를 맡아 하는 셈이다. 음식 프랜차이즈는 음식의 대량 생산을 넘어 '복제가 가능한 노하우'라는 아주 흥미로운 주제의 실험을 현장에서 하고 있는 조직이었다. 프랜차이즈 연구소 역시 현대 사회의 주방이 하는 역할을 대행 및 선행하는 곳이며, 그 면에서 '키친'이라 부를 자격이 충분하다고 봤다. 현대 사회의 현대화된 주방(The modernized kitchen of the modern days)이라고 보면 되겠다.

세상이 변하는 속도는 모두 다르기 때문에 일반 식당의 주방도 여전히 잘 돌아가고 있다. 그러한 보통 식당의 주방을 찾아가 구경하고 취재하고 정리한 내용도 이 책의 주축 중 하나다. 말 그대로 오늘날의 주방(The kitchens of the modern days)인 셈이다. 오늘날의 식당 주방에서는 오늘날의 혁신과 오늘날의 사정과 오늘날의 고민을 많이 가늠할 수 있었다.

한편 이 취재 기획에서 가장 섭외가 어려운 곳이 일반 식당이었다. 공장 섭외는 의외로 괜찮았다. 아무튼 회사 조직의 일부이기 때문에 아무리 큰 공장이어도 정해진 수순과 절차를 거쳐 섭외가 가능했다. 개인 식당은 그와 반대였다. 일반 식당의 주방은 조직을 갖추기는커녕 제때 잠도 못 주무실 정도로 고된 노동을 하는 사장님들이 끌고 간다. 이분들께 속 편하게 "요기요에서 뉴스레터 취재 갑니다."라고 말씀드린다고 해도 "아이고 그러시군요 어서 오세요."라는 말이 돌아올 리 없다. 이런 분들께 뉴스레터가 뭐든 내 알 바가 아니다. 실제로 "'여기요'가 무슨 뉴스를 만든다고요?" 같은 말을 많이 들었다. 그런 이유로 이 책에서 볼 식당 부엌 이야기들은 다른 곳에서는 쉽게 접하지 못할 것이다.

마지막으로 이 책에는 농산임업의 산지에 다녀온 이야기가 있다. 산지도 주방이라 할 수 있을까? 적어도 나는 현대 한국에서는 그렇게 주장할 수 있다고 본다. 정보통신기술과 물류기술이 엄청나게 발달했기 때문이다. 한국은 카카오톡이나 네이버 밴드 등 스마트폰 기반 의사소통 서비스가 아주 (때로는 너무 심하다 싶을 만큼) 발달했다. 한국은 국토가 넓지 않은 편인 데다 택배 기술 역시 굉장히 발전해서 당일 오전에 주문한 물건이 다음 날에 도착할 정도에 이르렀다.

이걸 농수축산물에 대입하면 우리의 식생활은 혁명적인 수준으로 발전한다. 정보만 제대로 안다면 내가 원하는 산지의 음식물을 1~2일 만에 받아 볼 수 있다는 뜻이기 때문이다. 전화 한두 통 혹은 네이버페이로 전국 각 산지의 명산품을 즐기는 건 이제는 별 노하우가 필요한 일도 아니며 실제로 충분히 가능하다. 그렇다면 (특히 대도시에 거주할 경우) 전국 농수축산물 산지가 개념적으로 내 부엌과 연결되어 있다고 생각해도 되지 않을까? 그런 의미로 이 책의 마지막 챕터가 농수축산물의 산지가 되었다. 주방의 현대적 정의(The modern definition of the kitchen)라고 생각해도 좋겠다.

그리하여 이 책은 2021년 7월부터 2023년 5월까지 제작 배포된 요기요 뉴스레터 내용을 단행본 꼴로 구성해 추가 편집한 버전이다. 추가 편집의 구체적인 과정은 이렇다. 편집자는 책의 모양 전체를 기획하고 책에 들어갈 원고를 고르고 싱글 컷을 모아 앨범을 만들 듯 책의 순서를 짰다. 나는 편집자와 상의해 책에 들어갈 원고에 일부 의견을 보태고 선정된 원고 모두를 다시 읽고 다듬었다. 완성된 글이 하나의 기계라면 편집자와 나는 각자의 시점으로 원고 전체를 분해해 문장 하나하나를 다시 닦고 다듬어서 조립했다. 이 책은 사실을 다루는 작업이고 각자의 세계관이 있으므로 이러한 과정에서 수정과 보완 작업이 있었다. 이 뉴스레터의 구독자께서 책을 보게 되셨는데 내용이 다르다면 그 때문이다.

우리 모두는 평생 먹으며 살아간다. 많은 사람들이 음식을 매일 혹은 때때로 직접 조리한다. 그 면에서 모든 공장과 농장은 익숙하면서도 신선한 곳이다. 어느 정도는 주방이라는 면에서 익숙하고, 그 점을 빼면 모든 게 달랐기 때문에 신선하다. 나 역시 지난 2년 동안 익숙한 게 신선해 보이고, 신선한 현장에서 익숙한 요소를 찾아내는 경험을 할 수 있었다.

여기서 만나고 알게 된 이야기 덕에 나는 공장과 주방과 농장이 모든 세상과 연결되어 있다는 사실도 깨닫게 되었다. 현대 사회에서 떡집이 왜 아직도 아침부터 문을 여는지, 달라진 현대인의 식생활은 떠먹는 요구르트 시장을 어떻게 바꾸는지, 우리가 무심코 사 먹는 햇반이 어떤 하이테크의 산물인지, 값비싼 문어를 위해 누군가가 바다 위에서 어떤 일을 하며 그 경험을 일반인이 해 보면 어떻게 되는지, 앞으로 이어질 이야기를 통해 알 수 있을 것이다.

2023년 10월

박찬용

(앞쪽) 논산의 킹스베리 영농조합에서 만든 딸기 전용 트레일러. 사진 표기식

I. 거대한 주방 ― 식품 공장

II. 새로움과 배움의 주방 — 식품 연구소·교육원

138

도넛:
어둠 속의
달콤한 냄새

154

피자:
피자 학교에 가다

164

프레즐:
프레즐은 어떻게
만들어질까?

176

치즈:
치즈 하면 떠오르는
그곳

190

치킨:
당신은 굽는
타입입니까?

III. 프로의 주방 — 식당

212

카레:
카레 한 그릇에
담긴 것들

220

타코:
이태원과 신촌의 타코

232

버거:
버거를 만드는데
이렇게까지

242

치킨:
치킨과 음악

252

만두(부산):
만두의 도시 부산

262

돈까스:
그 돈까스 가게들의
비밀

272

중국집(인천):
면 따라 길 따라

IV. 달콤한 주방 — 떡집과 빵집

288

떡:
세상의 모든
아침의 떡

300

케이크:
빙빙 돌아가는
성탄 케이크처럼

310

식빵:
새벽의 식빵,
오후의 식빵

V. 살아 있는 주방 — 농장

324

딸기:
21세기 딸기의 맛

340

포도:
포도 익는 계절

352

미나리:
미나리 마을 사람들

366

밤:
어느 깊은 산속의
밤

378

인도어팜:
LED 나라의 농장

392

당근:
제주 왔으면 당근
한번 뽑아 봐야지

410

감귤:
모던 감귤

420

문어:
문어 취재 갔다가
무너진 사연

432

와사비:
꿈이 현실이
되기까지

즉석밥:
21세기 한국인의 밥솥

실제로 가서 보면 이런 느낌이다.

제조 공정 중 설비 외에 눈에 보이는 건 거의 없다.

(앞쪽) 불린 쌀이 햇반 용기 안으로 들어가는 모습. 22

"여기서부터는 소리가 좀 날 거예요."라는 말과 함께 자동문이 열렸다. 자동문이 열리자 아주 큰 북을 치는 듯 진동이 따라오는 쿵쿵 소리가 들렸다. "이건 햇반의 핵심인 스팀 살균에서 나는 소리예요." 그야말로 산업 현장의 소리와도 같은 큰 소리 옆으로 숙련된 큐레이터의 목소리가 울렸다.

우리는 충북 진천의 CJ 블로썸 캠퍼스에 있었다. 햇반은 지금 한국에서 가장 유명한 즉석밥이고, 진천 CJ 블로썸 캠퍼스는 한국에서 햇반을 만드는 공장 두 곳 중 하나이며, 한국에서 가장 첨단화한 식품 공장이다. 생색을 조금만 내면 지금부터 보게 될 사진과 이야기는 한국에서 거의 공개된 적 없는 것들이다. 함께한 CJ의 햇반 마케팅 담당자분들도 생산 시설 내부까지 들어와 본 적은 처음이라고 했다.

밥 짓는 소리

일단 식품 생산설비에 들어가면 인간은 세균 트레일러 취급을 받는다. (받아 마땅하다.) 철저한 위생 절차가 늘 필요하다. CJ 블로썸 캠퍼스의 입장 전 위생 절차는 앞으로 어느 공장에 가도 이정도는 없겠다 싶을 만큼 엄격했다. 머리카락이 들어가지 않도록 목까지 덮이는 발라클라바형 머리카락 가리개를 두 겹으로 쓰고 그 위로 안전복을 입고 레인 부츠처럼 큰 장화를 신었다. 안경을 쓴 사람들의 소독을 위해 안경점에 있는 초음파 세척기를 뒀다. 손을 씻어야 하는 건 물론이고 손 씻기 절차에 따라 물과 비누와 바람이 알아서 나오는 손 씻기 설비까지 있었다.

방부제가 없다. CJ가 햇반 관련해 가장 강조하는 메시지 중 하나다. 밥을 만드는데 유통기한을 길게 늘이려면 어떻게 해야 할까. 생산 과정에서 균을 없애고 밀봉포장을 하면 된다. 햇반 공장은 바로 이 과정, 생산 과정에서의 살균과 포장 과정에서의 균 차단을 막기 위해 설계되고 그렇게 운영되는 공간이다. 아주 크게, 아주 효율적으로. 공장 설비 바깥 박물관 유리창에서도 들리는 쿵쿵 소리가 그 살균 과정의 일부였다. 손을 다 씻고 나서야 들어갈 수 있었다. 그 소리가 나는 기계 곁으로.

인간과 기계

햇반 생산은 하늘에서 내려오는 그릇으로부터 시작된다. 정확히는 하늘이 아니라 공장 건물의 위층이다. 위에서 내려와 생산 라인에 진입한 그릇 안에 쌀이 담긴다. 그릇에 담긴 쌀은 고압 체임버에 들어가 살균 과정을 거친다. (여기서 쿵쿵 소리가 난다). 살균된 쌀 위로 물을 붓고, 그 후 열을 가해 밥을 만든다. 완성된 밥은 밀봉 포장실로 들어가 포장지가 붙어 나오고, 뜸 들이는 과정과 냉각 과정을 거치면 밥이 완성된다. 쌀부터 밥까지의 과정은 아주 큰 강의 흐름처럼, 어디 하나 멈칫하는 구석이 없다.

밥을 만드는 공정 자체에서 사람이 하는 일은 없다. 모든 일은 기계가 한다. 빈 햇반 그릇의 포장을 까는 일부터 다 만들어진 햇반을 물류창고로 들여보내는 일까지. 이건 생산성의 문제인 동시에 위생의 문제이기도 하다. 특히 포장지를 밀봉하는 포장실은 한결 더 예민해서 이곳에만 수술실 수준의 헤파필터와 포장실 전용 로봇팔이 따로 설치된다. 이만큼 효율적이고 *깨끗한* 공장 안에서 만들 수 있는 햇반은 하루에 90만 개에 이른다. 햇반 공장이 자리한 충북 진천의 인구가 약 8만 7천 명이다. 진천군민 1인당 열 개씩 받아 갈 수 있는 양을 하루에 만들 수 있다.

밀봉을 마친 햇반부터 눈에 보이기 시작한다.
다 만들어진 햇반들은 강물처럼 다음 생산 공정으로 흘러간다.

이렇게 자동화된 공장에도 사람의 손은 계속 필요하다. 햇반 공장은 서버 같은 거라고 볼 수도 있다. 서버 자체는 자동적으로 계속 돌아갈 테지만 어딘가에서는 늘 문제가 생길 수학적 가능성이 있다. 햇반 공장의 설비 곁에도 그걸 관리하는 사람들이 계속 붙어 있다. 밥을 만드는 기계를 관리하려면 결국 사람의 경험과 노하우가 필요하다. 취재 중에도 사진에는 보이지 않는 사람들이 계속 부지런히 오가는 걸 볼 수 있었다. 사람들이 다니는 통로와 동선 역시 면밀히 계산되어 있었고, 그건 이 공장 설비의 완성도가 아주 높다는 이야기이기도 했다.

대형 생산 설비나 공장 등을 보면 사람과 기계의 차이를 생각해 보게 될 때가 있다. 햇반 공장에는 몇 개의 생산 라인이 있다. 모두 같은 시기에 만들어져 동시에 생산을 시작한 기계다. 모든 기계는 (마치 사람처럼) 품질에 상관없이 고질병이 생긴다. 같은 생산 기계일 테니 고장이 나는 부분도 같아야 말이 될 텐데, 보수가 필요해지고 문제가 생기는 부분이 조금씩 달라진다고 한다. 사람들이 기계나 자연 등 말 못하는 것들에 공감하는 데에도 이유가 있는 것 같다.

햇반의 현장

현장 분들께 현장 이야기를 묻다 보면 상쾌한 기분이 든다. 우리의 일상과는 달리 여기서는 모호한 이야기가 없다. 이건 왜 그렇게 되나요, 저건 뭔가요, 저기서는 무슨 일이 일어나나요, 왜 저렇게 하고 있나요, 이런 질문을 하면 명료한 답변이 돌아온다. 내가 만났던 모든 현장 담당자는 긍정적인 의미의 전문가였다. 그분들은 어떤 질문에도 머뭇거리지 않았고, 자기 현장을 자기 몸보다 더 잘 아는 듯 보였다. 오늘의 전문가도 그랬다. 이날 우리를 안내해 준 김영재 님은 머리숱이 많고 얼굴이 흰 미남형이었고 왠지 압도적으로 깨끗하고 효율적인 이 설비를 좋아하는 듯 보였다. 적성에 잘 맞으시는 듯하다고 말씀드리니 "제가 깔끔한 걸 좋아하는 성격이라서요."라는 말이 돌아왔다.

　다 만들어진 밥은 컨베이어 벨트를 따라 검수 코너로 흘러간다. 기본적인 중량 검사, 금속 등 이물질 여부 검사, X선 검사 기기 등을 거치다 보면 필연적으로 불량품이 나온다. 기준이 엄격하기 때문이다. 예를 들어 햇반의 중량 불량 기준은 김영재 님의 표현에 의하면 "쌀알 몇 톨"이다. 쌀알 몇 톨이 모자란 밥이 불량품이 되어 버려져야 한다면 그것도 낭비다. 그런 건 따로 포장해 지역 시설에 기부하기도 하고, 공장 직원들이 먹는다고도 한다. 실제로 햇반 공정에 관련된 모든 사람들은 햇반을 자주 먹는다고 했다. 식당 중에는 점심시간에 자기가 파는 음식을 먹는 곳이 있다. 그런 모습을 볼 때와 비슷한 신뢰가 들었다.

　검수 절차가 끝난 햇반들은 컨베이어 벨트를 따라 햇반 전용 통로로 넘어간다. 전용 통로를 지나면 생산 단계를 지나 포장 단계다. 인간들은 햇반 전용 통로를 따라갈 수 없다. 생산설비 바깥으로 나가서 별도의 통로로 가야 포장 과정을 구경할 수 있다.

　포장 과정을 보면 그제서야 이 공장에서 만들어 내는 막대한 물량이 실감나기 시작한다. 천장에서 햇반 상자들이 내려오고, 로봇 팔들이 쉴 새 없이 햇반을 빨아 올려 (움켜쥐는 게 아니라 진공청소기처럼 공기를 빨아들여 들어올린다) 포장하고 상자 안에 집어넣는다. 상자 포장이 끝나고, 햇반 상자들이 팔레트 위에 쌓이고, 팔레트 위에 층층이 쌓인 상자들이 비닐랩핑 절차를 거

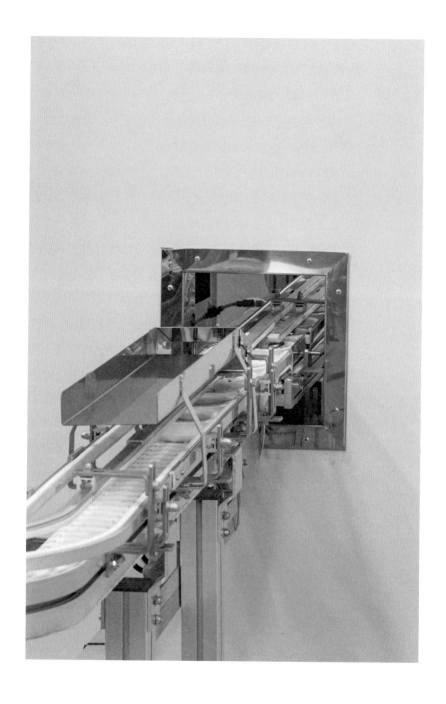

생산설비와 포장설비는 별도의 구역으로 분리되어 있다.
작은 통로 밖으로 햇반이 나가는 모습.

쳐 물류창고로 들어가는 과정까지가 모두 자동이다. 깨끗한지 어떤지 물어볼 필요도 없다. 얼마나 깨끗한지 다 보이니까.

한국인의 밥솥

햇반이 만들어지는 과정을 실제로 보면 감탄을 넘어 비현실적인 기분이 든다. 가장 황당한 건 저 안에서 이루어지는 일들이 우리가 밥을 짓는 과정과 거의 비슷하다는 점이었다. 밥을 해 본 사람이라면 밥 짓는 과정을 알 것이다. 쌀을 씻고 불린다. 불린 쌀과 물을 솥에 넣고 불을 올린다. 적당히 익히고 뜸을 들인다. 햇반이 만들어지는 과정도 이것과 큰 차이가 없다. 다만 그 과정이 엄청나게 커진다. 식품 공장이 대개 그런 것 같다. 식품이 만들어진다는 본질을 뺀 모든 게 극단적으로 변한다. 규모가 극단적으로 커진다. 세균이 극단적으로 억제된다. 생산이 극단적으로 효율화된다. 그걸 우리가 간편히 먹는다.

취재를 하고 온 날 저녁 약속이 있었다. 공장이 너무 재미있고 차가 생각보다 막혀서 약속 장소에 조금 늦었다. 마침 그날 만난 친구들은 이쪽 일을 잘 아는 사람들이었다. CJ 블로썸 캠퍼스에 다녀왔다고 하자 이들은 그 회사와 관계가 없는데도 신형 스포츠카를 화제에 올린 것처럼 열광했다.[1] "CJ 햇반은 인정이지." "햇반은 대단하죠." 같은 말이 이어졌다. 햇반은 이른바 업계 사람들이 인정하지 않을 수 없는 고품질 제품이었다. 인기엔 이유가 있다.

한국인과 쌀의 관계는 조금 미묘하다. 1인당 쌀 소비량은 줄고 있어도 사람들은 밥에 점점 많은 걸 요구한다. 쌀은 신선해야 하고 밥은 맛있어야 하며 어디서나 이 밥을 즐길 수 있어야 한다. 햇반은 한국 시장 특유의 혹독한 요구를 만족시킨 상품이고, 그 결과 전기밥솥 시장이 점차 줄어드는 1인 가구 시대에도 햇반의 시장은 2021년 현재 누적 3조 원대까지 커졌다. 이제 햇반의 자국 내 경쟁자는 없다. 햇반의 성장세는 한국 즉석밥 시장의 규모와 비례한다.

2017년 신문 기사 중에는 "우리 목표는 집 밥을 햇반으로 완전히 대체하는 것"이라는 CJ 관계자의 말이 있다. CJ의 목표는 지금도 똑같다. 집밥이 되는 것. 숫자를 봐도 요즘 사람들의 식습관을 봐도 그 말이 상당 부분 이루어진 것 같다. 그 말대로라면 우리의 밥솥은 진천에 있다. 그 밥솥을 보고 왔다. 여러분이 지금 본 건 21세기 한국인의 밥솥이다.

포장 절차를 마친 햇반을 로봇 팔로 옮기는 모습.
원료 수급부터 포장까지 전과정 자동화가 완료되었다.

☐ 즉석밥 공장
☑ 친환경 종이컵 공장
　　○ 2021년 10월 어느 목요일
　　○ 경기도 용인 페리칸 공장
　　○ 받은 선물: 친환경 컵 용기 한 개
☐ 토핑 요거트 공장
☐ 만두 생산 라인
☐ 건면 공장

☐ 콜드브루 공장
☐ 초콜릿 공장
☐ 아이스크림 공장
☐ 명란 공장
☐ 얼음 공장

종이컵:
우리는 이곳의 종이컵을
벗어날 수 없다

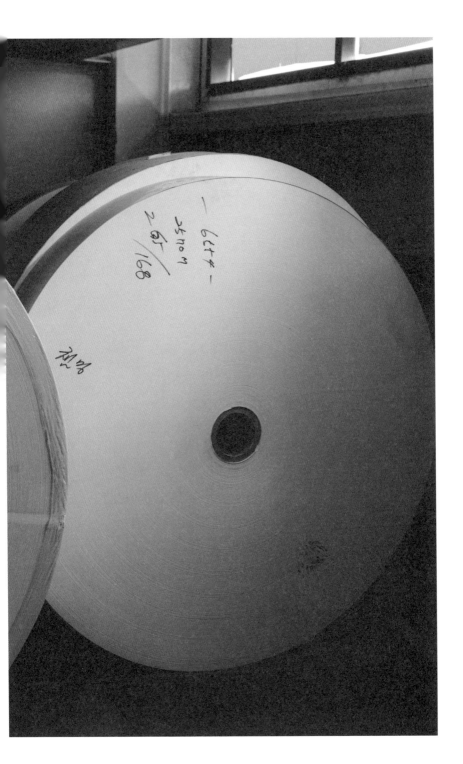

세상의 많은 것들이 그렇듯 생각해 보면 당연히 있을 텐데 막상 보기 전에는 상상하기 어려운 것들이 있다. 오늘 찾은 업체인 '페리칸앤플러스' 공장도 마찬가지였다. 겉에서는 간판도 잘 안 보이는 직사각형 건물이지만 알고 보면 이곳은 한국에서 가장 오래되고 생산력이 높은 종이컵 공장이다.

공장에 도착하니 중키에 작업복을 입고 마스크에 모자까지 쓴 남자가 정중히 고개를 숙였다. 해외영업 과장 권기오.[2] 이 회사에서만 11년 일한 베테랑이다. 그를 따라 들어간 문에는 '요기요 환영합니다'라는 인쇄물이 붙어 있었다. 제조업 특유의 소박한 환대였다. 나도 고개를 숙였다.

우리는 이곳의 종이컵을 벗어날 수 없다

공장 회의실에서 간단한 환영 인사 겸 인터뷰를 시작했다. 페리칸앤플러스는 한국 종이컵 공장계의 1세대에 해당한다. 월드컵이 열린 2002년 한국에서 종이컵을 처음으로 생산했다. 그전에는? 놀랍게도 모두 수입했다고. 하긴 생각해 보면 그때는 종이컵을 쓸 일이 많지 않았다. 동전을 넣어 자판기 커피를 마실 때나 종이컵이 있었지, 패스트푸드점도 지금처럼 많지 않았고, 종이가 두툼한 스타벅스 종이컵은 허세의 상징이었다. 페리칸앤플러스는 한국산 종이컵 생산의 역사 속에서 굉장히 다양한 종이컵을 만들어 왔다. 많은 종이컵을 만들어 오셨으니 당연히 회사의 자랑스러운 부분도 많을 것이고, 사장님 말씀도 그만큼 길어지고 있었다. 실무자는 이럴 때 마음이 급해지기 마련이다. 권기오는 매끈하게 사장님의 말을 끊고 우리를 공장으로 인도했다.

자르고 붙이고 포장한다. 종이컵 만드는 과정은 이 세 마디

(앞쪽) 종이컵의 재료가 되는 종이는 롤 형태로 공장에 들어온다. 저 롤은 웬만한 사람 키 만하다. 제조업의 규모는 생각보다 크다.

로 요약할 수 있다. 자르는 건 아주 큰 종이 뭉치다. 종이라 해도 우리가 생각하는 사무용지 같은 게 아니다. 굉장히 크고 두꺼운 두루마리 티슈를 생각하면 된다. 그 티슈를 걸어 두면 컵 만드는 기계로 종이들이 조금씩 풀려 나간다. 윗부분은 컵의 몸체로 감기고, 아랫부분은 바닥 모양으로 펀칭되듯 잘리는데, 이 둘이 순식간에 붙어 다음 코스로 넘어간다.

이런 식으로 0.5초에 하나씩 종이컵이 만들어진다. 놀라운 속도다. 취재하러 가는 길에 들은 3분 43초짜리 개코의 곡 〈논해〉가 끝나고 나면 컵 446개가 만들어져 있는 셈이다. 페리칸앤플러스는 이런 기계를 석 대 보유하고 있다. 〈쇼미더머니 10〉 1차에 참가한 래퍼 2만 7천 명이 모두 음료수를 한 잔씩 마시기 위한 컵을 만드는 데에 75분이면 충분하다는 뜻이다. 제조업은 위대하다.

제조업의 농익은 세계는 봐도 봐도 질리지 않는다. 페리칸 공장에서 만드는 종이컵은 한 달에 2천만 개에 달하지만 여기서 일하는 직원은 32명에 불과하다. 생산량/직원으로 생산성을 계산한다면 직원 한 명에 62만 5천개의 생산력을 가졌으니 아무리 자동화가 되었다고 해도 엄청나다. 비밀은 천장에 있다. 다 만들어진 컵은 사람이나 컨베이어 벨트가 올리는 게 아니라 포장 섹션으로 발사된다. 천장에 촘촘히 설치된 파이프라인을 통해 공기로 쏘아 보내는 것이다. 그래서 페리칸의 종이컵 공장 촬영에는 특이한 조건이 하나 있었다. 동영상 촬영 일체 불가. 다른 업체가 따라할 수도 있기 때문이었다.

공장을 돌아보니 페리칸앤플러스가 컵을 잘 만드는 걸 넘어서 우리가 이곳의 컵을 벗어날 수 없음을 깨달았다. 이들은 종이

종이컵이 만들어지는 속도를 보여주기 위해 셔터 스피드를 낮춰서
촬영했다. 0.5초에 하나씩 종이컵이 만들어진다. 다 만들어진
종이컵은 사진에는 보이지 않는 터널로 빨려들어가 천장의 터널을
지나 순식간에 포장 코너로 넘어가 하나씩 쌓인다.

컵 공장이 할 수 있는 거의 모든 혁신과 투자를 다 하고 있었다. 소주잔만 한 2.5온스 종이컵부터 KFC의 커넬 샌더스가 인쇄된 치킨용 대형 종이 용기(내가 어릴 때는 왠지 그 대형 종이컵 치킨이 사치의 상징 같았던 기억이 나 잠깐 아련해졌다)까지, 모두 페리칸앤플러스의 용인 공장에서 만든다. 던킨도너츠의 도넛 용기도, 모든 대형 극장 체인의 팝콘 용기도 여기서 만든다. 다만 페리칸 쪽에서도 계속 혁신해야 한다. 경쟁사 대비 뭔가 다른 걸 계속해야 한다. 새로운 특기를 찾아야 한다. 그 과정에서 페리칸과 배달 플랫폼 요기요가 만나게 됐다. 새로운 시대의 에이전트[3]와 함께.

친환경은 옵션이 아니다

모든 제조업은 성숙 단계에서 비슷한 숙제에 놓인다. 생산성이 향상되면 사람들이 잘 살게 되고, 어디든 잘 살다 보면 인건비나 환경 관련 비용 등 원가가 상승한다. 같은 생산기지에서 제조업을 유지하려면 부가가치를 꼭 높여야 한다. 페리칸이 친환경 종이컵을 제작하게 된 이유는 기후위기에 대응한다는 의미도 있지만 부가가치가 높은 제품이기 때문이다.

친환경 종이컵이란 무엇일까? '친환경'이란 분해가 잘 되는 걸 말하고, 지금 종이컵이 '친환경'이 되지 못하는 이유는 음료가 닿는 면에 물이 새지 않도록 코팅한 PE 소재가 분해되지 않기 때문이다. 친환경 종이컵이란 결국 분해가 잘되는 소재를 코팅한 종이컵이다. 생산 설비나 기술이 아닌 재질 차이라면 페리칸앤플러스 말고 다른 곳에서도 만들 수 있을까?

"온도를 잘 컨트롤하는 게 어렵거든요. 생산 현장에는 변수가 많아요." 권기오의 답변은 담담하되 자신감 있었다. 종이컵을 만들 때 밑면과 몸체를 붙이는 등의 공정에서 열처리를 거친다. 여기서의 미세한 열처리 노하우가 뒷받침되어야 새지 않고 튼튼한 종이컵을 만들 수 있다. 새지 않는 종이컵이라니 소비자 입장에서는 당연하게 느껴질 수도 있겠다. 그러나 한 달에 2천만 개를 만들면서 하나도 새지 않아야 한다고 생각하면 보통 일이 아니다. 대량 생산은 섬세하다.

'부가가치가 높은 친환경 종이컵'은 듣기 좋은 말인지 몰라도 가격이 비싸다는 뜻이다. 모두들 그렇게 좋아하는 '가성비'가 안 맞는다. 페리칸앤플러스의 친환경 종이컵 역시 처음에는 안 팔리다가, 아기 엄마들이 쓰다가, 리와인드라는 파트너가 생겼다. 리와인드는 친환경 용기에 특화된 소셜 벤처다. 생산설비를 가지는 게 아니라 친환경 용기를 필요로 하는 손님들의 물량을 받아서 페리칸앤플러스 같은 곳에 생산을 위탁한다. 새로운 시장을 찾아야하는 페리칸에게 좋은 일이다. 요기요는 소상공인 지원 사업으로 '백년가게'로 선정된 서울 시내 노포들에게 포장과 배달 인프라를 제공하는데, 친환경 일회용 그릇을 공급하는 것도 포함된다. 리와인드와 요기요가 만나며 페리칸에게도 새로운 일이 만들어졌다. 선의들이 모여 페리칸앤플러스에게도 새로운 일이 생긴 셈이다.

혁신의 어깨

우리가 혁신이라고 슥 보고 마는 건 아이작 뉴턴의 비유처럼 '거인의 어깨에서' 이루어지는 일이다. 모든 일에 기반 산업이 필요하다. 전자상거래와 음식 배달 플랫폼 산업이 발달한다는 건 곧 판지와 종이컵 생산의 증대를 뜻한다. 아무리 많은 게 온라인으

친환경 용기를 제조하는 모습. 제조 과정은 일반 종이컵과 같되
접착제를 붙이는 온도가 달라지는 게 생산 현장에서의 포인트라고
했다. 제조업도 예민하고 섬세하다.

종이컵의 바닥 부위를 만들고 남은 종이들이 기계 밖을
빠져나오는 모습.

로 이어지거나 이루어져도, 오프라인 세상의 뭔가가 온라인으로 옮겨지는 데에는 한계가 있다. 아직 우리가 필수 영양소를 클라우드로 다운로드 받지는 못하니까.

여기서 제조업의 고민이 깊어진다. 절정의 생산성이 밝은 앞날을 의미하지 않는다. 인건비는 올랐고 경쟁 업체는 계속 치고 올라온다. 종이컵 생산 역시 국제 경쟁이다. 페리칸앤플러스도 해외로 종이컵을 수출한다. 글로벌 경제는 내 시장이 전 세계에 있다는 동시에 내 경쟁자가 전 세계에서 내 목을 노린다는 뜻이기도 하다. 그런데 페리칸앤플러스에서 도전해 보려는 인재가 없다. "여기는 관리직도 손이 모자라면 현장 일을 해야 하니까요." '종이컵 공장은 우리 때가 마지막일 것 같다'며 권기오 과장이 지나가듯 한 말이었다. 마스크 속 권기오의 표정을 알 수는 없었지만 쓴웃음에 가까운 것 아니었을지.

취재라는 이름의 세상 구경을 처음 할 때는 만사를 가볍게 생각했다. 원래 살짝 보면 대충 다 알 것 같다. 대충 봐서 알 것 같다는 건 아무것도 모른다는 것이다. 건방지게 '저런 걸 고치면 되잖아' 같은 생각을 하기도 했다. 착각이었다. 조금 더 구경하다 보니 모두를 응원하고 싶어졌다. 모두 현장에서 안간힘을 쓰니까. 구경할수록 모르는 게 많다는 사실만 느끼고, 이제는 '저 고민들이 남 이야기가 아니다'라는 생각만 든다. 당신은 세계의 변화 속에서 자신만만한가? 당신의 일자리와 자산과 특기는 튼튼한가? 요즘 누가 이런 답에 자신 있게 말할 수 있을까?

페리칸앤플러스 공장에 다녀온 후 종이컵을 볼 때 종종 생각했다. 이 컵을 만든 사람은 누구일까. 그 사람은 어디서 무슨 고민을 할까. 그 사람은 오늘 점심으로 무엇을 먹었을까.

☐ 즉석밥 공장 탐험

☐ 친환경 종이컵 공장

☑ 토핑 요거트 공장

   ○ 2021년 6월 17일 목요일

   ○ 매일유업 평택공장 토핑 요거트
     생산 라인

   ○ 받은 선물: 갓 생산된 토핑 요거트
     첵스초코 세 개

☐ 만두 생산 라인

☐ 건면 공장

☐ 콜드브루 공장

☐ 초콜릿 공장

☐ 아이스크림 공장

☐ 명란 공장

☐ 얼음 공장

요거트:
요거트 뒤에 있는 사람들

"이거 꼭 찍어야겠어?" 마스크 뒤편에서 말하는 남자의 기운이 심상치 않았다. 취재하다 보면 늘 예상 밖의 일이 생기고, 그중 최악은 필요한 소스를 만들지 못하는 일이다. '이러다 촬영이 엎어지나, 요기요와 나와의 아름다운 동행도 여기까지인가…' 분위기가 무서워서 이런 생각을 잠깐 했다.[4]

우리에게 예민했던 분은 매일유업 평택공장 현장 책임 팀장님. 이 공장은 한국의 대표적인 유제품 회사인 매일유업의 7개 공장 중에서도 가장 큰 공장이고, 팀장이 막아선 것은 그 공장에서도 가장 최근에 은밀히 도입된 핵심 기기였다. 그 기기가 오늘의 주인공을 만드는 것이기도 했다.

그 기기가 뭐냐면, '최신형 토핑 요거트에 과자 집어넣는 기계'였다. 이렇게 정리하니까 좀 웃기긴 한데 정말 대단한 기계다. 예민 팀장은 기계 성능이 알려지면 안 된다는 사실을 알려주기 위해 역으로 이 기계의 우수성을 다 알려주고 말았다. "기존 것은 분당 N회 들어가는데 이건 더 향상됐고, 이건 B국의 C회사에서 주문해서 우리나라엔 여기밖에 없단 말이야." 액션 영화에서 비밀을 다 알려 주고 유유히 떠나가는 등장인물 수준이었다. 오늘 우리가 보러 온 것도 이 대단한 기계로 만드는 토핑 요거트였다.

요거트의 마에스트로는 팔이 희다

오늘의 안내자는 매일유업 본사 토핑 요거트 담당 마케터 김근배 님. 약 175센티쯤 키에 얼굴과 팔뚝이 유난히 희어 요거트를 많이 먹으면 피부가 좋아지나 생각했다. 공산품 생산은 복잡하다. 토핑 요거트도 만만치 않다. 김근배는 본사 차원의 제품 기획을 한다. 김근배를 만나기 몇 주 전에는 도미노피자에서 피자를 개발하는 피자 뮤즈[5]를 만난 적이 있었는데, 이번에는 토핑 요거트의 마에스트로를 만난 셈이었다.

토핑 요거트 생산은 크게 두 가지로 분류된다. 하나는 요거트 생산이다. 원유를 살균하고, 살균된 원유에 유산균을 풀어 발효가 완료되면 토핑 요거트 밑 준비가 끝난다. 이게 어마어마하게 큰 단위로 이루어진다. 톤 단위다. 집에서 500밀리리터 우유로 해 먹는 것과는 다르다.

이 큰 공장을 돌리는 데 다섯 명이면 충분하다. 길거리 농구 인원에서도 모자라는 사람들이 기계를 조작해 하루에 수만 톤 단위의 요거트를 생산한다. 이 현장 안에서 인간은 세균 덩어리일 뿐이다. 우리는 방호복을 입은 채 주요 섹션마다 에어커튼을 지나며 손 피부 건강이 걱정될 정도로 손을 씻고 소독을 해야 했다. 나는 전에 시계 담당 에디터로 스위스의 시계 공장에 몇 번 가봤다. 고가 시계 공장도 반도체 공장 수준의 높은 청결도를 요구받는다. 그때도 이 정도는 아니었다.

포장의 요정과 강물 같은 대량 생산

요거트 생산 다음 단계의 포장 팀장님은 한층 상냥했다. 목소리도 얇아서 포장의 요정 같았다. 요정 팀장님의 설명에 따르면 발효가 끝난 요거트는 파이프라인을 통해 포장 단계로 넘어온다. 포장 단계에서는 용기에 요거트와 토핑을 순서대로 담은 후 순식간에 열처리로 포장을 완료한다. 포장된 요거트는 무게 테스트와 이물질 테스트를 거치고 레이저 각인으로 유통기한을 인쇄한 후 출고된다.

여기서도 인간의 편안한 동선은 고려되지 않는다. 어쩔 수

요거트를 제조하고 숙성시키는 대형 탱크의 모습.
스팀펑크 같은 느낌의 아름다움이 있다 .

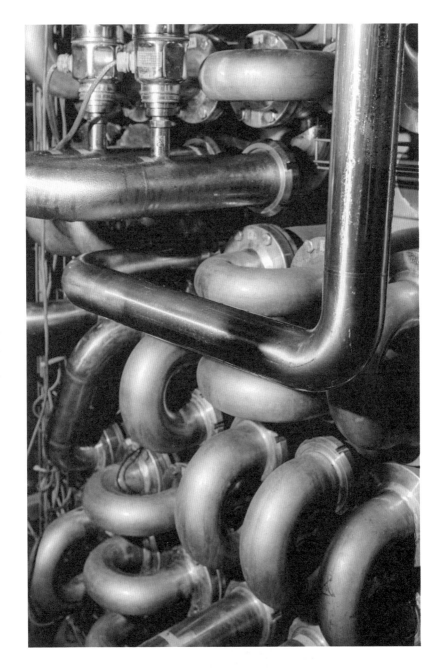

요거트 공장에서도 (요거트의 강물 같은) 주요 공정은
보이지 않는다. 파이프에 이슬이 맺혔으니 차가운 요거트가
움직이고 있음을 짐작할 수 있다.

토핑 요거트 제조 공정의 면면.
(왼쪽) 토핑 요거트에 들어가는 초코칩이 용기 안으로 들어가는 모습.
(오른쪽) 현장 담당자가 대량 생산의 전 공정을 지켜보는 모습.
생산시설이 아닌 곳에서도 헤어캡을 쓰고 있다.
(오른쪽 아래) 제조를 마친 요거트들이 검품 코너로 실려 가는 모습.
검품 절차도 상당히 많다.

거대한 주방 ― 식품 공장

없다. 중요한 건 흐름에 따라 계속 요거트가 나오는 것이다. 포장의 요정 팀장님과 나와 사진가는 완제품 요거트가 강물처럼 흐르는 컨베이어 벨트 양옆으로 난 작은 계단을 오르내리며 이야기를 들어야 했다. 요거트 용기가 계속 흘러나오는 광경은 찰리 채플린의 〈모던 타임즈〉 같았다. 다만 요즘 요거트 공장에는 일을 하다 지쳐 떨어지는 사람이 없다. 일은 모두 기계가 한다.

사람은 기계를 주시하며 점검하고 판단한다. 불량품을 체크하고 뭔가가 걸려서 생산 라인이 멈추지 않도록 한다. 불량은 대단한 게 아니다. 완제품에 레이저 프린트가 애매하게 인쇄될 때가 있다. 토핑 요거트는 통이 두 개니까 곡면이 많은데, 그러다 보면 유통기한 인쇄가 삐끗해지는 것이다. 맛 품질에 문제가 없어도 이런 건 불량이다. 나는 그것도 신기한 기념품이겠다 싶었다. 불량이니까 내가 가져가서 먹어도 큰 문제가 안 될 거고. 그래서 포장 요정 팀장님께 이 요거트를 좀 얻어 왔다.

다시 좁은 계단을 올라가는 길에 예민 팀장님이 그 요거트를 보았다. "그거 왜요?" "기념품으로 가져가서 먹어 보려고요." "안 돼요, 멀쩡한 걸로 드릴게요." "이것도 멀쩡하잖아요. 인쇄만 잘못된 거고." "그래도 안 돼요. 그런 물건은 나가면 안 돼. 그러는 거 아니야." 예민 팀장님은 요거트의 강물 사이에서 요거트를 몇 개 꺼내 나에게 건네주었다. 공짜로 요거트를 먹으려던 사람이 된 듯해 조금 무안했으나 예민 팀장님의 직업윤리를 보여주고 싶어서 털어놓는다.

"늘 긴장하고 있어요. 신경 쓸 게 많아요." 생산설비를 지나자 예민 팀장님은 조금 부드러워졌다. 옆에서 잠깐만 봐도 팀장님의 예민함을 이해할 수 있었다. 클럽이 문을 열면 음악이 멈추지 않아야 하듯, 공장도 강물 같은 생산 라인의 흐름이 끊기지 않아야 한다. 그런 사람들에게는 특유의 예민함과 자기 일을 말할 때의 자부심과 멋이 있다. 이야기를 해 주다 조금 신나셨는지 예민 팀장님은 처음에는 예정되어 있지 않았던 초대형 시설물을 보여주었다. 요거트 냉장고였다.

요거트 냉장고는 약 20층 높이 아파트만큼 크다고 했다. 여기서 로봇 팔이 움직이며 요거트를 계속 이동시켰다. 말이 팔이지 공장 굴뚝 수준의 거대 기계다. 박스 단위 포장까지 끝나서 팔레트 위에 담긴 요거트들이 벌집 속의 벌꿀처럼 각각 칸에 들어가 있었다. 생산된 요거트는 모두 유통기한이 저장되고, 먼저 들어온 게 먼저 나가는 원칙에 따라 차례로 출고된다. 예민 팀장님은 이런 이야기를 해 주며 잠시 고민하다 문을 열었다. "이건 예정되어 있지 않았는데… 들어와요. 사진 찍어야 하지." 역시 팀장님은 다정했다.

요거트 맨

요거트 공장 밖 생산 현장에는 많지 않아도 사람이 늘 있었다. 예민 팀장님, 포장 요정 팀장님, 요거트 마에스트로 김근배 님에 이어 공장 옆 연구동에서 홍광락 연구원을 만났다. 그는 메종 키츠네 티셔츠와 오니츠카 타이거 스니커즈를 신은 멋쟁이였다. 동영상 인터뷰가 아니라는 말에 조금 실망한듯 했지만 이내 프로 연구자다운 자세로 나의 바보 같은 질문에 친절하게 답해 주셨다.

"토핑과 잘 어울리는 맛을 내기 위해 신맛과 단맛과 바닐릭한 맛 사이에서의 균형을 찾기 위해 노력했습니다." 홍 연구원의 이야기에서는 특정한 맛을 위한 세밀한 실험 과정이 인상적이었다. 대량 생산을 위한 미세 조정 과정의 노고를 엿볼 수 있었다. 나중에 김근배도 말했다. "요거트에 넣을 수 있는 건 다 넣어 먹어 보고 켈로그 첵스를 고른 거예요. 추천할 게 있으세요?" 나는 요거트에 들어갈 수 있을 만한 걸 생각해 보았다. 크기가 작고, 바삭바삭하고, 브랜드 인지도가 있어서 콜라보레이션이 가능한 걸로. 모 브랜드 과자를 말하자 김근배는 바로 고개를 저었다. "먹어 봤어요. 맛이 없더라고요." 김근배에게 제안하고픈 토핑 요거트 메뉴가 있으면 고객센터를 통해 제보하셔도 좋을 것 같다. 그는 늘 신메뉴를 염두에 두고 있는 것 같았다.

그 후 한국에 파는 모든 토핑 요거트를 먹어 보았다. 회사마다 모두 맛이 달랐다. 단맛, 신맛, 점도, '바닐릭' 혹은 '밀키'한 맛까지. 이 모든 맛에 사람들의 지향점이 있다고 생각하니 묘했다. 우리가 편의점에서 고르는 요거트는 다른 세상에서 왔다고 해도 믿을 만큼 인간의 흔적이 없다. 그러나 이 모든 제품 뒤에는 사람의 생각이 있다. 공장을 멈출 수 없는 예민 팀장님의 긴장과, 포장을 총괄하는 요정 팀장님의 노하우와, 메종 키츠네를 입고 맛을 고민하는 연구원과, 배가 나오는 걸 감수하며 온갖 걸 토핑 요거트에 넣어 먹어 본 김근배가 있다. 그렇게 생각하면 토핑 요거트의 맛도 조금 다르게 느껴지려나.

제조와 포장이 끝난 요거트들이 냉장 창고에 보관된 모습.
가운데의 오렌지색 기둥이 로봇 팔이다. 상당히 장엄한 장면이었다. **53**

만두:
만두의 탄생

"다 끝났는데요. 내일 오시면 안 돼요?" 텅 빈 공장 안에서 마스크를 쓴 남자가 말했다. 그럴 수는 없으니 나는 그저 어깨를 움츠렸다. 현장은 생물처럼 늘 예상 밖의 일이 생긴다. '매일 발주하는 시스템을 통하여 필요한 만큼만 재료를 배송받기 때문에 대부분은 당일 재료소진이 가능합니다.' 사전 인터뷰 질문의 대답처럼, 약속된 오후에 갔더니 작업자분들이 하루의 작업을 다 해 버린 것이었다.[6] 작업자들께 사정을 잘 설명해 내일치 작업을 일부 진행하며 그 모습을 촬영하기로 했다. 작업이 준비되는 동안 디에스푸드시스템 회의실에서 이야기를 들었다.

디에스푸드시스템이 뭐냐면 창화당의 모회사다. 창화당은 디에스푸드시스템이 가지고 있는 수많은 브랜드 중 하나고, 자체 브랜드이며, 가장 성공했다. '디에스'는 뭐냐고? 딤섬. 디에스푸드시스템(이하 DS)의 기존 이름이 '딤섬코리아'였기 때문이다. 왜 딤섬이고, 왜 이름을 바꾸었냐고? 이 질문에 대한 답을 따라가다 보면 만두 생산과 지금의 창화당을 조금 더 쉽게 이해할 수 있다.

만두 고수로부터의 탄생 설화

"백화점 문 열기 시작할 때부터 줄을 서서 그 줄이 문 닫는 노래가 나오고도 끝나지 않았어요." 트레비 탄산수를 옆에 놓고 DS 관리부 권희수 팀장이 말했다. 약 15년 전, 그때는 아직 창화당이 태어나지 않았다. "빵피를 써서 만든 왕만두가 인기였어요. 하나에 1,500원이었는데 하루에 900만 원을 팔았으니까요." 그 말대로라면 하루에 6천 개고, 백화점 영업시간이 보통 열 시간쯤 되니 1분에 열 개를 팔았다는 게 된다. 중국 무림 고수의 무용담처럼 대단한 듯 조금 아리송했다. "저는 그때 알바부터 시작했고

요." 권희수 팀장은 그 확실한 경험을 바탕으로 이어지는 사소한 기술적 질문에도 전혀 막히지 않았다.

이걸 산업 용어로 바꾸면 이렇다. DS는 딤섬 생산 라인과 노하우를 가진 전문 회사다. 딤섬만으로는 시장 진출 한계가 있으니 분야를 넓혀야 했다. '딤섬만 만드는 회사로 보일까 봐' 이름도 바꿨다. 이들은 피를 발효해 만드는(=빵피) 중국식 왕만두로 대성공하고(=줄을 섰어요) 이후에도 생산력을 바탕으로 다양한 OEM 브랜드 만두를 납품했다. 원래 OEM은 마진율이 낮고 왠지 만드는 쪽의 만족도도 덜하다. 이들 역시 21세기에 맞춰 자체 브랜딩을 시작했다. 그게 창화당이다. 요즘은 생산기술 없이 그래픽이나 네이밍부터 시작하는 브랜드가 많다. 창화당은 반대다. 기술에서 시작해 그래픽으로 마무리됐다. 이야기를 듣는 동안 생산 준비가 되어 공장으로 들어갔다.

명절이나 가족 행사 같은 곳에서 만두를 만들어 본 적이 있다면 만두 공장을 이해하기 어렵지 않다. 세상의 식품 공장은 보통 사람들이 음식 만드는 방법과 비슷하고 단위만 엄청나게 커진 게 있고, 방법부터 완전히 달라지는 게 있다. 창화당은 전자다. 재료를 준비하고, 피를 만들고, 속을 만들고, 모든 게 준비되면 만두를 빚는다. 우리는 재료 준비를 하는 곳부터 들어갔다.

재료 준비실에 들어가자 눈이 매워졌다. 우체국 택배 대형 상자 다섯 개 분량의 대파를 씻고 있었다. 이런 식이다. 실물세계에서의 대단위에는 그 자체로 대단한 박력이 있다. '대량 생산 뭐 별거라고' 생각했더라도 현장에선 그런 말이 나오기 쉽지 않다. 소규모 생산, 중규모 생산, 대규모 생산 모두 각자의 다른 노하우가 필요한 예술의 경지다. 뒤이어 보게 된 피 만드는 생산 라인과

속 만드는 기계를 봤을 때도 비슷한 경외감이 들었다. 이 공장은 하루에 만두 7만 개를 만든다고 한다. 큰 규모를 컨트롤할 수 있는 노하우 자체가 실력이다.

피와 속 같은 재료는 대형 기계가 만들어도 기계가 전부는 아니다. 분명 어딘가에는 사람의 손이 들어간다. 창화당은 이를 '반 수제화'라 표현했고, 여기서 만두 맛이 달라진다고 했다 "기계로는 (불량을) 잡는 데 한계가 있어요. 만두 속이 덜 들어갈 수도 있고, 현장에서 여러 가지 변수가 생기죠. 사람과 기계는 비교가 안 돼요." 권 팀장의 말이었다. 정말 사람이 만드는 게 더 맛있을까? 정확히 말하기는 어렵다. 그럴 수도 있고, 기분일 수도 있다. 하지만 내가 일 때문에 온갖 고가 브랜드를 구경하며 깨달은 게 하나 있다. 어떤 때는 기분이 전부다. 아니, 생각보다 꽤 많이 그렇다.

공장 현장에서도 다양한 방법으로 만두를 만들었다. 손으로 만드는 만두는 동그란 피를 한 번만 감아주면 완성이다. 우리가 아는 모양의 만두는 기계에서도 나온다. 밀가루 반죽과 소를 기계의 각 구멍에 넣으면 완성된 만두가 생산 레일로 떨어진다. 말 그대로 하늘에서 만두가 쏟아지는 느낌. 흰옷을 입은 공장 근로자들이 그 만두의 양 끝을 붙여서 모양을 다듬는다. 만두의 가운데를 접어 양끝을 붙이는 시간은 1초도 안 걸린다. 모양이 다듬어진 만두는 생산 라인 끝의 근로자 손을 거쳐 쟁반에 줄 맞춰 정리된다. 무질서에서 질서로, 재료에서 요리로 만들어지는 순간. 뭔가가 태어나는 과정을 본 듯한 기분이 든다.

만두 공장에서는 사람의 손과 기계가 함께 일하고 있었다.
파를 씻는 건 사람의 일, 만두피와 소를 만드는 건 기계의 일,
만두피와 소로 만두를 만드는 건 사람의 일.

59

증숙기에서 만두를 찌고 있는 모습.
말이 증숙'기'지 실제로는 방에 가까운 정도의 크기다.

얼음과 불의 만두

식당 중에는 속이 쉰다고 여름에 만두를 하지 않는 곳이 있다. 만두 공장을 취재할 때 궁금한 부분도, 공장에서 적극적으로 보여준 부분도 그것이었다. 모든 피와 속은 당일 생산한다. 모든 기계는 하루치 생산이 끝나고 나면 깨끗이 씻어 관리한다. 초반의 의사소통 오류로 생산이 끝나 있던 덕에 오히려 현장 위생을 더 잘 볼 수 있었다. 생산이 끝난 공장 설비는 모두 흔적 하나 없이 깨끗이 닦여 있었다. 내가 본 게 창화당의 완벽한 리스크 관리라 말할 생각은 없다. 그러나 이들이 정해진 규칙을 준수하고 있는 건 확실해 보였다.

위생을 위한 또 하나의 절차가 있다. 증숙과 냉동이다. 조립이 완료된 만두는 증숙기라 부르는 찜기에 들어가 쪄진다. 찜기라 해도 공장 단위, 작은 원룸 하나 정도의 방에 가깝다. 증숙기 안에 차곡차곡 쌓인 만두가 바퀴 달린 선반째로 들어가고, 몇 분 지나 만두가 나올 때쯤엔 어둠 속에서 등장한 터미네이터처럼 주변에 증기가 피어오른다. 증숙기 문이 열리면 윤기가 도는 쪄진 만두가 나타난다. 증숙된 만두들은 잠깐 식혔다가 역시 또 선반째 냉동실로 옮겨진다.

냉동실 규모도 압도적이다. 증숙기가 원룸이라면 냉동실은 대형 아파트다. 그날 만든 만두 7만 개가 냉동실 안에 전부 쌓여 있었다. 얼려진 만두는 포장 절차를 거쳐 전국에 출고된다.

증숙기에서 스무 칸쯤 쌓인 만두가 나오는 장면이야말로 대량 생산의 박력 그 자체다. 창화당의 기업 이미지에 쓰시라고 권유하고 싶을 정도로 장관이다. 실제로 굉장히 먹음직스러워 보이는데, 살균을 위한 증기 가열이라 먹을 수는 없다…고 들었지만

증숙이 끝난 만두의 모습. 이 상태의 만두를 냉동시킨 뒤 출고시킨다.

원고 검토 과정에서 보여드리니 먹을 수 있다고 한다. 증숙기에서 갓 나온 만두의 맛을 자세히 설명하고 싶지만 숨가쁜 생산 과정 중 갓 찐 만두 하나만 달라고 조를 수는 없었다.

21세기의 만두

만두는 그 자체로 동아시아 3국 교류 역사의 증표다. 밀 재배와 가공의 역사를 거쳐 중국에서 만두가 태어났다. 피를 발효시키는 만두(饅頭)와 발효시키지 않는 교자(餃子)로 발전해 한국에서는 이 모두가 만두라는 이름으로 정착됐다. 중국과 일본도 각자의 방법론으로 각자의 만두를 발전시켰다. 디에스푸드시스템도 마찬가지다. 중국의 딤섬 생산 기술은 생각 이상으로 섬세하다. 이들은 일본의 만두 만드는 방법도 참고한다. 어느 나라를 좋아하고 말고가 아니라 좋은 맛 앞에서는 방법을 가리지 않는다.

우리 일상의 여러 가지가 그럴 것이다. 아주 다양한 어딘가에서 각자의 이유로 발전한 것들이 모여서 우리 일상의 맛있는 일부를 이룬다. 그 결과 피가 적당히 질기고 김치나 숯불 맛이 조금 세다 싶으면서도 바로 그 강한 맛 때문에 쫄면에 곁들이기 좋은 창화당 만두가 완성된다. 그리 보면 새삼 만두가 달라 보인다. 또 다른 음식 뒤에는 얼마나 많은 이야기가 있을지, 세상 모든 물건과 풍경 뒤에는 얼마나 많은 이야기가 있을지. 이런 생각을 하다 보니 배고파졌다. 며칠 후에 만두를 시켜 먹었다.

거대한 주방—식품 공장

☐ 즉석밥 공장 ☐ 콜드브루 공장
☐ 친환경 종이컵 공장 ☐ 초콜릿 공장
☐ 토핑 요거트 공장 ☐ 아이스크림 공장
☐ 만두 생산 라인 ☐ 명란 공장
☑ 건면 공장 ☐ 얼음 공장
    ○ 2022년 화창했던 5월 말 어느 오후
    ○ 충청북도 음성군 풀무원 공장
    ○ 받은 선물: 풀무원 로스팅 짜장면
      여러 박스

라면:
면의 요정이 보내 온 편지

여러분 안녕. 나는 면이다. 오늘은 내 이야기를 좀 해 보려 한다. 살면서 면이 하는 이야기를 들을 날이 얼마나 있겠나.

당신에게

나는 면 중 건면이다. 면계 친구들은 모두 공통점과 차이점이 있다. 우리는 모두 반죽으로부터 태어난다. 곡물 가루와 전분과 물을 섞고 열심히 주물러 주면 반죽이 된다. 그 반죽을 얇고 길게 자른 게 면이다. 바로 익혀 먹는 친구들은 생면이다. 촉촉하지만 오래가지는 못한다. 우리는 오래간다. 우리는 익혀서 딱딱하고, 끓으면 다시 부드러워진다. 오래가려면 굳혀야 한다. 굳히는 방법에 따라 친구들과 우리의 길이 갈라진다. 기름에 튀겨지는 친구들은 유탕면이다. 당신이 평소 즐기는 대부분의 라면이 여기 속한다. 우리는 다르다. 열풍으로 말리거든. 그래서 우리가 건면이다. 한국의 건면도 고향이 조금씩 다르다. 우리의 고향은 충북 음성이다. 음성 풀무원 건면 공장.

우리는 풀무원 음성공장 비밀의 장소에서 태어난다. 우리를 이루는 가루들이 사일로에 섞인다. 나를 이루는 주된 가루는 소맥분과 감자 전분 등으로 다양하다. 이 모든 가루들은 미국, 오스트레일리아, 독일 등 상황에 따라 다른 곳에서 온다. 전 세계에서 모여든 가루들이 물과 섞여 반죽되어 거대한 반죽기로 들어간다. 집에서 파스타 해 먹어 본 적 있나? 내가 만들어지는 기계는 가정용 파스타 기기의 원리와 거의 비슷하고 크기가 수천 배쯤 커진 거라 보면 된다. 반죽이 롤러들을 거치며 조금씩 면에 가까워진다. 처음엔 손가락 두께로 두껍던 반죽이 롤러들을 지나며 하드보드지 수준으로 얇아진다.

반죽이 제조의 시작이다. 온도와 습도는 매일 다르므로 반죽의 상태도
조금씩 다르다. 이 긴 반죽이 끊어지지 않게 하는 게 현장의 노하우다. **67**

얇고 넓은 반죽을 어떻게 하면 면이 될까. 잘라야지. 그래서 반죽을 끝낸 내가 갈 마지막 관문은 반죽을 얇게 잘라 주는 롤러다. 이 롤러를 지나야 나는 반죽에서 면으로 거듭난다. 하나 묻겠다. 반죽은 평평한데 왜 면은 꼬불꼬불할까? 튀길 때 꼬불해질까? 아니다. 그렇게 치면 감자튀김이 어떻게 일자겠나. 우리가 꼬불해지는 건 제면 과정에서부터다. 반죽이 들어가는 롤러가 있고 나가는 롤러가 있다. 그 두 개의 롤러의 속도 차이를 주면 우리의 모습이 꼬불꼬불해진다. 속도 차이를 통해 꼬불거리는 정도도 조절할 수 있다. 신기하지? 안 신기하다고? 다들 호기심이 별로 없구만. 아무튼 우리는 여기서 모습을 갖춘 후 어딘가로 떨어진다. 거기 뭐가 있냐고?

찌고 말리고 식고 또 한 번

우리가 태어나 세상 밖으로 나가는 면 공장은 아주 크다. 얼마나 큰지 말해 줄 수는 없지만[7] 굉장히 크다. 그 큰 곳을 지나며 우리는 가루였다가 반죽이었다가 면이 된다. 갓 만들어진 우리는 생면 파스타처럼 차갑고 싱싱한 면 상태다. 그 후 우리는 급히 한 번 쪄진다. 오래 보존하기 위해서다. 찜을 거친 우리는 열풍 지역을 지나며 물기를 날린다. 열풍 지역을 지나면 너무 뜨거워 다음 작업을 할 수 없다. 그러니 뜨거워진 우리 면들은 차가운 냉각 지역을 거친다. 그 과정을 거쳐 우리가 건면이 된다.

내 입으로 말하긴 그렇지만 우리가 만들어지는 모습은 상당히 장엄하다. 생각해 보라. 거대한 압연 롤러들을 거치며 반죽들이 느린 강처럼 흐른다. 점차 얇아지는 반죽은 제면 롤러를 지나며 면의 모습을 갖춘 후 폭포수처럼 떨어진다. 떨어진 후에도 우

앞쪽의 반죽이 몇 가지 공정이 되어 면이 된다.
면이 꼬불꼬불해진 이유는 제면 단계에서의 기계적 처리 때문이다.　**69**

평평한 건면 반죽은 제면 롤러를 지나 꼬불꼬불한 면의 모습을 갖춘다.
꼬불꼬불해진 건면을 찌면 면의 표면에 윤기가 돌기 시작한다.
상당히 장엄한 장면이지만 완전한 상품이 되려면 조금 더 절차를
거쳐야 한다.

리가 만들어지는 모든 과정이 멈춤 없이 이어진다. 요한 슈트라우스 2세의 왈츠 같은 거라도 틀어 둔다면 아주 잘 어울릴 것이다. 나도 기왕 보여주는 김에 시원하게 음악과 함께 영상으로 보여드리고 싶으나 세상엔 어른의 사정이 있다. 생산 라인과 설비 자체가 고유한 노하우라 영상으로 보여줄 순 없다. 아쉬운 대로 음악이라도 틀어 두시고 사진을 보며 상상하시길 바란다.

여러 단계를 거쳐 우리가 아는 모습의 면에 가까워진다.
동그랗게 마무리된 면이 포장 공정으로 향하는 모습.

생산 라인이 멈추지 않는 건 얼핏 보면 당연해 보인다. 그러나 세상에 당연한 일은 하나도 없으며 우리 공장의 가장 대단한 점은 아무 일도 없다는 점이다. 이렇게 흘러가게 하는 게 우리의 산파 풀무원 근무자들의 기술이다. 여러 변수가 단춧구멍만큼만 틀어져도 제면 설비 전체가 멈춘다. 모든 빵집은 매일 반죽이 조금씩 다르다. 매일의 습도가 다르기 때문이다. 우리 사정도 마찬가지다. 여기 다 말할 수 없는 모든 순간이 그 자체로 조금씩 다른 변수고, 생산 라인의 전문가들이 매일의 변수를 세밀히 통제하며 강물 같은 면발의 흐름을 만든다. 가루에서 면발이 된 우리는 또 다른 곳으로 향하게 된다.

세상 밖으로

냉각까지 거친 우리는 이제 드디어 면의 모습을 갖췄다. 당신이 봉지를 뜯으면 나오는 바로 그 모습이다. 역으로 말하면 당신을 만나기 위해선 우리가 옷을 갖춰, 즉 포장이 되어야 한다. 그 옷을 입는 장소도 따로 마련되어 있다. 이곳에서 우리는 건면 상태를 지나 풀무원 신상품 '로스팅 짜장면 고추기름'이 된다. 어떻게 그렇게 되냐고?

옷을 입는 곳에서 우리 면들과 스프 친구들이 만난다. 면이 태어나는 곳에서의 제면 과정은 시간을 들여 면의 모양을 만들고 숙성과 건조를 거쳐야 했기 때문에 조금 느렸다. 반면 옷 입는 곳의 템포는 위층과 비교할 수 없을 만큼 빠르다. 면이 태어나는 곳의 우리가 후룸라이드 낙하 전의 느릿한 상태였다면 옷 입는 곳의 우리는 목적지에 도착하기까지의 빠른 상태라고 생각하면 된다.

우리는 한결 빨라진 컨베이어 벨트 위에서 분주히 상품화 절차를 거친다. 벨트를 지날 때마다 나의 몸 위로 건더기 스프와 분말 스프가 하나씩 떨어진다. 스프 두 개가 다 얹히고 나면 순식간에 폴리프로필렌 필름이 날 감싼다. 건면 한 봉지가 완성되는 순간이다. 이게 전부가 아니다. 나는 네 봉 1번들 상태로 판매된다. 즉 나는 네 개의 라면 봉지를 모아 주는 필름으로 한번 더 감싸지고, 우리가 모인 네 봉 번들은 한 번에 여덟 개씩 상자 안에 들어간다. 상자는 자동으로 접히고 테이핑까지 완료되어 팔레트에 쌓인다. 팔레트에 쌓인 라면 상자들이 한 번 더 싸이고, 쌓인 채 싸인 상자들이 문밖을 빠져나가면 생산 완료다. 우리가 세상으로 나갈 준비가 된 것이다.

여러분이 보는 내 모습은 귀여운 손글씨와 빨간 고추 그림 정도다. 그걸 보면 봉지 속 우리가 얼마나 복잡한 과정의 산물인지 상상하지 못할 수도 있다. 그러나 나는 첨단 산업화의 산물이며 시대적 트렌드 그 자체다. 점점 많은 사람들이 건강에 덜 나쁘고 칼로리가 낮은 음식을 원한다. 우리 건면은 그런 시대의 부름을 받고 세상에 나왔다. 우리의 고향 풀무원은 한국에서 가장 먼저 건면을 상품화한 회사고, 건면의 기세는 지금이 가장 높다. 우리를 이루는 재료는 말 그대로 전 세계에서 왔으나 최종적 맛을 만든 사람들은 한국의 풀무원 마케터들이다. 그분들은 전국의 중국집을 다니며 맛있는 짜장면을 먹어 본 후 '식당 음식을 참고하지 않아도 좋은 걸 만들 수 있다'는 깨달음을 얻었다. 행복은 집안에 있더라는 〈파랑새〉 같은 이야기다. 이들이 연구소에서 매진한 결과 짜장면계의 파랑새 같은 '로스팅 짜장면 고추기름'이 나왔다.

나는 이런 이야기와 과정을 거쳐 도시 어딘가에 자리 잡았다. 당신이 손을 뻗어 나를 잡아 주기를 기다리며 매대에 놓여 있다. 당신의 터치와 결제를 기다리며 어딘가의 물류창고 속 상자 안에 있다. 이제 당신의 차례다. 당신은 누구인가? 어디에 있나? 지금의 당신이 되기까지 어떻게 살아왔나? 오늘 저녁에 무엇을 먹을 건가?

후기

식품 공장 취재를 계속하다 보니 원고 줄거리와 구조에 대해 고민하게 되었다. 식품 공장은 규제와 효율 등의 이슈 때문에 원재료에서 상품까지의 생산 과정이 상당히 비슷하다. 디테일이 다르되 흐름은 같다. 기계적으로 취재하고 원고를 작성하면 줄거리가 비슷해질 수밖에 없다. 차이점을 만들려 각 공장별로 특이한 디테일에 집중한 적이 있다. 그러면 '안 읽힌다'는 답이 한두 개씩 온다. 가독성과 공감을 위해 생산 현장의 인물에 집중하기도 했다. 그러면 또 '정보가 모자란다'는 답이 한두 개씩 온다. 짧은 피드백 한두 개라도 이모저모 마음에 걸리는 건 사실이다.

이번 취재를 하면서도 그랬다. 훌륭한 공장에서 친절하고 전문적인 직원들의 안내를 받았다. 즐겁게 들었고 많이 배웠고 또 한번 감탄했다. 다만 원고 줄거리가 고민이었다. 답이 나오지 않는 가운데 마감일이 코앞이었다. 막막한 기분을 덮고 잠시 잠이 들었다.

이불을 김밥처럼 두르고 깨어나 보니 컴퓨터 화면에 글이 가득 차 있었다. 면의 요정이 편지를 남기고 갔는지, 아니면 내가 비몽사몽 상태에서 원고를 만든 건지, 잘 모르겠다. 스피커에서 빈 필하모닉 신년 음악회의 왈츠가 들려왔다.

커피:
커피 공장의 품위

콜드브루 커피가 되기 위해 기계 안에 들어간 커피 원두의 모습.
(앞쪽) 콜드브루 커피가 담기는 용기가 공장 한편에 쌓여 있었다.
깨끗하게 정리된 산업현장 풍경에는 고유한 아름다움이 있다.

핸디엄은 콜드브루 생산계의 숨은 강자다. 배달앱에서 주문할 수 있는 로우키 커피에서 시작해 유명 커피 브랜드인 펠트커피, 헬카페, 프릳츠, 나무사이로[8] 등이 핸디엄의 설비로 콜드브루 커피를 만든다. 이들보다 덜 특색 있고 훨씬 규모가 큰 대기업 역시 핸디엄에게 위탁 생산을 맡긴다. 그러나 이들의 존재는 스타 곁의 히트곡 프로듀서처럼 잘 알려져 있지 않다. 가보니 실제로 그럴 만했다. 이들의 모든 것이 너무 매끄러웠기 때문이었다.

곤란할 정도로 아무 문제가 없었다

핸디엄 공장은 서울에서 한 시간 반쯤 떨어진 여주에 있다. 성남 공장과 제천 공장을 거쳐 여주에 자리 잡았다. 여주는 핸디엄 커피의 생산과 출하에 모두 적합한 입지였다. 서울에서 너무 가까우면 땅값이 비싸고, 너무 멀어지면 제품 출하나 커뮤니케이션이 고될 수도 있으니까. 이론적으로는 어디에 있어도 되는 작금의 4차 산업혁명 기업과는 달리 현실 세계의 제조업에는 변수가 많다.

핸디엄은 내내 내실에 충실했다. 핸디엄 공장이 비밀 시설은 아닐텐데 건물 입구에까지 입간판도 없었다. 건물 앞에서 풍기는 진한 커피 냄새를 느끼고서야 커피 공장임을 알았다. 반면 모든 것이 높은 수준으로 관리되고 있었다. 사람들도 친절했다. 방진복을 입은 현장 근로자마저 처음 보는 우리에게 친절하게 인사를 건넸다.

공장 건물도 깨끗했다. 보통 깨끗한 게 아니었다. HACCP 인증에 맞추어 생산설비와 살균시설까지 완비했다. 핸디엄은 2018년 공장을 여주로 이전할 때부터 HACCP 인증 기준에 맞춰 공장 구조를 짰다. 커피 제조업은 HACCP 필수가 아닌데도. 이렇게까지 하는 이유는 나중에 들어보고 일단은 커피 만드는 과정을 따라갔다.

하이테크 콜드브루

핸디엄 공장을 쉽게 말하면 '콜드브루 커피 공장'이다. 영어권에서는 콜드브루보다 워터 드립이라는 표현을 더 많이 쓴다. 말 그대로 물로 커피를 추출하는 방식이다. 물로 커피를 추출하는 대량 생산 방식은 크게 두 가지다. 침출식과 점적식. 침출식은 물에 커피 가루를 담가 놓는다. 점적식은 핸드 드립을 하듯 융 위로 뿌려진 커피에 물을 떨어뜨린다. 침출식은 구조가 간단하고 커피가 많이 나오는 대신 잡스러운 맛이 음료에 들어갈 가능성이 크다. 점적식은 한결 섬세한 맛을 내는 대신 생산 효율이 떨어진다. 양이냐 질이냐, 사장님을 햄릿으로 만드는 문제 앞에서 핸디엄은 어떤 선택을 했을까.

핸디엄은 난제를 기술로 돌파했다. 품질이 좋은 점적식 대량생산방식을 개선했다. 커피 위로 물이 뿌려지는 메커니즘을 향상시켜 시간당 생산량을 높였다. 물에 압력을 더하는 별도 장치까지 개발해서, 에스프레소 음료의 대량 생산화도 기술적으로 가능토록 했다. (이 기계는 정말 비밀이라 원고에는 묘사해도 사진으로는 찍지 못했다. 한약 달이는 기계와 약간 비슷하게 생겼다.) 워터 드립 대량생산 시스템은 세계적으로도 비슷한 예를 찾기 힘들기 때문에 이건 말 그대로 핸디엄의 투자 연구 성과다. 티가 나지 않는 조용한 하이테크. 핸디엄은 이게 얼마나 대단한 기술인지 설명하는 데는 큰 관심이 없어 보였다. 공장 바깥 세상에는

콜드브루 커피를 만들기 위해 큰 통에 그라인딩한 원두를 깔고
촉촉하게 물을 뿌린다. 효율과 맛을 동시에 향상시키는 노력의 결과물. **81**

이것보다 훨씬 보잘것없는 걸 팝콘처럼 튀겨 파는 사람들이 많은데도.

대신 핸디엄은 조용히 성과를 낸다. 성과는 수치로 드러난다. 이들은 조용한 하이테크 여주 공장에서 2020년에만 60톤의 원두를 써서 약 40만 리터의 콜드브루 커피를 생산했다. '40만 리터'라는 게 잘 와닿지 않는다면 이렇게 생각하면 된다. 핸디엄이 자사 커피 음료를 마실 때 권장하는 콜드브루 원액:물 비율은 1:3이다. 그 비율에 따라서 40만 리터의 원액으로 커피를 만들고 스타벅스 톨 사이즈 컵에 담으면 450만 7천 잔이 나온다. 2020년 기준 부산과 울산 인구 모두에게 한 잔씩 돌려도 조금 남는다. 이듬해에는 올해보다 최대 두 배에 이르는 양을 생산할 듯하다고 한다. 코비드-19로 인해 각종 온라인 플랫폼에서의 매출이 크게 늘고, 차가운 커피를 좋아하는 한국 시장의 특성 등이 맞물린 결과다.

세상에 클린 섹시는 없는데

이건 행운이 아니다. 핸디엄이 열심히 준비한 결과다. 이들이 HACCP 인증을 취득한 건 이들이 훌륭해서이기도 하지만 불가피한 이유도 있었다. 뉴스에 잇따라 보도된 콜드브루 위생 논란이었다. 콜드브루는 구조적으로 조금만 부주의하면 금방 균이 번식하는 구조다. 핸디엄은 두 가지 해결책을 고안했다. 하나는 HACCP 인증 등으로 생산 품질 자체를 아주 높인 것이다. 다른 하나는 적극적이고 선제적인 대응이다. 핸디엄은 이미 몇 번씩 유튜브나 블로거 등에게 공장을 공개했다. 이날 우리를 안내해 준 핸디엄 박규일 팀장은 생산 인력이 아닌 마케팅 팀인데도 생산공정에 대한 이해도가 굉장히 높은데다 설명까지 아주 잘하셨다. 잘될 만한 곳이다 싶었다.

그래도 비즈니스의 숙제는 남는다. 위생은 중요하다. 굉장히 중요하다. 그러나 냉정히 말해 위생은 매력이 아니다. '더티 섹시'는 있어도 '클린 섹시'란 말은 없는 것만 봐도 알 수 있다. 핸디엄의 커피가 이렇게 면밀히 만들어지지만, 동시에 사람들에게 그만큼의 인지를 얻지 못하고 있는 것도 이들의 현실이다.

매력은 무엇인가. 어떻게 하면 그걸 갖는가. 어떻게 하면 매력적인 캐릭터가 되어 사람들의 기억에 남는가. 위생과 품질을 거머쥔 핸디엄의 다음 숙제다. 이들도 나름의 고민을 지속하고 있다. 예산을 투입해 한남동오거리 인도대사관 근처에 아주 좋은 카페 겸 커피 쇼룸인 언더 프레셔를 만들기도 했다. 나도 가본 적이 있다. 좋은 카페였다. 그런데 미안한 말이지만 그게 커피 브랜드의 쇼룸 역할을 하는 카페인지는 몰랐다.

일단 핸디엄은 물오른 생산 역량을 활용해 다른 방식으로 수익을 낸다. 위탁 생산이다. 실제로 앞서 말한 유명 스페셜티 카페 브랜드가 핸디엄 공장에서 콜드브루 커피를 생산한다. 패션으로 치면 브랜드가 되기엔 조금 약하지만 최상급 공방의 역량은 갖춘 셈이다.

맛의 품위

핸디엄은 이날 취재에서 브랜드가 된다는 것의 고민을 말해 주었다. 셀프 브랜딩 시대에 이건 핸디엄만의 고민이 아니기도 하다. 갑자기 깨달음을 얻은 종교 지도자처럼 "오늘부터 내가 브랜드다."라고 외치면 브랜드가 된다는 주장도 있다. 그러나 세상에 그

대량생산을 하기 전 별도의 작은 코너에서 미리 맛의
미세조정을 거친다.

렇게 간단한 일이 어디 있겠나. 현실에선 핸디엄처럼 대단한 생산 역량을 갖춘 곳까지도 브랜딩을 고민해야 한다. 가끔은 "내가 브랜드요."라고 주장하는 기세로부터 브랜드가 태어나기도 한다. 그러나 쇼미더머니 1차에 참가한다고 래퍼가 되는 것이 아니듯, 말로만 브랜드인 그런 곳이 오래가는 경우는 본 적이 없다. 시장에서의 브랜드란 결국 손님의 인정으로부터 오고, 손님의 인정은 결국 높은 품질로부터 온다. 말로만 스스로 브랜드인 고만고만한 친구들이 사라질 때쯤 핸디엄의 고민도 풀려 있길 바라본다. 이들은 커피를 잘 만드니까.

맛은 어떠냐고? 지금 핸디엄 커피를 마시며 원고를 마무리하는 중이다. 내가 이번에 마신 핸디엄 커피는 케냐 원두다. 로고 아래 테이스팅 노트에는 '건포도, 흑설탕, 다크 초콜릿'이라고만 쓰여 있다. 세련된 로고나 굿즈에 쓰일 법한 일러스트는 없다. 대신 쓰여 있는 대로 건포도와 흑설탕과 다크 초콜릿의 맛이 난다. 무엇 하나 과하거나 모자란 부분이 없다.

내가 생각하는 품질 높은 글의 조건 중 하나는 작가가 사라지는 것이다. 그 작가가 전하려는 것만 남기고 작가는 원래 없던 양 있는 글을 쓰는 건 아주 어려운 일이다. 인터뷰라 치면 인터뷰이의 말과 개성 그 풍경만 독자의 머리에 남는 게 내가 생각하는 좋은 글이다. 핸디엄 커피의 맛은 내가 생각하는 좋은 글과 비슷했다. 테이스팅 노트에 쓰여 있는 대로의 맛이고, 그 이상의 캐릭터 플레이는 없다. 눈에 띄는 스파이스가 덜하다고 볼 수는 있다. 그러나 고민과 실력이 없다고 할 수는 없다.

이 맛을 구현하기 위해 핸디엄이 해 온 노력은 간단하지도 않고 짧지도 않다. 현실의 생산은 1단위와 10단위와 100단위에서 모두 다른 변수가 터지고, 핸디엄은 세계적으로도 희귀한 워터 드립 대량생산에서 자신들만의 설비와 노하우를 만들어 냈다. 하지만 우리가 일상에서 마시는 커피에서까지 그 치열한 고민을 느껴야 할까? 그 모든 '브랜드 스토리'를 개별 소비자가 일일이 다 알아야 할까? 커피는 맛있으면 되는걸. 핸디엄 커피는 말없이 훌륭하고, 나는 그런 걸 품위라고 생각하기로 했다.

제조를 마치고 병입까지 끝난 핸디엄의 콜드브루 커피.
실제로 맛이 상당히 좋았다.

초콜릿:
초콜릿은 언제나

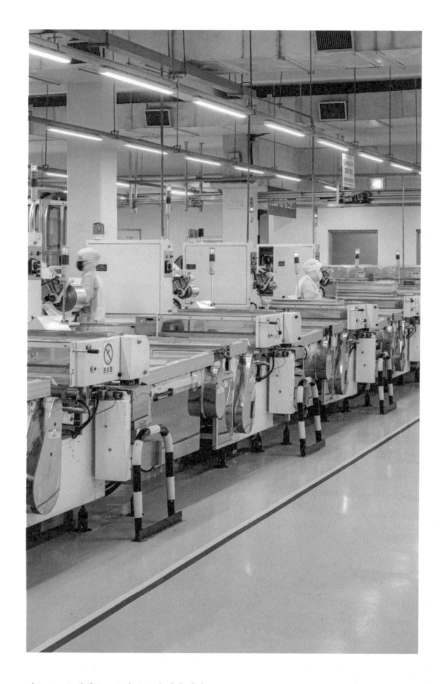

영등포구 롯데웰푸드 공장 초콜릿 생산 라인.
오래된 기계들이 깨끗이 관리되고 있었다.
(앞쪽) 생산 라인에서 오른쪽으로 흘러가 곧 은박지 옷을 입게 될 초콜릿.

현장을 다니며 내가 취재한 거의 모든 음식에 대한 신뢰가 커졌다. 생각해 보면 거의 현장 담당자들의 전문성 때문이다. 확실한 전문성의 증거는 질문에 대한 답이다. 현장 전문가들의 답이 어떠냐고? 지혜롭다, 인사이트가 있다, 그런 게 아니다. 전문가의 답은 확실하고 간결하다. 그들의 답은 이런 식이다. "그렇다." "아니다." "모른다."(이런 경우는 거의 없다.) "말해 줄 수 없다."(이런 경우는 많다.) 구체적인 그분들의 구체적인 답을 생각하면 자연히 믿음이 간다.

건강과 신뢰의 초콜릿

이날 만난 롯데웰푸드(취재 당시 롯데제과) 김정민 책임도 그랬다. 그는 롯데웰푸드 영등포 공장 초콜릿 라인 생산 담당자다. 입사해 양산 공장에서 초콜릿과 아이스크림을 담당하다 몇 년 전 초콜릿류를 만드는 '영공'에 왔다. 영공은 '영등포 공장'을 줄여 말하는 사내 호칭이다. 그는 현장이 더 재미있다고 말하는 천상 현장 관리자다. 입사 초기에는 사무실에서 원가 업무를 담당했는데 그때는 별로 재미가 없었다. 양산에서는 기숙사에서 혼자 살았어도 일 끝나고 축구도 하며 잘 지냈다고 했다. 스트레스를 잘 해소하는 건강한 사람 같았다.

건강한 김정민 책임은 업무 이해도도 높았다. 그는 롯데 양산 공장과 영등포 공장의 차이를 알았다. 아이스크림 생산 공정과 초콜릿 생산 공정의 공통점과 차이점을 알았다. 그의 말에 따르면 양산 공장에 롯데만의 특별한 시설이 있다. 생두를 볶고 분쇄하고 아주 얇게 갈아 내면 초콜릿의 원료인 카카오 매스가 된다. 한국에 카카오를 볶고 초콜릿의 원료를 만들어 내는 대형 설비가 있는 곳은 한곳뿐, 롯데웰푸드 양산 공장이다. 이런 이야기를 들으며 롯데 '영공'을 돌았다. 우리가 이야기를 나누는 중에도 초콜릿이 계속 만들어지고 있었다.

초콜릿은 어떻게 만들어지나

일정 수준 이상 규모를 갖춘 식품 공장의 제작 공정은 모두 같다. 재료로부터 제품 제조. 제품을 포장. 포장 후 검수. 검수 후 출고. 초콜릿의 원료가 되는 코코아매스는 양산에서 탱크로리로 올라온다. 이 코코아매스가 공장에서 재료 배합과 숙성 과정을 거쳐 초콜릿이 될 준비를 한다. 이 상태의 초콜릿은 거대한 통 속에 가득한 핫초코처럼 녹아 있는 상태다. 그 초콜릿이 숙성을 마치고 초콜릿 틀에 들어간다. 틀에 들어간 초콜릿이 우리가 아는 초콜릿 모양으로 굳고, 굳은 초콜릿을 떼어 포장 기계를 통과하면 판매용 초콜릿이 된다.

초콜릿 공장에 우리 눈에 보이는 초콜릿의 강 같은 건 없다. 먼지와 이물질 등을 피하려 모든 공정은 가려져 있다. 공장에 처음 가 본 우리 눈앞의 풍경은 이런 식이다. 초콜릿 냄새가 방 안에 가득하다. 뭔지는 모를 큰 기계가 큰 소리를 낸다. 어딘가에서는 기계장치가 움직일 때의 '윙윙' 소리가, 어딘가에서는 무거운 쇠끼리 부딪칠 때 나는 '꿍꿍' 소리가 난다. '윙윙'은 초콜릿 통에서 원료를 반죽시키는 '콘칭' 기계 소리, '꿍꿍'은 틀 속에서 다 굳은 초콜릿을 떼어낼 때 나는 소리다. 모르고 들으면 소음이지만 알고 나면 다 신호다. 초콜릿이 만들어진다는 신호.

초콜릿 공장의 닫혀 있던 상당 부분은 점검을 위해 열릴 수 있었다. 우리가 궁금해할 때마다 김정민 책임은 초콜릿 생산 설

통에서 초콜릿 원료를 반죽하는 모습. 공연장에서 듣는 베이스
라인 같은 느낌의, 낮고 굵은 '윙윙' 소리가 난다.

틀 속에서 굳었다가 빠져나온 초콜릿의 모습.

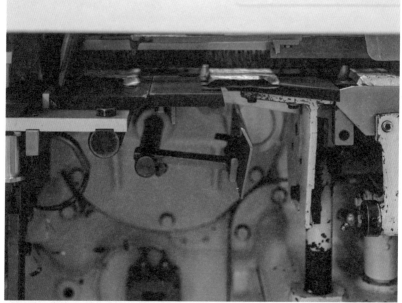

(위) 촬영을 위해 덮개를 열어 주었기 때문에 사진에 담을 수 있었다.
대부분의 생산 공정은 외부 먼지를 피하기 위해 가려져 있다.
(아래) 초콜릿 공장 곳곳에서 쌓인 시간을 짐작할 수 있었다.
동시에 모든 것이 깨끗하게 관리되고 있었다.

비의 내부를 보여주었다. 초콜릿 생산 설비의 구조를 보니 매 공정이 하이라이트였다. 초콜릿 반죽이 틀로 들어가는 과정, 초콜릿을 담은 틀이 다 굳을 때까지 컨베이어 벨트를 통과하는 과정, 꿍꿍 하며 떨어져 나간 개별 초콜릿을 포장 기계들이 그림같이 포장하는 과정, 그 모든 과정이 별개의 마술처럼 보였다. 작은 마술이 모여 하루에 수만 개씩의 초콜릿이 만들어지는 기적이 일어났다.

초콜릿 공장의 무엇이 인상적인가

식품 제조의 어떤 현장에서든 인상적인 부분이 있다. 초콜릿 공장도 그랬다.

첫 번째는 롯데가 가지고 있는 초콜릿 생산 노하우였다. 초콜릿의 원료인 카카오는 그냥 씨앗이다. 이게 어떻게 부드러운 카카오가 될까? 공정이 여러 번 지속되기 때문이다. 일단 카카오 씨를 볶는다. 커피 같은 로스팅이다. 볶은 카카오 씨는 간다. 역시 커피처럼, 그라인딩이다. 그런데 카카오는 아주 얇게 갈아 낸다. 20미크론 이하가 될 때까지 갈아주기 때문에 마이크로그라인딩이라고 한다. 양산 공장에서는 마이크로그라인딩까지 마친 초콜릿의 재료인 코코아매스가 올라온다. 이 코코아매스에 설탕 등의 재료를 섞어 반죽하는 '콘칭' 과정을 거친다. 콘칭을 거치고 나면 거슬리는 맛과 향기가 사라지고 우리가 아는 초콜릿의 맛과 향이 남는다. 롯데웰푸드에는 그 설비와 노하우가 있다.

초콜릿을 만드는 방법론 자체는 규모와 상관없이 같다. 앞서 말한 로스팅-그라인딩-콘칭-탬퍼링을 자체적으로 진행하는 소규모 고급 초콜릿 제조사도 있다. 롯데도 고급 초콜릿 회사처럼 원물 수급부터 최종 생산까지의 초콜릿 생산을 자체적으로 진행한다. 대신 그 단위가 엄청나게 크다. 대중 지향이니까. 동시에 단가나 여러 상황에 맞춰 맛을 대중화시킬 필요도 있다. 역시 대중 지향이니까. 그래서 대중 초콜릿은 고급 빈 투 바[9]에 비해 카카오 비중이 떨어지거나 맛의 개성이 덜할 수는 있다. 그게 바로 대중성이다. 모두에게 불만을 사지 않으려면 어디 하나 뾰족한 구석이 없어야 한다.

대량 생산품의 목적은 결국 어디 하나 뾰족한 구석 없이 멀쩡한 물건이 끊임없이 계속 많이 나오는 것이다. 보통의 물건을 만들기 위해서는 역설적으로 보통이 아닌 설비와 노력과 노하우가 필요다. 롯데 영등포 공장은 그 사실의 실물 증거였다. 여기 있는 기계 중 지난주에 설치한 듯 보이는 새것은 없었다. 역으로 그만큼 많은 유지보수와 다양한 상황을 거쳤을 것이다. 사람이 만들어 쓰는 물건은 그게 얼마나 오래됐든 유지하면 계속 쓸 수 있다. 초콜릿 공장의 각종 기계들도 잘 관리받으며 잘 움직이고 있는 기운이 느껴졌다. 그건 결코 그냥 이루어지는 일이 아니다. 김정민 책임을 비롯한 현장 근무 인력의 숙련과 노력으로 만들어지는 것이다. 당장 티 나지 않는 여러분의 일들이 사회 곳곳을 지탱하고 있듯이.

초코의 역사, 도시의 역사

공장 한 바퀴를 다 돌아보고 나가는 시간, 새삼 들어온 길을 살펴보았다. 이 공장은 1969년 준공한 오래된 공장이다. 공장에는 엘리베이터가 없는 대신 계단에 "오래 걸으면 장수합니다." "한 걸음 걸으면 1칼로리." 같은 말들이 가득 붙어 있었다. 입구에 설치된 텔레비전에는 전국 롯데 공장 직원들이 고품질 생산을 다짐하는 영상이 반복 재생되고 있었다. 근본 있는 공간의 느낌이 들었다. 실제로 이곳은 한국 제과 산업의 역사 중 하나다. 서울의 주요 공장이 이미 다 외곽지역으로 이전한 가운데, 롯데 영등포 공장은 서울에 얼마 남지 않은 대형 공장이다. 준공 이후 롯데껌과 가나초콜릿 등 롯데를 상징하는 역사적인 제품들을 만들고 있다.

이 역사적인 공장은 진짜 역사가 될지도 모른다. 이곳이 '헤리티지 쇼핑몰'이 될 거라는 기사가 2022년에 나왔다. 어떻게 될지 모르니 두고볼 일이지만 이 역시 세계적인 추세다. 세계적인 대도시는 인구가 몰리고 땅값이 오르며 점점 물리적으로 확장된다. 기존의 시 외곽지역이었던 곳도 도시로 편입되며 원래 그곳에 있던 공장은 점점 도시 밖으로 밀려난다. 롯데 영등포 공장은 아직 밀려나지 않은 곳 중 하나다. 롯데 영등포 공장에 다녀온 뒤 가나초콜릿을 사 먹을 때면 포장지 뒷면을 한번씩 들여다본다. '메이드 인 코리아'도 보기 힘든 마당에 어디서나 볼 수 있는 가나초콜릿이 서울 생산이라니.

나는 앞으로 서울을 찾는 외국인 친구가 있다면 가나초콜릿을 기념품으로 줄 것이다. 이 흔한 걸 왜 기념품으로 주냐고 묻는다면 그때부터 이야기를 시작할 것이다. "지금 한국에는 '메이드 인 코리아'가 별로 없는데 말이지…."라고. 그런 이야기가 한국을 찾는 친구들에게 선물이 되지 않을까. 여행은 거기에만 있는 이야기를 찾아 가는 거니까.

☐ 즉석밥 공장   ☐ 콜드브루 공장
☐ 친환경 종이컵 공장   ☐ 초콜릿 공장
☐ 토핑 요거트 공장   ☑ 아이스크림 공장
☐ 만두 생산 라인   ○ 2022년 초여름처럼 더웠던 4월의
☐ 건면 공장   어느 목요일
            ○ 경기도 평택시 배스킨라빈스 공장
          ☐ 명란 공장
          ☐ 얼음 공장

아이스크림:
아이스크림 공장의
유미와 효립이

"오늘 유미 하는 거 보여줄 수 있어?"

"유미 되게 해 둔다고 했잖아?"

경기 평택 끄트머리에 있는 거대 아이스크림 공장에서 새하얀 작업복을 입은 아저씨들이 유미 씨를 계속 불렀다. 유미가 누군가 싶었다. 김연경 선수처럼 아이스크림 공장 에이스가 있나? 그런데 왜 직함 하나 없이 반말로 부르지? 나는 참지 못하고 물어보았다. 유미가 누구신가요?

"아, 로봇이에요." 유미의 직함이 없던 이유는 이해했다. 그런데 왜 하필 이름을 유미라고 지었지? 망설이다 한 번 더 물었다. 혹시 유미가 애칭인가요? 심각하게 대화를 나누던 아이스크림 공장 담당자분이 나를 살짝 쳐다보았다. "아니요. 로봇 이름이 유미예요."

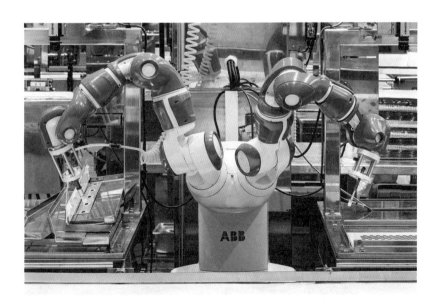

스위스 ABB의 소형 로봇 유미.
실제로 보면 사람들과 일하기에도 손색없을 만큼 작다.
(앞쪽) 생산 라인에서 아이스크림 케이크를 '조립'하는 근로자들.

유미의 휴일

유미의 이름은 진짜 유미(Yumi)다. 유미의 고향은 스위스. 스위스 ABB에서 만든 최초의 인간 협동 로봇이 유미다. (뜻은 'You and Me'라고 한다.) 2015년 첫선을 보였고 2017년에는 이탈리아 피사에서 루카 심포니 오케스트라를 지휘하기도 했다. 산업 로봇으로 유미가 가진 주된 특징 중 하나는 케이지가 필요 없다는 점이다. 보통 로봇 팔은 안전 이슈로 맹수의 우리 같은 전용 케이지 안에서 직무를 수행한다. 유미는 사람들 사이에서 자신의 일을 할 수 있다. 한국을 넘어 세계에서도 비슷한 예를 찾기 힘든 배스킨라빈스(이하 BR[10]) 평택공장의 설비다운 최신 기기다. BR 평택 공장은 한국 최대 규모의 아이스크림 공장이다. 이 아이스크림 공장의 대단한 요소는 규모뿐만이 아니다. 만드는 제품의 종류와 복잡성도 다른 아이스크림 공장과는 비교할 수 없다. 아이스크림 케이크 대량 생산은 생각 외로 복잡하다.

유미와 기계들

유미는 BR 아이스크림 케이크 공장이 자랑하는 설비의 일부에 불과하다. 아이스크림 공장의 설비는 보통 식품 공장과 조금 다르다. 대형 파쇄기와 대형 전자레인지가 한 예다. 파쇄기는 부수고 전자레인지는 녹인다. 아이스크림 공장에 왜 녹이는 기계가 필요하냐고? 아이스크림 특유의 제조 공정 때문이다. 아이스크림은 냉동 유크림 원유로 만든다. 이 원료의 표면을 녹여야 한다. 생산용량이 워낙 많으니 냉동 유크림을 녹이는 별도의 설비가 필요하다. 이때 대형 전자레인지를 쓴다. 이걸 부숴야 생산설비에 투입할 수 있는 상태의 원료가 된다. 부수는 데도 별도 기기가 필요하니 파쇄기가 있어야 한다. 거기 더해 아이스크림을 고압의 물로 자르는 워터 커팅 기기까지 설치되어 있다. 이런 설비를 갖춘 아이스크림 공장은 한국에서 BR뿐이다.

아이스크림과 아이스크림 케이크는 입 속에서 녹는다는 걸 빼고 실제 공정은 완전히 다르다. 아이스크림 공장은 거의 자동화가 이루어졌으나 아이스크림 케이크 공장은 거의 사람의 손으로 작업해야 한다. 아이스크림 케이크를 떠올려 보면 알 수 있다. 이날 만들던 '해피데이 카카오프렌즈'는 체리쥬빌레부터 엄마는 외계인에 이르는 아이스크림 9종이 정해진 순서대로 놓인 후 그 위에 카카오프렌즈의 각 캐릭터가 올라가야 완성된다. 단순히 생각해도 9개 아이스크림에 9개 캐릭터니까 18회의 공정이 필요하다. 유미의 손이 바삐 움직이는 부분도 여기여야 했다.

허나 이날은 유미의 휴일이었다. 유미가 만들어 오던 제품이 리뉴얼에 들어갔기 때문이었다. 유미의 입장에서는 리뉴얼된 제품의 생산 매뉴얼이 있어야 움직일 수 있다. 유미가 쉴 새 없이 일하려면 쉴 새 없이 일할 수 있는 매뉴얼을 짜줘야 한다. 그러자니 아이스크림 케이크의 종류가 너무 많다. BR에서 연간 출시하는 아이스크림 신제품 종류는 150종이 넘는다. 유미가 매번 그 신제품을 만들어 내려면 누군가 유미용 매뉴얼 150개를 짜서 넣어야 하는데, 그것도 보통 일이 아니다. 유미는 멈추지 않는다. 매뉴얼이 있을 때만. 이날은 유미를 위한 신매뉴얼을 만드는 중이었고, 그래서 유미는 특유의 현란한 동작을 보여주지 못한 채 멈춰 있었다.

아이스크림 케이크 공장의 유미와 근로자들은 일과 로봇과 인공지능의 미래였다. 그러고 보니 유미의 고향 스위스에서도 비

유미가 일하는 방식. 저 그리드 위로 업무 매뉴얼을 짜 줘야 한다.

숫한 모습을 봤다. 시계 브랜드 오메가의 최신형 공장에는 산소 함량이 낮아 인간이 들어가지도 못하는 창고가 있다.[11] 그 창고 안에서는 로봇 팔이 움직이며 주요 부품을 공장 곳곳으로 보낸다. 그 부품을 받아 조립하는 노동력은 결국 흰 가운을 입은 인간 워치메이커다. 시계 조립 역시 기계가 대응하기엔 너무 변수가 많은 일이라서다. 그 결과 인간들의 점심시간이 되면 유미도 공장도 잠시 멈춘다. 저 멀리 자동화된 아이스크림 생산 라인에서만 쉼 없이 아이스크림이 담겨 냉동창고로 넘어갔다.

효립이의 평일

유미 이야기 역시 인간이 들려주었다. BR 아이스크림 공장 매니저 정효립이다. 정효립은 아직 서른이 되지 않은 젊은 담당자다. 초면에 실례지만 '효립 군'이나 '효립이'라는 호칭으로 부르고 싶을 만큼 젊고 밝은 분위기가 KF94 마스크를 뚫고 나왔다. (당연히 현장에서는 매니저님이라고 존칭했다). 정효립의 설명에 따르면 아이스크림 케이크는 굉장한 노동집약적 생산업이다. 자동화에 한계가 있다. 앞서 말한 것처럼 제품의 종류가 많고 신제품 생산 주기가 빨라서다. 한국 사회 특유의 역동성이 한국 시장에도 반영되고, 한국 시장 특유의 역동성이 아이스크림 공장에까지 반영된 경우다.

그 결과 정효립의 일상 업무인 생산관리는 예술적인 수준이 된다. 정효립의 업무는 이탈리아의 운전자들이 수동변속기 자동차로 운전을 하면서 왼손으로는 전화를 하고 오른손으로는 담배를 피우며 틈틈이 길가의 다른 운전자에게 다양한 핸드 사인을 보내는 일과 비슷하다. 아이스크림 케이크를 이루는 건 크게 네

아이스크림 케이크는 상당한 수작업의 산물이다.
사진 속 아홉 개의 아이스크림 위로 각 캐릭터를 올려 줘야 한다.　　**107**

아이스크림 케이크의 스티로폼 박스는 3층 높이의
엘리베이터에서 계속 내려온다.

가지다. 원료와 재료, 박스와 반제품. 원료는 각종 아이스크림처럼 먹을 수 있는 것, 재료는 장식용이라 먹을 수 없는 걸 말한다. 늘 수십 종류의 아이스크림 케이크가 만들어지고 공장은 일요일을 제외하면 주야간 멈춤 없이 가동된다. 정효립은 재료 수급 상황과 근로자의 업무 스케줄을 파악해 계속 일 생산량을 채워야 한다.

정효립의 업무 디테일은 내가 듣기엔 끝도 없었다. 아이스크림 케이크 원료 중 박스는 창고에 없고 실시간으로 계속 들어온다. 이 공장에서 만드는 아이스크림 케이크는 하루에 3만 개가 넘는데, 그걸 담을 스티로폼 박스를 창고에 두자니 부피가 커서 창고에 보관할 수가 없다. 그 결과 하루에도 몇 번씩 컨테이너가 들어온다. 이 모든 변수를 통제하고 돌발 상황에 대처해야 '골라 먹는 와츄원'처럼 귀여운 아이스크림 케이크들이 전국으로 갈 수 있다. 그래서 정효립은 늘 전화를 받는다고 했다.

정효립은 사실 커피를 좋아하고 아이스크림은 별로 안 좋아한다. BR에서 일하기 전에는 아이스크림 케이크가 빵 위에 아이스크림들이 얹힌 것인 줄 알았고, 사실상 케이크 모양의 아이스크림인 줄은 몰랐다. 그럼에도 그는 "저는 제 일이 현장의 대변인이라고 생각해요. (본사의) 개발 담당자들께 생산 현장의 효율도 고려하도록 조율해야 합니다. 현장에서 일하시는 분들의 입장을 잘 생각해야죠. 선배들께 그렇게 배웠어요."라고 말했다. 이런 프로들 덕분에 우리가 아이스크림 케이크를 포함한 일상을 즐기고 있다.

정효립이 이야기를 나누는 동안 점심시간이 끝나고 현장직 근로자들이 돌아왔다. 다시 워터 커팅이 켜지며 공장 특유의 굉음이 울리고 회전초밥집 같은 컨베이어 벨트가 움직이기 시작했다. 근로자들이 컨베이어 벨트 위에 줄지어 서서 캐릭터 초콜릿을 올렸다. 어피치, 제이지, 라이언, 하나씩 얹힐 때마다 달콤한 얼음덩어리였던 게 아이스크림 케이크가 되었다. 이 케이크들이 스티로폼 상자 안에 들어가 포장된 후 BR의 거점냉동 체인을 통해 전국으로 퍼질 것이다. 정효립이 지휘하고 현장 분들이 만든 아이스크림 케이크 상자가 어딘가에서 열려 전국의 아이들과 어른들에게 뜻깊은 순간이 될 것이다. 인간에게 기쁨과 추억을 주는 건 중요한 일이다. 이분들 역시 사회에 중요한 일을 하고 있다.

취재가 마무리될 때쯤 정효립의 모습을 사진에 담아야겠다 싶었다. 어디서 촬영할까 하다가 일부러 작업자분들이 일하시는 곳을 배경 삼자고 청했다. 대형 첨단 설비라도 사람이 조작해야 움직이고, 각자의 특기가 있는 모든 작업자가 함께 아이스크림 케이크를 만드는 거니까.

피사체 되기에 익숙하지 않은 일반인들이 사진을 찍힐 때 가장 어려워하는 건 손과 팔 처리다.[12] 나나 여러분도 마찬가지고 정효립도 그랬다. 정효립의 팔 처리를 위해 빈 아이스크림 케이크 박스를 들고 찍자고 했다. 손에 박스를 들자 정효립은 한결 편해 보였다. 그 옆에서 일을 하시던 생산직 직원들이 카메라 앞에 선 정효립을 곁눈으로 보며 살짝 웃었다. 마스크 위로 드러난 정효립의 눈도 웃고 있었다. 자기가 있는 곳에 자부심을 가진 사람의 눈, 그곳에 있는 사람들과 잘 지내고 있는 사람의 웃음이었다. 좋아 보였다.

이날 공장을 안내해 준 정효림에게 포즈를 부탁했다.
현장에 있는 사람 특유의 자부심이 엿보였다. 상자는 빈 상자다.

□ 즉석밥 공장

□ 친환경 종이컵 공장

□ 토핑 요거트 공장

□ 만두 생산 라인

□ 건면 공장

□ 콜드브루 공장

□ 초콜릿 공장

□ 아이스크림 공장

☑ 명란 공장

   ○ 안개비가 내리던 2022년 6월의 아침

   ○ 부산 서구 덕화푸드 명란 공장

□ 얼음 공장

명란:
동아시아의 캐비어가
태어나는 곳

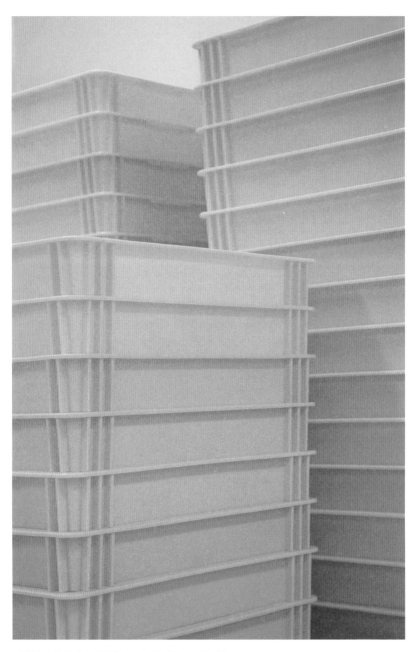

덕화명란 공장에서 명란을 나르는 플라스틱 바구니들.
식품 공장은 전반적으로 상상 이상으로 깨끗했다.
(앞쪽) 덕화명란의 '여사님'들이 제작과 검품을 마친 명란을 줄을 맞춰
상자에 넣고 있다.

"아 키울라고 시작했재." 부산 덕화명란 공장 포장 코너에 비스듬히 서 있던 구 여사님[13]은 말씨가 고왔으나 문장은 짧았다. 그는 덕화명란에서 일하는 50여 명의 '여사님' 중 가장 오래 근속하신 직원 중 한 분이다. 그는 '아 키울라고', 즉 자식 키우는 비용에 보태려 일을 찾았다. 그는 한 번도 해 본 적 없던 식품 공장 생산직 일을 하게 되었다. 20년 전이다.

　　20년 전의 명란 산업은 지금과 달랐다. 거의 대부분의 명란 젓이 대야 속에서 새빨갛게 양념되어 있었고, 사람들은 그냥 그걸 밥에 얹어 먹었다. 덕화명란은 그때 명란을 수출했다. 구 여사님이 입사할 때쯤인 2001년 덕화명란은 이미 3백만불 수출탑을, 그 다음 해인 2002년에는 5백만불 수출탑을 수상했다.

　　덕화명란 포장팀 구 여사님

구 여사님은 키가 크다는 이유로 포장팀 일을 맡았다. 포장팀 일은 육체적으로 좀 더 고되고 긴장도도 높다. 포장재인 얼음을 만지다 보면 손끝에 늘 동상이 걸린다. 아울러 식품의 가장 중요한 정보 중 하나인 유통기한을 구 여사님의 포장팀에서 찍는다. 구 여사님은 실수하지 않기 위해 밤마다 기도한다고 했다. 여사님의 기도 덕인지 덕화명란은 내내 번창했다.

　　구 여사님이 입사한 지 5년쯤 되던 해인 2006년 선대 회장 장석준의 아들 장종수가 서울 생활을 정리하고 부산으로 왔다. 장종수는 경제학을 전공해 석사까지 받고 연구자가 되려 한 학구파다. 그는 그때쯤 처음으로 아버지가 "내려와서 이 (명란)일을 받으라."고 했고, 그 말씀이 싫지 않다고 했다. 1대 창업주는 현장 경험이 풍부한 한국 최초의 수산 명장, 2대 사장은 텍스트에 익숙한 학구파. 일본의 대형 판로를 확보해 매출도 안정적이었다. 풍어기 같은 날들이었다.

풍랑이 바다의 일부이듯 위기도 인생과 사업의 일부다. 덕화명란에게도 위기가 찾아와 매출이 급감했다. 그 과정에서 공장도 도심과 떨어진 바닷가로 옮겼다. 다대포 근처에 사는데 공장이 집 근처라 덕화명란에 취업한 구 여사님께도 예상 밖의 일이 생긴 셈이었다. 덕화명란은 여사님의 노고를 잊지 않는다. 여사님들은 셔틀버스를 타고 출근한다. 버스는 아침 7시에 출발한다. 구 여사님은 늘 그 안에 있다.

밖에서 바라본 명란 포장 섹션.
늘 차가운 온도를 유지해야 하므로 냉방기가 크다.

공방 같은 공장

이런 이야기를 듣기 전 우리는 덕화명란 공장을 안내받았다. 공장 구조는 HACCP 인증을 받은 만큼 지금까지 다녀온 공장 구조와 큰 차이가 없었다. 출입자 소독 시설을 거치고 나면 공장이다. 냉동 명란 원물을 받고, 그걸 해동시킨다. 해동시킨 명란을 별도 설비에 숙성시키고, 여사님들께서 숙성된 명란을 작업한다. 작업이 끝난 명란은 포장과 이물질 검사를 거쳐 출고된다.

같은 구조의 공장이라 해도 식품의 특성에 따라 디테일은 모두 다르다. 덕화명란 공장 역시 확연한 차이가 있었다. 그 차이는 인간 친화성이다. 명란 작업은 기계가 할 수 있는 부분을 빼면 모두 인간이 해야 한다. 기계가 할 수 있는 부분은 생각보다 적다. 덕화명란의 생산 여건상 기계화 투자에 한계가 있을 수도 있으나 실제로 가서 보니 명란 상품화 작업을 기계로 하면 오히려 효율이 떨어질 것 같았다. 명란은 너무 섬세하고 변수도 매번 다르기 때문이었다. 여기는 명란 공장이라기보다는 가공 전문가들이 모인 대형 명란 공방이라고 불러야 할 것 같았다.

여사님들은 공장 곳곳에서 본인들의 직무를 수행하고 계셨다. '예쁜 명란끼리 모아서 100그램을 맞춘다.' '덕화명란의 최고급 선물세트에만 들어갈 명란을 모은다.' 같은 건 숙련된 여사님들이 가장 잘할 수 있는 일이었다. 어떤 분은 명란 세 개를 모아 100그램을 맞췄다. 어떤 분은 2인 1조로 붓을 들고 명란에 양념을 발랐다. 우리가 찾은 오후에는 이런 분류 작업을 하고, 오전에는 분류된 명란을 회전초밥집에서 본 것 같은 레일 위에 올려 포장과 출고 작업을 한다고 했다. 회전초밥 레일 모양의 레일도 덕화명란이 직접 개발한 생산 라인이다.

공장 일은 쉽지 않다. 명란은 생물이다. 예민하다. 공장 내부 온도가 늘 15~18도로 유지되어야 한다. 초가을 정도의 기온이니 여사님들은 한여름에도 내의를 입는다. 수산물 제조 공장이니 계속 씻느라 바닥이 늘 젖어 있다. 그래서 여사님들은 무거운 고무장갑과 고무 앞치마를 착용한다. 우리가 마트에서 편하게 집는 명란 세 토막을 거슬러 올라가 보면 한여름에도 내의를 입고 하루 종일 고무 앞치마를 한 채 명란을 다듬고 선별하는 여사님들의 노고가 있다.

구 여사님을 비롯한 여사님들의 손에서 지금 덕화명란이 만들어진다. 오래 일하신 여사님들의 손이 새로 일하시는 여사님들의 손을 가르친다. 명란 선별 작업은 순식간에 크기와 생김새를 판단해야 하는 일이다. 여사님들은 그 일을 동료들끼리 자율적으로, 즉 "머라 머라 캐가면서" 서로에게 가르친다. 세상에는 그렇게만 이어지는 지식이 분명 있다. 그 손들이 지금 덕화명란의 맛을 만들었다. 구 여사님 역시 그 손으로 아들을 다 키웠다. 여사님께서 입사하실 때 중학생이었던 아드님이 이제 결혼을 했다고 했다.

수산계 신혜성의 위기탈출 넘버원

구 여사님의 아들이 크는 동안 덕화명란의 아들도 성장했다. 사실 장종수 대표가 덕화명란을 이어받고 얼마 되지 않아 회사의 위기가 찾아왔다. 가장 큰 고객이자 주 비즈니스모델이었던 일본과의 계약이 2013년 끝나 버렸다. 선친 장석준 회장은 몇 년 후인 2018년 작고했다. 장 회장은 부산 신문에 별도의 부고가 실릴 정도의 명사였다. 2대 장종수 회장은 선친의 뜻을 이어 회사와 제

플라스틱 바구니 사이에서 명란의 무게를 재는 여사님.
실제로 보니 기계화하기엔 변수가 너무 큰 일이었다.

품력과 여사님들의 일자리를 지켜야 했다.

장종수 대표를 실제로 보면 하얀 얼굴에 마른 체구에 볼이 홀쭉해서 약간 신화의 신혜성 같은 느낌이 있다. 명란을 두고 "동아시아의 캐비어라고도 하죠."라고 표현하는 등 비유도 세련되었다. 다만 바닷가의 학구파 신혜성 대표님이 과연 터프한 명란 세계에서 자기 자리를 지킬 수 있을까 싶기도 하다. 그러나 장 대표는 성공했다. 매출은 반등했고 덕화명란은 부산을 대표하는 로컬 푸드 중 하나가 되었다.

공장과 본사에서 낼 수 있는 답은 역시 맛이다. 덕화명란의 맛 자부심은 본사 어디에서나 찾아볼 수 있었다. 무뚝뚝한 여사님들에게도, 우리를 안내해 준 등단 작가 출신 마케터[14]도, 사근사근한 학구파 장종수 대표도, 모두 맛에 자신감을 보였다. 먹어 보니 그 자신감을 이해할 수 있었다. 덕화명란을 먹어 본 사람들은 알겠지만 이들의 명란은 다르다. 나는 직원 판매용 덕화명란을 사오지 못한 걸 아직도 종종 아쉬워하고 있다.

맛의 자신감에는 근거가 있었다. 덕화명란은 상급 재료를 고른다. 일본인들과 경쟁해 가장 좋은 명란을 가장 비싼 가격에 구입해 온다. 선대 장석준 회장이 일본에서 전수받고 한국인 입맛에 맞게 개량한 '카라시 멘타이코' 숙성 비법을 쓴다. 저염 명란과 한국형 양념 명란 등 한국 시장 지향형 상품도 출시한다. 최근에는 사료를 참고해 개발한 신제품 '조선명란'도 출시했다. 덕화명란의 연구는 인스타 카페 인테리어처럼 얄팍하지 않다. 장종수 대표는 약 10년 전부터 본사에 연구소를 두고 명란을 연구한다. 덕화푸드 정도의 매출 규모 회사에서는 드문 일이다.

명란계의 신혜성 장종수 대표는 그럴 만한 저력이 보였다.

덕화명란 대표 장종수의 집무실.
읽던 책들 뒤 화이트보드에 쓰인 글씨가 빼곡하다.

121

그와 인터뷰를 진행한 사장실에는 그냥 사둔 책이 아닌 실제로 읽고 있는 책들이 가득했다. (나도 읽는 게 직업이니 그 정도는 알 수 있다.) 화이트보드에도 사업 관련 수치들이 복잡하게 적혀 있었다. 업체들은 보통 그런 수치들이 사진에 나오는 걸 경계한다. 이번 촬영에 함께한 사진가도 그걸 알고 화이트보드를 찍어도 되는지 물었다. 장종수는 상냥하게 대답했다. "찍으셔도 괜찮아요. 어차피 봐도 모르실 거예요."

브랜드의 본질

"부산은 수산도시입니다." 덕화명란의 CBO[15] 김만석 이사가 지나가듯 말했다. 덕화명란은 별도의 브랜딩 이사를 둘 만큼 브랜딩 활동에도 적극적이며, 덕화명란의 브랜딩 역시 좋은 평가를 받았다. 그러나 브랜드는 아무리 좋게 말해도 상징이다. 상징은 아무리 중요해도 상징 이상이 되지 못한다. 브랜드, 명장, 로컬, 이런 말들은 어찌 보면 간판일 뿐이다. 그 간판 아래 있는 물건의 세부적인 품질이 중요하다. 덕화명란에는 높은 품질이 있었다. 최상급 원재료가 있었다. 최적화된 생산설비와 다듬어진 조리법이 있었다. 그리고 그에 맞춰 오늘도 열심히 일하시는 여사님들의 손이 있다.

브랜딩이 품질의 상징이라면 가장 확실한 브랜딩은 결국 높은 품질이다. 덕화명란 공장은 그 면에서 브랜딩의 산실이고, 이 브랜드의 핵심은 결국 손에서 나온다. 우리가 잠든 오전 7시에 종종걸음으로 나와 셔틀버스를 타고 바닷가 바로 앞 암남동으로 향하시는 여사님들의 손으로부터. 20년간 포장을 해 오신 구 여사님의 손으로부터. 구 여사님은 내년이 정년이라고 한다.

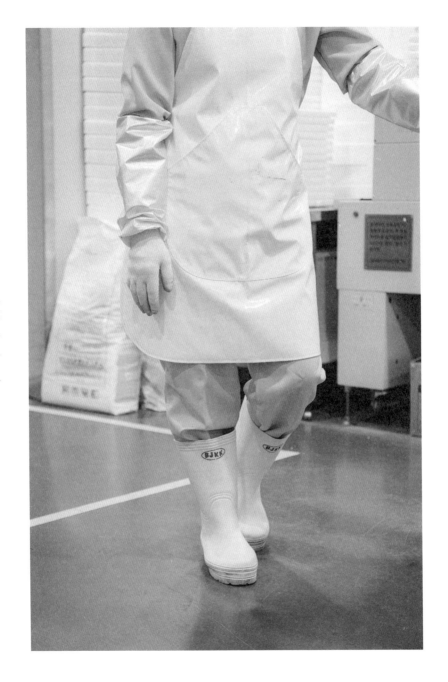

우리에게 이야기를 들려준 포장 코너 구 여사님.
얼굴이 나오는 건 부끄러워하셨다.

거대한 주방—식품 공장

□ 즉석밥 공장   □ 콜드브루 공장
□ 친환경 종이컵 공장   □ 초콜릿 공장
□ 토핑 요거트 공장   □ 아이스크림 공장
□ 만두 생산 라인   □ 명란 공장
□ 건면 공장   ☑ 얼음 공장
                          ○ 2022년 수도권에 폭우가 쏟아진 다음 날
                          ○ 춘천시 서면 당림리 풀무원 얼음공장
                          ○ 받은 선물: 얼음컵에 담아주신 커피 세 잔

얼음:
가장 독특한 공장

한여름 문에 맺힌 이슬, 문 옆에 쌓인 얼음 뭉치.
얼음 공장 곳곳에서 차가운 온도의 흔적을 느낄 수 있었다.
(앞쪽) 풀무원 얼음 공장 얼음의 압도적인 투명도.

서울에 큰 비가 온 다음 날이 취재 가는 날이었다. 이날 아침에 일어나자마자 사진가에게 메시지를 보냈다. 사진가의 스튜디오는 지하에 있는 경우가 많다. 사진가의 스튜디오나 집에 문제가 생겼을 가능성이 충분히 있었다. 그러면 취재도 끝이다. 다행히 이 프로젝트의 친구 송시영은 문제없이 촬영길에 나설 수 있었다. 우리는 여전히 멈추지 않는 비를 뚫고 오늘의 현장에 도착했다.

오늘 찾은 곳은 지금까지 찾은 식품 공장 중 가장 독특한 공장이다. 우리는 이것을 먹지만 이걸 식품이라고 해야 할지도 모르겠다. 이곳은 대규모 식품 공장인데도 딱 하나의 재료만 쓰고, 식품 공장인데도 1년에 3개월은 가동하지 않는다. 얼핏 들으면 이걸 만드는 데 노하우가 있으려나 싶으면서도 실제로 가서 보니 역시 또 대단한 노하우가 있었다. 우리가 찾은 곳은 춘천 당림리에 있는 풀무원 얼음 공장이었다.

얼음 공장에만 있는 것들

얼음 공장만의 독특한 점을 한마디로 요약하는 건 불가능하다. 얼음 공장이기 때문에 여기에만 있는 게 있다. 얼음 공장이므로 다른 공장에는 없는 것도 있다. 각종 규제와 법령을 충실히 수행하니 업계 표준과 평균을 충실히 지향하는 부분도 물론 있다. 이것들을 하나씩 알아보려면 일단 얼음 공장으로 들어가야 한다. 우리는 도착해 박준혁 풀무원 춘천얼음생산파트 파트장과 인사를 나누고 공장으로 들어갔다.

특이하게도 (혹은 당연하게도) 이곳에 들어가려면 방한복을 입어야 했다. 본격적인 겨울용 흰색 솜 패딩을 받아 입었다. 사진가는 반바지를 입고 와서 방한복 바지도 따로 받아 입었다. (이 바지가 공장 안에서 아주 큰 역할을 한다.) 박준혁은 프로답게 풀무원 시그니처 컬러인 연두색 조끼만 입었다. 방한복 위에 일회용 가운을 걸치고 헤어 캡을 쓰고 안전 장화를 신었다. 소독 절차를 거치자 공장으로 들어가는 문이 열렸다.

식품 공장 취재를 다니다 보니 식품 공장에 최적화된 생산 동선이 있음을 알게 되었다. 식품 공장은 원물 진입부터 완성품 출고까지의 흐름을 고려해 만들어졌다. 제조, 숙성, 가열, 검수, 포장까지 마치고 포장된 상품들이 창고로 들어가면 출고 준비가 끝난다.

얼음 공장도 이 과정 자체는 같았다. 크게 나누면 만든다-부순다-담는다-내보낸다 수순이다. 일단 큰 얼음을 만든다. (공장에서는 원빙이라 부름.) 그 얼음을 (쇄빙기에서) 작게 부순다. 작게 부순 얼음을 용도에 맞게 (컵 혹은 봉지에) 담는다. 담은 얼음을 상자 포장해 출고한다.

그러므로 프로 수준의 안전 관련 공정 역시 잘 준수되고 있었다. 이날 만난 박준혁은 업무에 비밀이 없다는 듯 시원하게 여러 가지를 알려 주며 안전과 건강 관련 규정이 잘 지켜진다는 걸 강조했다. 그 예 중 하나가 얼음을 만드는 수질이다. 얼음 공장에 쓰는 물은 지하 200미터에서 끌어올린 깨끗한 물인데, 그걸 3중 필터를 거쳐서 정수해 얼음 재료로 쓴다. 생수 수준의 정수처리라고 한다.

얼음을 만드는 각종 디테일도 흥미로웠다. 얼음을 만드는 과정 자체는 가정용 냉장고와 얼음 공장이 같다. 규모만 다르다. 그러면 왜 풀무원 얼음은 더 천천히 녹는 것 같고 더 단단하고 더 투명해 보일까? 규모 때문일까? 그렇기도 하고 아니기도 하다.

얼음 공장만의 디테일도 있으나 그 디테일을 위해서는 생산 규모가 담보되어야 한다.

얼음이 천천히 녹는 이유는 천천히 얼리기 때문이다. 원빙을 얼리는 시간만 10시간 정도다. 얼음이 더 투명한 것도 사실이다. 얼음이 투명하다는 건 얼음 안의 공기와 미네랄이 없음을 뜻한다. 공장에서 만드는 얼음은 냉동 과정에서 지속적으로 공기를 쏘기 때문에 미네랄이 한 쪽으로 모인다. 그 결과 미네랄이 모이지 않은 곳의 얼음이 더 투명해진다. 실제 공장에서 본 원빙은 원빙을 처음 본 내 눈으로 보기에는 유리처럼 보였다. 얼음이 이렇게 투명할 수 있는 거구나 싶었다.

프로의 세계에서는 늘 아마추어는 상상하지 못할 엄격함이 있는 법이다. 얼음 공장 벽 한 켠에는 원빙의 품질 기준표가 붙어 있었다. 총 7단계 기준에 각각의 품질 설명이 적혔다. 품질을 결정짓는 건 투명도, 기포, 미네랄이 쏠려서 생긴 백탁 등이다. 총 7단계 기준 중 하위 2단계는 상품으로 출고되지 않는다. 그 설명에 따르면 집에서 얼린 얼음은 6단계쯤 된다. 기포가 너무 많아서 풀무원에서 출고될 수 없다. 유리처럼 투명한 원빙을 보니 '얼음이 필요하다면 그냥 저걸 사 먹는 게 낫겠다'는 생각이 들었다.

얼음 공장에 없는 것

얼음은 사람이 먹지만 얼음 공장은 지금까지 가본 어떤 식품 공장과도 달랐다. 여기에는 다른 식품 공장에는 없는 게 몇 개 있다. 예를 들어 열. 요리의 필수 요소 중 하나는 가열로 인한 성질 변형이다. 회나 샐러드 등을 제외한 거의 모든 요리가 열을 쓴다. 이 프로젝트를 진행하며 가 본 공장들도 마찬가지였다. 요거트

투명한 얼음을 만드는 비결. 공기를 쏘면서 천천히 얼린다.
이 사각 틀 속 물이 얼음이 된다.

다 만들어진 얼음 덩어리를 원빙이라고 부른다.
갓 만든 원빙은 이만큼 투명하다.

원빙의 상태를 확인하는 얼음 공장의 담당자.
꼬챙이 모양 도구 아래에 있는 게 다 얼음이다.

원빙을 잘게 부수어 얼음 봉지로 들어가기 직전.
얼음 가루가 조금 묻었을 뿐 여전히 투명하다.

공장마저 살균 과정에서 열을 쓴다. 반면 얼음 공장엔 열원이 없다. 물을 얼리기만 하면 되니까. 아울러 원빙을 부수는 쇄빙실은 1년 내내 영하 20도 남짓하다. 사진 촬영을 위해 잠시 들어갔는데도 정신을 차릴수 없을 정도의 추위가 밀려왔다. 사진가 송시영이 방한복 바지를 입지 않았다면 내가 아주 미안해질 뻔했다.

　얼음 공장에 없는 또 하나의 결정적인 요소는 식재료다. 모든 식품 공장은 식재료를 입고해 식품 상태로 출고시킨다. 얼음 공장에는 입고될 식재료 자체가 없다. 공장 부지 지하 200미터에서 올라오는 물을 정수처리해서 얼리면 재료 수급은 끝이다. 대동강 물을 팔았다던 봉이 김선달의 시대를 지나 한강변 물을 얼려 파는 바른먹거리 풀선달의 시대를 우리는 살고 있다.

　입고되는 재료가 없이 깨끗하게 정수한 물을 얼리기만 하면 되는 상품이기 때문에 얼음에는 또 하나의 특징이 있다. 얼음은 유통기한이 없다. 박준혁은 "제조기한은 표기되어 있지만 이것이 유통기한을 의미하지는 않는다"고 설명해 주었다. 그 결과 얼음은 성수기를 위한 조기 생산과 비축이 가능하다. 이들은 봄인 3월부터 그해 여름에 쓰이는 얼음을 비축해 둔다고 했다. 지금은 성수기라 사정이 다르다. 오늘 만든 얼음은 1주일 정도면 출고될 거라고 한다. 반대로 11월부터 2월까지는 공장이 쉰다.

얼음 안에서

이 모든 얼음 생산을 총괄하는 사람이 오늘 공장을 설명해 준 박준혁이다. 그는 친절한 실무자 모드로 얼음 공장에 관련된 여러 가지를 말해 주었다. 가열도 없고 입고되는 식재료도 없으니 얼음 공장의 일은 1년 내내 얼리고 부숴서 내보내기만 하면 되는 거라 볼 수도 있겠으나 늘 현실은 복잡하다. 얼음 공장에서 운영의 묘는 냉동기의 효율이다. 외부 온도에 따라 냉각기가 사용해야 하는 에너지의 양이 다를 테고, 그 모든 게 얼음 생산량의 변수이 니 그런 걸 맞추어야 하기 때문이다.

박준혁은 간장 공장과 생면 공장을 거쳐 얼음 공장에서 일한 다고 했다. 이전 공장에 비하면 (식재료가 없으니) 몸에 냄새가 밸 일은 없지만 역시 이런저런 어려움이 있다고 건조하게 말해 주었다. '일은 재미있으시냐'고 물었더니 근 6개월간 들은 질문 중 가장 어이없는 질문이라는 표정을 잠깐 지은 후 프로답게 마 무리했다. "너무 좋습니다. 행복하고요." 이런 분들 덕에 도시의 내가 편의점에서 투명한 돌얼음을 먹을 수 있는 것이었다.

풀무원 춘천 얼음 공장은 행정구역상으로는 춘천이지만 실 질적으로는 가평이나 강촌역과 가깝다. 북한강 남쪽에는 추억의 강촌 MT촌이나 몇몇 스키장이 있고, 바로 그 북한강 북단 산골 짜기에 한국 최대 규모의 얼음 공장이 있다. 지금 같은 여름에는 하루 24시간 가동되며 우리의 더운 여름을 조금 더 시원하게 만 들어 주는 얼음이 나온다. 우리의 지식이나 정보나 관심 바깥에 서 계속 무엇인가 만들어지고, 그것들이 물류망을 타고 전국으로 흘러 집 앞 편의점 냉동고에 놓인 컵 돌얼음이 된다. 새삼 깨닫게 된다. 문명은 대단하다.

☑ 던킨 허브 키친
   ○ 2022년 3월의 어느 늦은 밤
   ○ 성남시 던킨 허브 키친 + 서울시 던킨 라이브
   ○ 받은 선물: 던킨 라이브 도넛 여섯 개
☐ 도미노 모델스토어
☐ 앤티앤스 프레즐 교육장

☐ 임실치즈 공장, 연구소
☐ 굽네치킨 연구소

도넛:
어둠 속의 달콤한 냄새

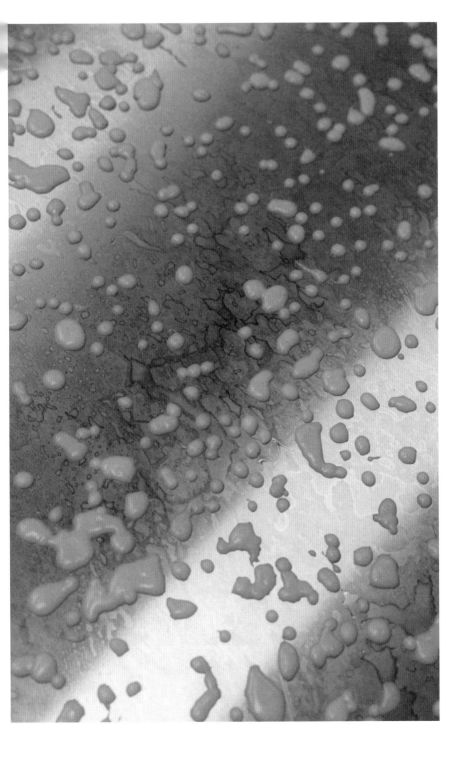

도넛 반죽은 기계들을 거쳐 점도가 줄어든다.
반죽기가 문명의 혁신임을, 현장에 가서 보면 깨닫게 된다.
(앞쪽) 도넛에 뿌려지는 글레이즈드 시럽.

반죽기를 나온 도넛 반죽. 도넛이 되려면 더 많은 절차가 필요하다.

반죽에서 도넛이 되는 부분을 찍어 낸다. 남은 부분은 다시 반죽해 쓴다.

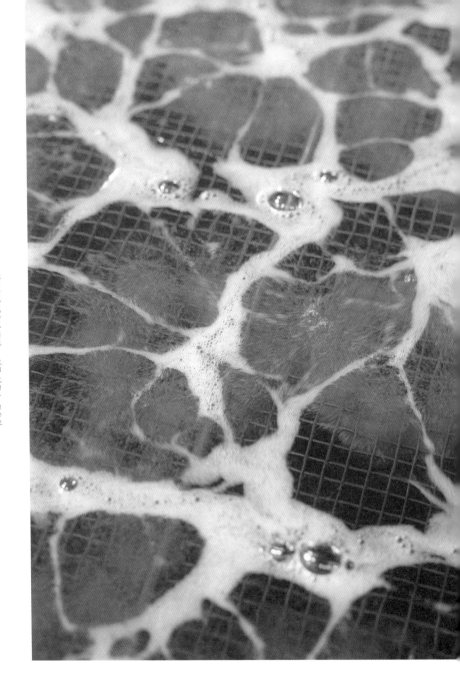

도넛도 튀김 요리이고 튀김은 별도의 기술이다.

네비게이션의 화살표는 불빛 하나 없는 길로 우회전하라고 떠 있었다. '이 길이 맞나' 의심하며 좁은 골목으로 진입했다. 골목 안 길가 가게에도 모두 불이 꺼져 있었다. 어두운 거리를 지나자 네비게이션이 '목적지에 도착했습니다'를 알렸다. 새로 지은 듯하나 간판은 없는 건물 마당에 차를 세웠다. 차에서 내려 전화를 걸었더니 건물 뒤에서 흰옷 입은 사람이 나타났다. 정문 뒤편에 있는 보통 현관문만 한 문을 열자 완전히 다른 공간이 나타났다.

모든 곳이 깨끗했다. 캐비닛도 복도도 새것 티를 숨길 수 없었다. 이제는 익숙한 가운과 덧신과 헤어캡을 쓰고 손을 씻었다. 공장으로 들어갈 차례였다. 여기는 불 꺼진 시 외곽 동네에서 밤에만 문을 여는 도넛 공장이다. 적고 나니 동화적이군. 반면 이 동화적인 공장이 생긴 이유와 배경은 전혀 동화적이지 않다. 이 공장이야말로 현대 사회 식품산업의 고민이 응축된 현장이다.

F&B 산업의 고민

이 공장의 고민은 이름에서부터 드러난다. 이곳의 정식 이름은 던킨 허브 키친[16]. 84평 규모에 HACCP 기준을 인정받을 만큼의 위생 시설을 갖추었지만 이곳의 정식 이름은 공장이 아닌 '키친'이다. 여기서는 던킨의 플래그십 라인업인 '던킨 라이브'와 '선릉역점', '건대입구역점' 등에서 판매하는 프리미엄 도넛들을 만든다. 매일 저녁 6시부터 새벽 3시까지. 여기서 만드는 도넛들은 새벽에 완성되어 그날 아침 바로 매장에 도착한다.

언뜻 보기에 던킨처럼 큰 회사가 하지 않을 법한 일이다. 던킨은 한국의 식품 대기업 SPC 그룹의 계열사다. 왜 대기업이 이런 일을 할까? 취재 전 미리 전달받은 소개서에 답이 적혀 있었다. 브랜드 인식을 새롭게 한다. 새로운 비즈니스 모델을 만든다. 새로운 콘셉트의 제품을 만들어 본다. 그를 위해 대형 공장보다는 작은 허브 '키친'을 만들었다. 이해는 되나 궁금증이 다 풀리지는 않는다. 왜 새로운 비즈니스 모델이 필요한가? 이미 잘 되고 있는데 왜 새로운 콘셉트가 필요한가?

여기에 던킨을 비롯한 대형 F&B 산업의 고민이 숨어 있다. F&B 산업은 언젠가 한계에 부딪히기 쉬우며 슬슬 그 한계에 다가가고 있다. 음식은 은근히 보수적인 산업이다. 인구 규모와 가격과 사람의 인식이 정해져 있기 때문이다. 명품 가격은 몇십 만원 올라야 뉴스가 되는데 라면값은 60원만 올라도 공중파 뉴스다. 성장은 기업의 숙명. 기업은 성장을 위해 시장을 키우거나 부가가치를 높여야 한다. 부가가치 상승은 결국 값이 오른다는 뜻이다. 가격이 60원만 올라도 이슈가 되는 식품업계에서 어떻게?

"이제 사람들이 4천 원짜리 꽈배기를 먹잖아요." 이날 만난 관계자의 말이 모든 상황을 정리했다. 어여쁜 도넛들이 식품업계에 새 화두를 주었다. 노티드 도넛으로 대표되는 인스타그램풍 프리미엄 도넛이 사람들의 인기를 끌며 중요한 변화가 생겼다. 사람들이 값나가는 도넛을 먹기 시작한 것이다. 작은 회사들이 프리미엄 전략으로 소비자를 설득하는 데 성공하자 큰 회사들도 새로운 활로를 찾기 시작한 셈이다. 그 활로가 오늘의 허브 키친, 대기업이 마음먹고 만든 작은 수제 도넛 공장이다.

도넛맨의 하루

이곳의 리더는 '라인장'이란 직함을 달고 있는 한성훈 님이다. 그는 전국에 있는 SPC 그룹의 도넛 공장에서만 20년을 일해 오신 베테랑, 말 그대로 도넛맨이다. 도넛맨 한성훈 라인장은 20년의 노하우에 걸맞게 공장 곳곳을 자신의 집 부엌처럼 돌아다니며 도넛 공장의 공정 단계를 알려 주었다. 그러는 와중에 틈틈이 도넛의 발효 상황을 체크하고 도넛 튀기는 작업자들을 감독하고 어떨 때는 도넛을 직접 튀겼다가 시연을 위해서 도넛에 글레이즈드 시럽을 발라 주는 등, 말 그대로 도넛계의 올라운드 플레이어처럼 맹활약했다. 그 덕에 도넛 만들어지는 순서를 잘 알 수 있었다.

도넛은 간단히 말해 가루와 물이 만나 기름을 머금어 모양을 갖추는 음식이다. 도넛도 빵류의 일종이니 다양한 종류의 밀가루로부터 시작된다. 밀가루는 와일드해 보이는 기계 속에서 우당탕탕 (실제로 이런 소리가 나며) 반죽된다. 반죽은 거대한 국수 기계처럼 생긴 기계를 거치며 점차 부드러워진다. 부드러워진 반죽에 동그라미 틀을 눌러 동그란 모양을 찍어 낸다. 온도와 습도를 맞춰 발효를 두 번 거치면 아기 볼처럼 반죽이 부풀어 오른다. 부풀어 오른 반죽을 튀기면 우리가 아는 도넛 빵이 된다. 도넛 빵에 색색의 단 소스들을 끼얹으면 도넛이다. 어릴 때 집에서 엄마와 도넛이나 수제비를 만들어 본 적이 있다면 능히 상상할 수 있는 순서다.

다른 음식 공장이 그렇듯 이곳도 가정에서의 음식 제조와 순서는 비슷하고 단위가 다르다. 음식에서 생산 단위가 다르면 디테일이 완전히 달라지고, 개별적인 순간마다 미세하게 변하는 디테일을 조정하는 경험치와 능력을 노하우나 내공이라 부른다. 도넛맨 한성훈 역시 도넛 고수의 내공을 갖췄다. 매일의 온도와 습도가 달라지니 도넛 반죽에 들어갈 물의 양과 숙성 과정에서의 미세한 온습도가 다르다. 도넛을 튀길 때도 디테일이 있다. 도

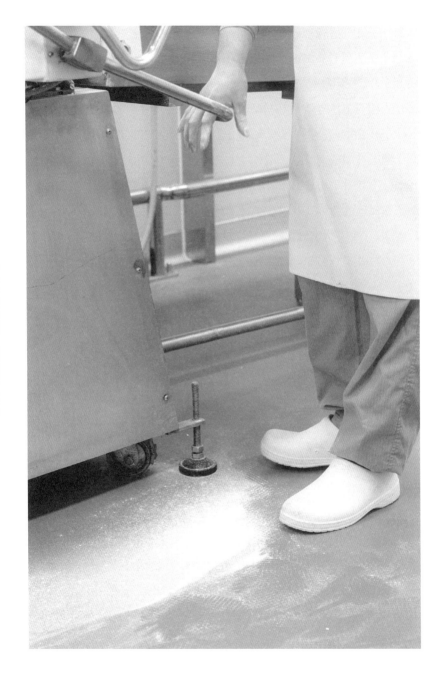

던킨 허브키친은 실험 시설처럼 깨끗했다.

넛은 비중이 가벼워 기름에 뜨는데, 어떤 도넛은 살짝 눌러서 기름 아래에서 튀기고 어떤 도넛은 기름 위에 띄워 튀긴 후 타이머에 맞춰 뒤집어 준다. "잘 튀겨진 도넛은 여기 라인이 깨끗해요." 라면서, 한성훈은 방금 튀긴 도넛의 측면을 보여주었다.

이런 이야기를 하는 중에도 도넛맨의 손은 쉴 틈이 없었다. 도넛 튀김기 앞에 도넛을 뒤집어 주는 전용 도구가 있다. 길이가 70센티쯤 되어 보이는 쇠젓가락 느낌의 막대기 한 쌍이다. 한성훈은 도넛을 설명하며 도넛들을 샥샥 뒤집었다. 이 작업의 난이도를 알고 싶어 한번 뒤집어 볼 수 있는지 청했다. 막상 기름 앞에 다가가니 섭씨 190도에 가까운 기름의 열기 앞에서 움츠러들었다. 멀리 있는 도넛을 뒤집으려니 기름이 튀겠고, 세게 도넛을 집자니 도넛이 찌그러질 것 같고, 이런저런 걱정 속에 겨우 뒤집었다. 한성훈과 두 배가량 시간 차이가 났다. 도넛을 뒤집기 전엔 한성훈이 도넛맨 정도로 보였는데 뒤집고 나자 그가 도넛의 신으로 보였다.

도넛의 신 한성훈은 내가 도넛 튀기는 기계 앞에서 엉거주춤하는 동안 오늘의 하이라이트 장면을 준비하고 있었다. 다 튀겨진 도넛에 글레이즈드 시럽 뿌리기였다. 설탕을 녹인 글레이즈드 시럽은 놀이공원에서 풍겨오는 행복처럼 달콤한 냄새가 난다. 한성훈 라인장은 폭이 좁고 길이가 긴 쓰레받기처럼 생긴 전용 도구로 글레이즈드 시럽을 끼얹었다. 땅콩 껍질 색으로 구워진 도넛 위로 두터운 흰색 설탕 시럽이 얹히는 장면을 보자 미취학 아동 시절로 돌아간 것 같았다. 어른의 고민을 모두 뒤로 한 채 저 따뜻한 도넛을 집어들고 한입 베어 물고 싶었다.

그렇게 한성훈과 도넛남녀들이 함께 하는 도넛의 밤이 매일

글레이즈드 시럽을 뿌릴 때도 디테일이 있다. 사진 오른쪽처럼
일자로, 좌우 한 번씩, 굵은 붓으로 획을 칠하듯 뿌린다.

밤 경기도 어딘가에서 깨어난다. 한성훈 외에도 여섯 명의 직원들이 연차와 직능에 따라 자신의 일을 수행한다. 이곳에서 처음 일한 직원은 반죽 담당, 다른 공장에서 일해 본 경험이 있는 분들은 튀김이나 장식처럼 난도가 높은 일을 한다. 프리미엄 도넛을 밤새 만드는 게 고될 듯기도 했으나 여쭤보니 프로 도넛러들에게 지금의 업무량은 많지 않은 듯했다. 하루에 몇 만 개를 만들다가 몇천 개를 만드는 건 이들에게 크게 어렵지 않은 일이었다. 내 일을 하고 남의 일을 물어볼수록 깨닫게 되는 게 있다. 양이 질을 결정한다. 생산 경험이 생산역량과, 생산역량이 품질과 비례한다.

도넛왕의 반격

시대를 예상하는 인간은 보상을 얻으나 시대는 늘 인간 예상과 엇갈리곤 한다. 인스타그램이 사람들의 식생활을 바꾸어 인스타그래머블한 음식이 유행할 거라 누가 예측했을까. 그 사이에서 인스타그램에 잘 어울리는 화려한 음식들이 유행하는 중이고, 그 사이에 찍으면 예쁘게 나오는 노티드 도넛이 있다. 노티드 도넛은 도넛의 프리미엄화를 불렀고, 도넛의 프리미엄화는 도넛 강자 던킨의 각성을 불렀고, 던킨의 각성은 경기도 한 쪽에 공장을 만들어 냈다.

강남역 던킨 라이브와 허브 키친에서 내내 '왜 이제서야…' 같은 생각이 들었다. 강남역 던킨 라이브는 강남역 인근 상권에서 상당히 훌륭한 카페다. 자리 사이의 간격도 넓고, '강남 꽈배기' 같은 강남역 매장 전용 메뉴도 있다. 허브 키친에서 만드는 프리미엄 도넛은 물론 매장에서 크림을 바로 넣어 신선한 (대신

반죽부터 튀김을 거쳐 시럽을 끼얹고 마지막에 초코 칩을 뿌리기까지,
모두 사람의 손으로 한다.

강남역 던킨 라이브. 도넛도 훌륭하고 서비스도 훌륭하다.
성숙한 시장이 성숙한 상품을 불러낸 현장이다.

그만큼 값이 나가는) 도넛들도 있다. 와이파이도 잘되고 해피포인트 적립도 되고 화장실도 언제나 깨끗하다. 던킨의 색을 콘셉트로 한 직원 유니폼이나 인테리어 브랜딩도 나무랄 데 없다. 문제는 어떻게 하면 소비자가 이렇게 좋은 걸 즐길 수 있느냐다. 대기업이 마음먹고 준비하면 중소기업이나 개인사업체로는 따라잡을 수 없는 완성도가 나온다. 그럼 어떻게 대기업이 마음 먹게 할 수 있을까?

열쇠는 소비자의 주머니 속에 있다. 사람들이 프리미엄 도넛의 맛과 멋에 눈을 뜨자 기업이 화답했다. 이처럼 시장에서는 기업과 소비자 사이의 끝없는 작용과 반작용이 실시간으로 일어난다. 소비자의 선택이 기업의 상품을 결정하고, 소비자의 눈높이가 제품 수준과 직결된다. 맛있는 걸 먹고 싶은 사람들의 마음과 점점 높아지는 눈높이가 수준 높은 음식과 공간을 만들었다. 그렇게 보면 맛있는 걸 찾아 먹는 일에도 나름의 의미가 있다.

새로움과 배움의 주방 — 식품 연구소·교육원

☐ 던킨 허브 키친　　　　　　　　☐ 임실치즈 공장, 연구소
☑ 도미노 모델스토어　　　　　　　☐ 굽네치킨 연구소
　　○ 2021년 6월 10일 목요일 오후
　　○ 도미노피자 본사 1층 도미노 모델스토어
　　○ 받은 선물: 피자 뮤즈의 손길이 닿은 피자 두 판
☐ 앤티앤스 프레즐 교육장

피자:
피자 학교에 가다

세상에는 '도미노 모델스토어'라는 곳도 있다. 피자 매장을 재현한 일종의 피자 매장 세트장이다. 실제 매장과 완전히 같은 구성을 해서 조리가 모두 가능한 곳이었다. 거기서 피자 조리 과정을 보여주겠다고 했다. 벌써 흥미로웠다. 내가 그런 것에 흥미를 잘 느끼는 성격이라서겠지만. 이곳은 이 프로젝트를 진행하며 처음 취재한 곳이기도 했다.

'도미노피자 본사 건물'에서부터 조금 놀랐다. 내 마음속 도미노피자는 동네 가게 느낌이었는데. 낮춰 본 게 아니라 그만큼 친근한 브랜드라는 뜻이다. 그러나 도미노피자는 전국 규모의 대형 프랜차이즈다. 그쯤 되어야 본사 건물 1층에 모델스토어까지 둘 수 있겠지. 전에는 모델스토어에서 어린이들을 위한 피자 교실을 했다고 한다. 피자 훈련소 같은 느낌이다.

피자가 되기 전의 도우들은 저 상태로 전국의 도미노피자 매장에 출고된다.
(앞쪽) 도미노피자 모델스토어에 쌓여 있던 피자 상자.

피자 훈련소는 실제 도미노피자 점포의 공간 구성과 거의 비슷하다. 동선도 피자 만드는 순서를 따른다. 맨 왼쪽에서 도우를 편다. 편 도우 위에 토핑을 얹는다. 토핑이 얹힌 도우를 오븐에 넣는다. 오븐에서 나온 피자를 상자에 담고 자른다. 그러면 피자 한 판이 나온다.

한국 도미노피자는 도전적인 토핑과 눈에 띄는 작명으로 유명하다. '블랙타이거 슈림프 트리플 치즈 버스트 엣지' 같은 이름만 봐도 피자 테두리에 얹힌 온갖 토핑과 치즈 맛과 역대 CF 모델이 생각난다. 와서 보니 이 느낌이야말로 철저한 현지화 브랜딩의 결과였다. 도미노피자의 근간은 철저한 개량과 매뉴얼이고, 이는 곧 상세 매뉴얼을 철저히 지키는 미국식 시스템을 뜻했다. 오븐을 보고 그 사실을 깨달았다. 도미노피자는 미국산 미들바이앤 마샬 오븐을 쓴다. 찾아보니 1888년부터 오븐을 만들어서 아직도 미국에서만 생산하는 미국의 오븐 명가다.

피자 뮤즈는 비밀을 말할 수 없다

오늘의 뮤즈는 도미노피자 R&D팀 김대원 대리. 피자 연구원이다. 살다 보니 피자 연구원도 다 보고. 김대원 대리는 덩치가 크고 목소리가 가늘고 계속 눈웃음을 짓고 있었다. 그가 오늘 피자를 만들어 주고, 내 피자 체험을 도와줄 분이다. 피자 훈련소 교관이다.

"도우를 펴면서 시작해요." 피자 교관 김대원이 어른 주먹만 한 도우를 펴면서 말했다. 도우는 천안의 도미노 도우 공장에서 생산된다. 도우는 담겨 있는 통을 세로로 들어도 떨어지지 않을 만큼 끈끈했다. 뭐가 들었길래 이렇게 끈끈한가 싶은데 의외로 재료는 다섯 개뿐이라고 한다. 보안상 그 재료를 여기 다 적을 수는 없으나 들었을 때 '아니 이것까지?' 싶은 재료는 없었다.

구경꾼 입장에서는 재료를 모두 무게로 표시한 게 눈에 띄었다. 저울 위에 토핑을 올리고, 눈앞에 있는 매뉴얼의 재료 무게를 따라 피자의 동그란 판 위에 균형 잡아 뿌려 준다. 그렇지 않아도 피자 한 판에 들어가는 재료의 양을 어떻게 표준화하나 궁금했는데, 시간을 들이고 시행착오를 거쳐서 시스템이 된 것이었다. '어디서 시켜도 비슷한 맛이란 이런 과정에서 나오는 거구나' 싶었다. 이런 게 브랜드지.

과정 자체는 간단해 보인다. 도우에 토마토 소스를 두르고, 치즈 뿌리고, 그 위로 토핑을 뿌린다. 그럼 오븐에 들어갈 준비 끝. 오븐은 헤어드라이어 터널 사이의 컨베이어 벨트 같은 거라고 생각하면 된다. 그 벨트를 지나면 피자가 완성된다. 길게 설명했지만 도우를 펴기부터 오븐 밖으로 피자가 나오기까지의 과정은 10분이 채 걸리지 않는다. 조리 몇 분, 오븐 몇 분 같은 상세 데이터는 비밀.

도미노피자는 비밀의 브랜드이기도 하다. 도우 재료와 그 비율, 각 토핑의 무게, 모두 비밀이다. 그럴 법하다. 배달 피자는 도우+토마토 소스+치즈까지는 큰 차이 없는 음식이다. 그 위에 얹히는 토핑이나 링 등의 요소에서 차이점이 나온다. 자세한 걸 많이 들었지만 '도미노의 마술 같은 노하우' 정도로 설명하겠다.

오븐에서 갓 나온 피자를 보면 인간의 본능인 식욕 스위치가 켜지고 만다. 열원 속에서 방금 나왔으니 모든 곳에서 윤기가 반짝인다. 우리는 피자에 대해 이미 어느 정도 안다. 저 피자를 손에 쥘 때의 감촉, 뜨거운 치즈 아래로 느껴지는 토마토 소스, 한 입 물었을 때 안에서 이리저리 느껴지는 익은 채소와 고기와 올

주먹만 한 도우를 펴 주면서 피자를 만들기 시작한다.
생각보다 끈끈하지만 예쁘게 펴려면 숙련도가 필요하다.   **159**

리브 등의 다양한 향. 이른바 파인 다이닝에서는 얻을 수 없는 대량 생산된 맛 특유의 표준화된 박력.

"저걸 바로 먹으면 너무 뜨거워서 입천장이 다 까져요." 식욕 스위치가 켜져 헉헉대는 내게 김대원이 말했다. 피자 가게 오븐의 열기는 450도에 이르고, 갓 만들어진 피자의 온도도 250도를 오르내린다. 그래서 구워진 후의 피자 조리 공정에선 피자에 일체 손을 대지 않는다. 별도 도구로 피자를 종이 상자에 담는다. 가니쉬를 뿌린다. 피자를 자르고 상자를 닫는다. 그동안 피자는 맛이 없어지는 게 아니라 먹기 적당한 온도로 식어간다. 이 역시 피자 회사의 계산이라면 세상에 얼마나 많은 생각과 의도가 있는지 잠깐 생각하게 된다.

대량 생산의 영혼과 뮤즈의 체중

피자를 먹어 보았다. 조리 과정을 보고 먹으니 맛을 떠나 신기한 기분이 들었다. 흔히 맛이나 요리는 '셰프의 영혼'처럼 신성한 느낌을 주는 수식어로 묘사된다. 도미노피자는 정 반대다. 전국 471개 지점에서 훈련된 피자 선수들이 매뉴얼에 따라 최소한의 오차 범위 안에서 피자를 만든다. 내가 오늘 역삼동 본사에서 먹은 피자의 맛은 며칠 후 대방동이나 평택에서 먹어도 거의 비슷할 것이다. 이것도 이것대로 대단한 일이다. 대량 생산의 영혼도 신성하다.

"전에는 전문 셰프였어요. 10년 정도 해외에서 일했습니다." 도미노피자 R&D 팀장 김창선도 비슷한 말을 했다. "R&D 센터에서 하는 일이 바로 요리를 해서 손님들께 드리는 일은 아니죠. 그러나 대량 생산에 맞는 매뉴얼을 만들고, 교육을 하고, 식재료

배달 피자는 설비와 매뉴얼의 음식이다. 매뉴얼과 최소한의 숙련도를
가진 누구나 만들 수 있다. 중요한 건 설비와 매뉴얼이다.

오븐에서 갓 나오는 피자는 인간의 본능인 식욕을 발동시키는
자극적인 냄새와 생김새다. 그러나 저 단계에서 먹기엔 너무 뜨겁다. **162**

등을 찾아서 가능한 한 최고의 피자를 만드는 것도 중요해요. 지하 R&D 센터에도 여기와 똑같은 부엌이 있어요. 여기서도 매일 레스토랑에서 하는 요리를 해요." 맞는 말이다. 맛을 설계하는 사람과 실제로 만들어 내는 사람이 다를 뿐이다.

설명만 듣고서는 부족할 것 같아 실제로 피자를 만들어 보았다. 역시 보통 일이 아니었다. 도우에 옥수수 가루를 뿌리고 한 손으로 도우를 고정시킨 후 다른 한 손으로 도우의 가장자리를 늘려 나간다. 숙련된 연구원은 능숙하게 원형 도우를 만들었지만 내가 만드는 도우는 묘하게 자꾸 사각형이 되었다. 김대원은 "괜찮아요. 처음엔 그럴 수도 있어요."라고 나를 격려해 준 뒤 내가 만든 도우를 두 번 접어서 버렸다.

요리에는 역할 분담이 있다. 레스토랑의 셰프는 맛의 설계와 제작을 모두 자신이 한다. 반면 프랜차이즈는 맛의 설계자와 실제 구현 팀이 멀리 떨어져 있다. 음식을 만드는 사람들이 설계자의 의도대로 얼마나 잘 만드는지가 프랜차이즈 성공의 한 요인일 것이다. 피자 훈련소의 R&D팀 사람들은 자신들의 피자에 대해 확실한 자부심이 있었다.

그나저나 피자 회사에서 일하면 몸무게가 늘까? "저는 똑같아요."라고 마케팅담당 직원은 답했다. "저는 여기 살이 좀 붙었어요." 김창선은 배를 두드리며 말했다. 눈에 띄지는 않았다. '도미노피자 직원 분들 일도 체중 관리도 열심인가…' 싶었는데 뒤에서 목소리가 들렸다. "저는 20킬로 쪘어요." 돌아보니 김대원이 환하게 웃고 있었다. 그 이후로 나는 도미노피자를 시킬 때마다 피자 교관 김대원의 미소를 떠올린다. '그 사람이 20킬로 찌워가며 만든 피자인데 맛있겠지.' 같은 생각을 하면서.

☐ 던킨 허브 키친   ☐ 임실치즈 공장, 연구소
☐ 도미노 모델스토어   ☐ 굽네치킨 연구소
☑ 앤티앤스 프레즐 교육장
    ○ 2021년 7월 무더운 수요일 오후
    ○ 앤티앤스 프레즐 본사 교육장
    ○ 받은 선물: 내가 만든 프레즐 아홉 개

프레즐:
프레즐은 어떻게
만들어질까?

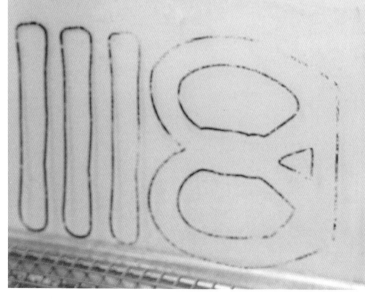

같은 밀가루 기반 음식 프랜차이즈여도 각 매장에서 진행하는
조리의 정도가 다르다. 앤티앤스 프레즐은 도우나 반죽이 아닌
프레즐 믹스로부터 출발한다. 매장에서 반죽을 해야 한다. 반죽이
끝나면 크기에 맞춰 칼로 자른다.
(앞쪽) 앤티앤스 교육장에서 쓰는 교보재. 이상적인 프레즐의
모양과 크기를 그려둔 그림을 사용한다.

"3.5초요? 그렇게는 안 될 것 같은데요?" 마스크를 낀 남자가 재미있다는 듯 웃었다. 남자는 앤티앤스 제품개발 담당자 김경원. 3.5초는 세계에서 프레즐을 가장 빨리 만드는 앤티앤스 프레즐 미국 직원의 기록이다. 이런 이야기를 나누는 곳은 서울 서초구의 앤티앤스 프레즐 교육장. 들어가자마자 1.5미터 크기의 청동 프레즐 기념비… 같은 게 있을 리 없다. 사진을 찍고 설명을 달지 않는다면 어떤 공간인지 알 수 없는 보통 공간이다. 그러나 마술사들이 자기 책상에서 온갖 마술을 보여주듯, 오늘의 모든 프레즐은 이 교육장의 책상 위에서 만들어지게 될 것이었다.

프레즐 타임

반죽부터 직접 만든다. 앤티앤스의 특징 중 하나다. 각 매장에는 도우가 되기 전의 프레즐 믹스만 들어가고, 그걸 직접 반죽해서 각 매장에서 프레즐을 만든다. 그렇기 때문에 매장마다 누가 가장 잘 만드는지를 겨룰 수도 있고, 3.5초 만에 프레즐 하나를 만드는 '프레즐 롤러 챔피언십'이 진행될 수도 있다. 한국의 비공식 프레즐 기록은 약 5초 정도. 이것도 상당히 빠르다.

"반죽부터 직접 하기 때문에 교육장이 있는 겁니다." 오늘 가장 설명을 많이 해 준 마케팅 담당 조수근 대리가 옆에서 말했다. "처음 교육받으시는 분들은 프레즐 반죽 만들기도 어려워요. 열흘씩 와서 하루 종일 교육을 받습니다." 열흘이면 영업일 기준으로 2주다. 그만큼 훈련을 받아야 프레즐 메이커가 된다.

미국 맛의 뿌리

"모든 직원은 입사하면 프레즐 만드는 교육을 받아요." 조수근은 내게 설명해 주다 말고 자연스럽게 라텍스 장갑을 꼈다. "이쪽에서 내가 정리할게."라는 말과 함께 김경원과 조수근은 각자의 일을 시작했다. "저희도 할 줄 알아야 프랜차이즈 점주들께 이야기를 할 수 있거든요." 조수근은 연주와 지휘를 함께 하는 피아니스트처럼 아무렇지도 않게 말을 이어나갔다. 함께 있던 홍보 담당원소현마저 프레즐 조리에 합류했다. 모두 즉석에서 조리 업무에 바로 투입되어도 자기 일을 해내고 있었다.

앤티앤스 프레즐은 다른 프랜차이즈처럼 최소한의 재료로 최대의 다양성을 만들어 낸다. 반죽 재료는 물과 프레즐 믹스와 소금뿐. 이걸로 반죽을 만든 후 &자처럼 생긴 앤티앤스 프레즐, 일자로 뻗은 스틱 프레즐, 크림치즈가 김밥 속 단무지처럼 들어 있는 크림치즈 프레즐을 만든다. 각각의 프레즐은 만드는 방법도 재료의 양도 다르다. 그런 소소한 비결은 역시 비밀.

같은 재료로 차이를 만든다. 이 원칙은 한국 앤티앤스와 미국 앤티앤스로 넓혀도 적용된다. 앤티앤스는 상상 이상으로 많은 식재료를 미국과 서양에서 들여온다. 프레즐 믹스는 물론 소금, 아몬드, 시나몬 슈가는 모두 미국에서, 앤티앤스의 번쩍이는 윤기를 만들어 내는 버터는 영국에서 건너온다. 이쯤 되면 우리가 어렴풋이 느끼는 '미국 맛'도 착각이 아니다. 서양의 맛에는 한국과는 출발점부터 다른 기름기와 짭조름한 맛이 있다. 그런 맛이 느껴지는 데에도 이유가 있었던 셈이다.

한국 앤티앤스만의 특징도 있다. 크림치즈 스틱 프레즐은 전 세계 앤티앤스 프레즐 중 한국에서 처음 개발했다. 김밥의 나라

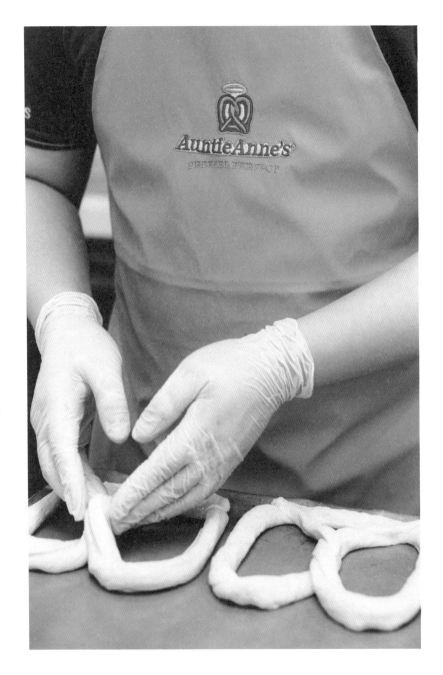

'길어진 반죽을 들어올리고 휙 돌리면' 이런 프레즐 모양이 나온다.
별도의 교육을 받아야 할 만큼 처음에는 손에 잘 익지 않는다.

에서 나온 프레즐이랄까. (취재에 동행한 담당 마케터도 이건 정말 맛있었는지 "드셔 보셨어요? 아직도 안 드셔 보셨어요?"라고 계속 물어보셨다.)

핫도그 프레즐에 들어가는 소시지도 한국산이다. '적당히 미국 맛이네' 싶은 앤티앤스 프레즐의 맛이 만들어지는 것이었다. 이런 이야기를 하는 동안에도 프레즐 3인방의 손은 멈추지 않았다. 그동안 한 명이 더 들어왔다.

골든 브라운, 버터 냄새, 맛의 숙제

"손가락 하나 굵기로~" 검은 티셔츠에 검은 바지를 입고 힘차게 등장한 양미현 님이 나에게 힘차게 알려 주셨다. 미리 '취재 에디터가 프레즐을 만들어 볼 수 있냐'는 청에 따라 직접 가르쳐 주러 오신 분이었다. 실제로 해 보니 정신을 차릴 수가 없었다. "손가락 하나 굵기, 길이는 다섯 뼘 정도로 늘려 주세요. 반죽을 쓰다듬듯 쓱쓱 해 주면 잘 늘어나요."라고 양미현은 이해하기 쉽게 이야기했지만 내 반죽은 선생님의 반죽처럼 굵기가 일정하지도, 표면이 매끈하지도 않았다.

"반죽이 조금 질어서 그래요." 양미현은 학원의 나라 한국의 교육 담당답게 나의 뒤쳐진 진도와 상관없이 친절하셨다. 길어진 반죽을 들어올린 후 휙 돌리면 앤티앤스 오리지널 프레즐의 & 같은 모양이 나온다. '휙 돌린다'고 했지만 여기도 요령이 필요하다. "왼손을 뒤로, 오른손을 앞으로"라는 설명에 의지했지만 나의 프레즐은 실패한 리본 매듭처럼 꼬이기만 하고 맺히지는 않았다. 세상에 쉬운 일 하나 없나 싶었는데 함께한 마케터와 사진가는 너무 잘해서 조금 창피했다.

'골든 브라운' 색으로 구워진 앤티앤스 프레즐.
아직 번쩍거리는 버터가 발리기 전이다.

내가 프레즐 반죽 사이에서 꼬여 가는 동안 프레즐도 완성되고 있었다. 만들어진 프레즐은 베이킹 소다를 탄 물에 적셨다가 오븐에 들어간다. 오븐에서 구워지는 시간은 7분 내외지만 오븐을 한 번씩 봐 주다가 앤티앤스 프레즐에서 말하는 '골든 브라운' 색이 나올 때 빼낸다. 오리지널 프레즐을 녹인 버터에 담그면 지나가다가도 돌아보는 프레즐의 광택이 돌기 시작한다. 녹인 버터의 냄새, 갈색으로 구워진 빵의 냄새, 이 모두가 겹쳐진 뜨끈한 냄새 분자가 마스크를 쓴 코 안으로까지 들어와 이번에도 내가 먼저 물었다. "언제 먹어 볼 수 있나요?"

앤티앤스 프레즐의 맛은 단순하나 만들기는 어렵다. 맛을 이루는 건 소금의 짠맛, 발효를 거친 믹스 반죽의 쫄깃함, 버터의 기름진 맛이다. 염도와 쫄깃함과 기름짐은 모두 적당한 정도와 밸런스를 맞춰야 최적의 맛이 나온다. 수많은 실험과 실제 상황을 거친 후 프랜차이즈가 찾아낸 맛의 최적화는 인정하지 않을 수 없다. '아 조금 짠가' 싶으면서도 손을 멈출 수는 없는, 내 손이 춤추는 분홍신을 신은 발이 된 듯한 그런 기분, 그런 기분을 주는 맛. 그 맛의 스위트 스폿을 앤티앤스도 찾아낸 것이다.

모든 프랜차이즈는 '훌륭한 맛을 어디서나 똑같게'라는 숙제를 받는다. 같은 정답을 위해 모두 다른 해답을 내고, 앤티앤스가 낸 해답은 철저한 교육이다. 이 모델에도 장단점이 있다. 매장에서 바로 만든 신선한 프레즐을 먹을 수 있는 게 장점이다. 동시에 매장 스태프의 역량이나 태도에 따라 음식의 품질이 달라질 수도 있다. 실제로 내가 가 본 앤티앤스 프레즐 모 지점은 오리지널 프레즐을 먹으려고 했더니 마감했다고 해 주지 않았다. 본사에서는 해 달라면 해 주는 거라고 들었는데. 통제할 수 없는 사람을 관리하는 것이 앤티앤스 프레즐의 숙제인 듯했다. 자기 자신을 관리하기도 힘든데 전국의 프레즐 메이커 관리라니 물론 어려울 것이다. 그러나 일을 해 나간다는 건 어떤 방식으로든 답을 찾아내는 일이다. 앤티앤스의 미래가 궁금해진다.

취재를 마친 날 밤 내가 만든 프레즐을 먹어 보았다. 여기서 작은 팁 하나. 앤티앤스 프레즐은 버터를 바르지 않고 먹을 수도 있다. 주문하기 전에 버터를 바르지 말아 달라고 하면 된다. 나는 시험 삼아 버터를 안 바른 오리지널 프레즐을 먹었다. 식어도 앤티앤스 특유의 쫄깃함과 단맛과 짠맛이 여전했고, 버터를 더하지 않아 오히려 더 담백했다. 다만 쪼그라든 &자 모양을 한 내 프레즐 앞에서 내 마음도 쪼그라들 뿐이었다. AI가 글을 쓰는 21세기에 프레즐도 잘 못 만드는 나는 어디로 가야 할 것인가. 이런 생각을 잠깐 했다.

버터를 다 바르고 손님에게 판매할 준비가 끝난 앤티앤스 프레즐.
사진만 봐도 냄새가 날 것 같다.

새로움과 배움의 주방 — 식품 연구소·교육원

☐ 던킨 허브 키친
☐ 도미노 모델스토어
☐ 앤티앤스 프레즐 교육장

☑ 임실치즈 공장, 연구소
   ○ 2022년 입춘이 지났지만 추웠던 목요일 아침
   ○ 전라북도 임실군
   ○ 받은 선물: 각종 임실치즈
☐ 굽네치킨 연구소

치즈:
치즈 하면 떠오르는 그곳

"임실이라고요? 치즈 취재 가셨군요?" 이야기를 나누던 중 뭔가 들킨 기분이 들었다. 이 뉴스레터 주제가 1급 기밀은 아니지만 릴리즈 전에 내 입으로 떠들고 다니고 싶지는 않다. 그런데 이번에는 숨기기 쉽지 않았다. "임실 다녀오셨어요? 아 치즈?" 미팅에서 만난 사람도 오랜만에 만난 가족도 임실이란 한 마디에 모두 간파했다. 한국 사람들의 마음속에 이미 임실은 치즈였다. 영광은 굴비, 삼천포는 빠지기처럼.

스타트업이라면 아무도 투자하지 않았을 일

그러나 임실과 치즈와의 관계에서 당연한 것은 하나도 없다. 임실 치즈가 전국 단위 인지도를 가진 브랜드가 되고 관련 치즈 생산 업체만 13개가 되기까지 50년이 넘는 시간이 걸렸다. 그 과정에서 쉽게 된 것, 노하우, 관련 법령, 모두 없었다. 그 모든 게 가

임실치즈 공장 앞에 있는 산양 두 마리와 젖소 한 마리 조형물.
지정환 신부가 처음 치즈 제조를 시작했을 때를 상징하는 동물이다.
(앞쪽) 임실치즈 공장에 있는 기계. 임실과 치즈 역사를 생각하면
대단한 진보.

능했던 건 기획보다는 실행이었고 열정이라기보다는 소명이었고 인사이트라기보다는 우연 같은 운명이었다. 그 모든 일의 출발점이 된 사람은 한국인이 아니었다.

임실산 치즈의 주역은 지정환 신부(1931~2019)다. 지정환이라는 한국 이름을 갖기 전 그는 디디에 세스테벤스(Didier t'Serstevens)였다. 벨기에 브뤼셀 출신의 세스테벤스 가족이 모두 가톨릭 신자라 디디에는 고등학교 2학년 때부터 신부가 되기를 꿈꾸었다. 신학교에 다니던 중 몇 가지 이유로 한국을 택했다. 그는 한국에 오기 위해 런던으로 건너가 영어를 먼저 배워야 했다. 유럽에 한국어를 배울 수 있는 곳이 런던 대학밖에 없었다. 디디에가 처음 한국 부산항에 도착한 1959년 12월 그는 부임지인 전주까지 10시간이 넘게 가야 했다. 당시 한국에는 포장도로가 거의 없었다.

지정환의 대모험

지정환 신부의 치즈 이야기는 어떻게 이러나 싶을 정도다. 그는 처음 부안에 간척지를 만들었다. 일을 하다가 건강이 상해 수술을 받고 돌아왔더니 간척지를 분양받은 농부들이 모두 땅을 팔고 떠났다. 다음 부임지 임실은 대부분이 산지라 농업이 불가능했다. 동네에 산양 두 마리가 있어서, 산양유로 치즈라도 만들자고 한 게 임실치즈의 시작이었다. 1966년 5월 시작한 이후로도 실패만 계속했다. 한국에는 치즈 생산 역사가 없었고 지정환은 치즈 지식이 없었다. 비누갑에 치즈를 굳히거나 막걸리 누룩으로 발효를 하는 등 웃을 수도 울 수도 없는 시도가 이어졌다. 이를 해결하기 위해 지정환 신부는 3개월 동안 서유럽으로 치즈 연수를 가기로 했다. 그동안 한국의 조합원들이 한 명만 남고 모두 조합에서 탈퇴했다.

이 과정이 담긴 책[17]이 남아 있다. 나는 이 책을 읽는 중에도 무엇이 이 사람을 이렇게 움직이는지 알 수 없었다. 이유는 모르겠지만 그는 멈추지 않았다. 서유럽의 낙농 선진국을 돌며 치즈 제작기법을 배우는데, 이탈리아 치즈 공장은 제작 노하우 공개를 (당연히) 거부했는데, 이탈리아 공산당원이 (같은 천주교도라서) 몰래 노하우를 정리해 지정환 신부에게 알려 주기도 했다. 다녀와 보니 조합원이 한 명뿐이어도 지정환은 포기하지 않고 결국 상품 수준의 치즈 제작에 성공했다. 그게 1969년, 미군 부대를 통해 암시장에서만 치즈를 구할 수 있을 때다. 지정환의 임실치즈는 1970년대 조선호텔과 한국 최초의 피자집 등에 납품하며 규모를 키워 나갔다.

지정환, 디디에 세스테벤스(1931~2009)의 동상이
임실치즈 공장 한편 양지에 있다.

그 후로 훌쩍 시간이 흘러 우리는 어느 목요일 아침 임실치즈농협 앞에 있었다. 지정환 신부의 흔적은 곳곳에 희미했다. 이를테면 임실치즈농협 아래 적힌 since 1967 같은 글자 속에, 볕 좋은 마당에 있는 산양 두 마리와 젖소 한 마리의 조형물 속에. 산양 두 마리는 임실치즈의 첫 재료를 제공한 동물이고, 젖소 한 마리는 생산성을 위해 처음 들여온 동물이다. 그 옆에 지정환 신부의 흉상이 있다. 흉상 앞에서 기다리니 한 사람이 나와 우리를 공장으로 안내했다.

2022년의 치즈 공장은 어엿한 현대식 공장이다. 이날 본 치즈 공장에서는 모차렐라 치즈를 만든다. 원유를 살균하고, '스타터'라고 하는 유산균을 넣어 1시간 정도 숙성시킨다. 숙성시킨 원유에 응고제(rennet)를 넣으면 우유가 굳어서 커드가 된다. 이 커드의 온도를 높여 스트레칭을 시키고, 온도를 다시 낮춰 염지와 포장을 하면 치즈가 완성된다. 임실농협 치즈 공장에서는 요즘 하루 3톤 정도의 치즈를 생산한다. 라지 사이즈 치즈 한 판에 들어가는 모차렐라 치즈의 양이 보통 115그램 정도, 3톤이면 26,080판 정도의 피자를 만들 수 있다. 2020년 임실군 인구가 27,600명 남짓이니 이곳의 하루 생산량으로 임실군민 모두에게 피자 한 판씩은 돌아간다. 산양 두 마리 시절과 비교하면 대단한 발전이다.

"조금 징그러운 것 같은데요." 카메라 뷰파인더를 들여다보던 사진가 표기식이 말했다. 아닌 게 아니라 발효와 숙성은 원초적인 일이다. 우유에 유산균이 섞여서 굳는 과정에서는 거품도 나고 색이 조금씩 짙어지기도 한다. 그런 과정을 거쳐 우유라는 자연물이 치즈라는 공산품이 된다. 물 같던 우유가 쭉쭉 늘어나는 모차렐라 치즈가 되는 과정을 지켜보면 옛날 사람들 눈엔 이런 게 다 기적으로 보였겠구나 싶어진다.

치즈가 된 원유는 앞서 이 책에서 익히 보셨을 공정을 거친다. 기계들을 거치며 거대한 원물이 조금씩 상품의 모습을 갖추기 시작한다. 스트레칭을 마친 모차렐라 치즈는 수요와 공급 법칙에 따라 몇 가지 다른 진로를 거친다. 작게 포장하면 편의점의 스트링 치즈, 크게 포장하거나 잘게 썰면 피자에 들어가는 모차렐라 치즈다. 오늘 본 건 스트링 치즈 제조 과정이었다. 기계를 거쳐 가며 손가락 만한 한 입짜리 치즈의 모양이 나온다. 잠깐 소금물에 넣어 염지를 거친 후 (그래서 공장에서 치즈를 바로 먹으면 조금 짜다) 포장 기계를 거쳐 검수 후 마무리된다. 현대 식품 공장의 디테일은 다르나 원재료에서 패키징과 검수를 거쳐 포장과 출고로 이어지는 기본 흐름 자체는 모든 공장이 같다.

완연한 현대식 시설이 된 임실치즈농협 공장 안에서 이따금 생각이 들었다. 이곳에 지정환 신부의 흔적이 과연 남아 있을까. 공장 앞에 있던 산양 두 마리와 젖소 한 마리와 흉상은 그냥 물건일까. 상징은 상징일 뿐일까. 이런 질문을 수첩 안에 넣어 놓고 다음 취재처로 향했다.

임실만의 치즈

"운명이었던 것 같아요. 원래는 디자이너를 하고 싶었거든요." 마주 앉은 여성이 쾌활하게 말했다. 임실치즈&식품연구소 치즈 개발실의 최희영 실장이었다. 그는 학부 때부터 치즈를 연구해 박사 학위까지 받았다. 사회생활 경력도 모두 치즈 연구소나 식품

원유가 숙성되어 치즈가 되는 과정, 원초적이고 숭고한 풍경이다.　　183

제조 공정을 거치며 치즈의 모양이 잡힌다.
이어 식감을 위해 온도를 높여 스트레칭을 한다.

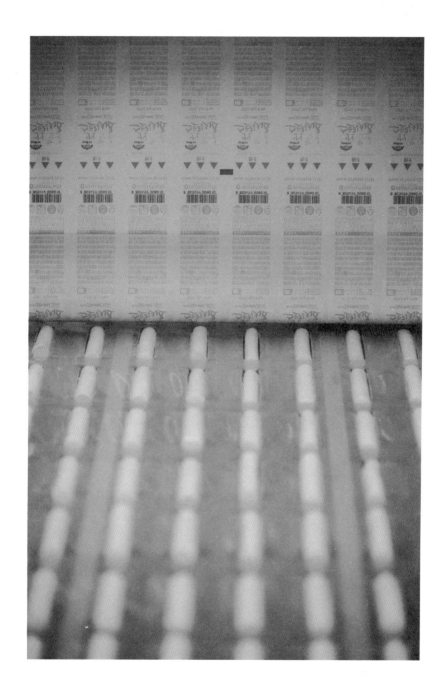

우리가 아는 치즈와 가까운 모습.
앞서 본 원초적인 느낌은 찾을 수 없다.

회사, 치즈 외길을 걸은 치즈 전문인이다. ('요거트 편'에 등장한 메종 키츠네 차림의 홍광락 연구원과도 아는 사이라고 했다). 그는 치즈의 기본적인 개념부터 오늘날 임실치즈의 현재와 미래에 이르는 여러 가지 이야기를 해 주었다.

최희영의 말에 따르면 치즈 맛을 이루는 요소는 아주 복잡하고 변수가 많다. 원유의 품질, 유산균의 종류, 숙성 기간과 숙성소의 상황이 모두 맛의 변수다. 어찌 보면 와인과 같다. 와인의 재료인 포도의 맛이 테루아에 좌우되듯 치즈의 재료인 원유의 맛은 결국 젖소의 사육 환경에 따라 변한다. 그 원유에 어떤 유산균을 첨가하고 어떤 숙성을 시켜서 맛을 결정하는 요소는 무엇일까? 환경? 위도나 경도? 값비싼 시설? 다 아니다. 생산자의 입맛이다. 변수는 무한하기 때문에 생산자가 상황에 맞추어 어떤 맛을 추구하는지가 중요하다. 그 결과 한국의 치즈는 서양의 치즈보다 짠맛이 덜해진다. 한국 우유와 서양 우유의 지방함량이 다르고, 한국인이 서양인보다 덜 짜게 먹기 때문이다.

"남아 있죠." 신나게 인터뷰를 하고 망설이다 지정환 신부의 흔적이 실제로 이곳에 남아 있는지 묻자 최희영이 망설임 없이 답했다. "저에게도 여러 번 말씀하셨는걸요. '치즈 힘들어, 하지 마.' 이렇게요." 그러나 지정환의 존재는 추억 이상이다. 임실에는 지정환이 처음 치즈 가공용으로 팠던 땅굴이 남아 있다. 임실치즈연구소는 이곳을 검사해 당시 사용하던 유산균을 찾아냈다. 이 유산균이 있으면 1967년 지정환이 임실에서 처음 생산한 카망베르 치즈를 복원할 수 있다. "임실치즈만의 것을 만들기 위해서예요. 2023년 복원 완료, 2024년 상업화가 목표입니다." 최희영이 말했다.

치즈를 비롯한 식품 공장은 열이 중요하다.
고온과 저온을 거치며 식자재가 음식이 된다.

거의 텅 빈 임실의 도로를 달리며 생각했다. 모바일 디바이스가 등장해 온 세상 사람들이 이 신묘한 기계를 쓰게 된 후 신흥 기업이 폭포처럼 쏟아졌다. 이들의 '브랜드 스토리'는 똑같다. '세상을 바꾸고 더 나은 세상을 만든다.' '문제를 해결한다.' 무슨 세상을 바꾸어 어떤 세상을 만들까. 문제를 해결해 무엇을 얻으려는 걸까. 디디에 세스테벤스는 정말 모든 걸 바꿨다. 자신의 터전과 이름을 바꾸고 임실에 새로운 산업을 심었다. 치즈 만들 돈이 모자라 본가에서 지원을 받고도 그는 때가 되자 임실치즈에서 손을 떼고 장애인 복지에 힘썼다. 임실치즈마을 2층 기념관에는 생전 그가 했다는 말이 쓰여 있다. "내가 아니라 그들이 했다고 하라."

임실을 떠나 서울로 돌아오는 길에 전주로 향했다. 전주 치명자산 얕은 중턱에 성직자 묘지가 있다. 지정환 신부는 2019년 세상을 떠난 후 이곳에 안치됐다. 어떤 사람이 자신의 삶을 걸고 낯선 나라로 떠나와 뭔가를 만든 후 그곳에 묻혀 있다. 그는 생전의 어느 인터뷰에서 (포장도로가 없는 것보다) 힘들었던 건 "나무와 (클래식) 음악이 없는 것."이라고 말했다. 그가 잠들어 있는 치명자산은 이제 나무로 가득했고, 멀리서는 포장도로를 달려가는 자동차 소리가 들려왔다.

□ 던킨 허브 키친   □ 임실치즈 공장, 연구소

□ 도미노 모델스토어   ☑ 굽네치킨 연구소

□ 앤티앤스 프레즐 교육장

                   ○ 2022년 봄기운 완연한 화요일 오후

                   ○ 서울시 강서구 굽네치킨 본사 연구실

                   ○ 받은 선물: 신제품 치킨 두 마리와
에그 타르트 여덟 개

치킨:
당신은 굽는 타입입니까?

GN푸드 김현경 연구원은 부끄러워서 촬영할 때 마스크를 벗고 싶지 않다고 했다. 그는 6년 전 굽네치킨 연구원으로 GN푸드 외식 R&D팀에 합류했다. 남들이 좋아하는 정도로 치킨을 먹기도 했고 굽네치킨을 좋아하기도 했지만 실제로 프로 치킨 연구원이 될 줄은 몰랐다고도 했다. 그녀가 이번 취재의 무대인 GN 푸드 본사 3층 연구실에서 오늘의 주인공인 새로운 치킨을 보여주고 설명해 줄 것이었다. GN푸드의 'GN'은 '글로벌 네트워크'라고 하지만… 여기서는 누가 봐도 '굽의 G와 네의 N'이라 생각할 것 같다. 그렇다. 우리는 굽네치킨의 신사옥에 와 있었다. 신축 건물을 상징하는 새집 냄새가 건물에 가득했다. 촬영이 시작되자 그녀는 아무도 말하지 않았는데 파란 니트릴 장갑을 꼈다.

GN푸드 본사 3층 연구실. 닭을 튀기는 모든 업소와
연구실에서 이 같은 철제 볼을 쓴다.
(앞쪽) 굽네치킨의 오븐 바사삭. 알고 보면 저 모든 요소가 디테일이다.　　192

담백한 맛이란 무엇이며 어떻게 만드는가

오늘 취재에서 보여줄 음식은 굽네치킨의 신메뉴 2종이었다. 이름은 오븐 바사삭과 치즈 바사삭. 직관적인 이름처럼 보여주고자 하는 것도 이름 속에 다 들어 있었다. 오븐은 굽네치킨의 핵심 설비이자 한국 배달 치킨계의 양대 열원 중 하나다. 다른 열원은 당연히 기름을 담는 튀김기다. 굽네치킨을 비롯한 오븐 치킨은 오븐으로 굽는 덕분에 튀김 치킨과는 다른 특징이 생긴다. 닭고기를 감싸고 닭의 기름을 보호하며 그 자체로도 기름을 머금고 있는 튀김옷에 비하면 칼로리가 덜하고 기름진 맛이 덜하다. 이걸 줄여 말하면 담백한 맛이다.

세상에 장점만 있는 방법은 없다. 굽는 치킨도 튀김 치킨에 비해 취약한 부분이 생긴다. 튀긴 치킨과 구운 치킨을 번갈아 먹어 본다면 구운 치킨의 취약점을 알 수 있다. 무엇보다 갓 익힌 튀김에서 나온 바삭거리는 식감이 덜할 수밖에 없다. 오븐 바사삭의 '바사삭'은 바로 이 식감을 해결했다는 굽네치킨의 선언과 같다. 김현경이 문제를 해결한 주인공이었다. 비결은 무엇일까.

오븐 치킨이 구조적으로 덜 바삭거리는 건 당연한 일이었다. GN푸드는 당연한 일을 바꾸기 위해 연구를 시작했다. 보통 튀김 치킨은 배터(batter)라 부르는 반죽을 닭에 묻혀서 바삭한 맛을 만든다. 물과 반죽 가루를 섞은 '물 반죽'을 묻히는 방식, 가루만 쓰는 방식 등 몇 가지 방법이 있다. 굽네치킨 역시 바삭한 맛을 만들기 위해 배터를 추가했으나 잘되지 않았다. 오븐 아래로 배터들이 다 떨어져 내려갔기 때문이었다. 3년간의 실험 끝에 오븐에 둬도 떨어지지 않는 반죽 가루의 종류와 반죽의 재료 비중 데이터가 확보됐다. 그 결과가 이날 보여줄 오븐 바사삭, 굽네치킨의 신기술을 시연하는 자리였다.

프랜차이즈 음식은 규모의 경제가 실현될수록 유리하다. 굽네치킨 조리 과정을 보자 그 사실이 실감났다. 굽네치킨 각 지점으로 들어오는 닭은 이미 기본 염지와 양념이 된 채 비닐 팩에 담겨 들어온다. 공장에서 그렇게 만들어 바로 현장 조리가 가능하도록 보낸다. 현장에서는 닭다리와 닭날개가 두개씩 있는지 같은 기본 사항을 확인하고, 껍질을 잘라내고, 살이 큰 부분을 한번 썰어 주는 식으로 손질을 끝낸다. 고기를 다 준비하면 큰 쇠 볼에 반죽 가루를 물에 넣고 반죽을 만든다. 반죽이 끝나면 볼에 닭을 쏟고 반죽을 골고루 묻힌다.

이 모든 걸 시연하는 김현경의 솜씨는 실로 능숙했다. 요리가 몸에 밴 사람의 조건 중 하나는 즉시 정리하기다. 요리에 서툰 사람이 메뉴 하나를 완성하면 부엌 조리대의 풍경은 돌이킬 수 없는 후회처럼 엉망이 된다. 연구원이 쓰는 조리대는 내내 깨끗했고, 그는 숙련된 트레킹 가이드처럼 행동과 설명을 멈춤 없이 동시에 진행했다. 반죽을 묻힌 닭을 고깃집 석쇠처럼 생긴 오븐용 그리드에 하나씩 담았다. 오븐에 넣고 구울 준비를 하는 것이었다. 그 위로 연구원이 비밀의 가루를 뿌렸다. 바삭한 맛을 끌어올리기 위한 현미가루였다.

지금 나만 할 수 있는 것

오븐에 넣고 치킨을 기다리며 김현경의 설명을 들었다. 바사삭 치킨을 만든 이유는 철저한 시장 논리였다. 프라이드 치킨이 만들 수 있는 바삭한 맛이 분명 있고, 바삭한 정도를 점수로 매긴다면 굽네치킨 같은 구움 치킨은 보통 프라이드 치킨을 넘을 수 없

앞쪽에서 본 볼에 닭을 담고 반죽을 버무린다.

굽는 치킨에 바삭한 느낌을 더하는 현미가루를 뿌려 준다.
'바삭한 오븐 치킨'이라는 역설을 충족시키는 혁신적 재료. 196

다. GN푸드가 전례 없던 일에 도전해야 했던 이유였다. 자신이 가진 자원과 설비를 활용해 조금 더 새로운 맛을 만들어 낸 것이었다.

오븐 이야기도 흥미로웠다. 요즘 치킨 프랜차이즈의 경향 중 하나는 사이드 디시 개발이다. 두 명이 가서 냉면 두 그릇에 만두 하나를 추가하듯, 치킨도 두 사람이 시켜먹으면서 사이드 디시를 하나 시키는 구조로 변하고 있다. 웨지감자, 치즈스틱, 도넛의 일종인 치즈볼 등은 튀김 계열 요리라는 공통점이 있다. 프랜차이즈 식당의 주방은 전문 식당 주방에 비해 설비와 요리사의 수준 차이가 날 수 있다. 그러다 보니 튀김기를 활용해 간편하게 메뉴에 추가할 수 있는 튀김계 사이드메뉴가 생긴다. 굽네는 오븐계 사이드메뉴인 에그타르트로 응수한다. 각자의 치킨 프랜차이즈는 각자의 자원을 총동원한 총력전을 하고 있다.

GN푸드의 이야기를 들으며 이런저런 생각을 하는 동안 17분 타이머가 울렸다. 오븐 바사삭 치킨이 다 되었다는 신호였다. 17분이라는 구체적인 시간도 실험 끝에 도출된 최적의 구이 시간이다. 닭에 발리는 양념과 반죽옷의 양에 따라 구이 시간은 13분에서 17분까지로 다양하다. 김현경이 오븐의 문을 열었다. 갇혀 있던 치킨 속 수분이 수증기가 되어 피어올랐다.

대치킨시대, 굽네의 대답
오븐 바사삭 치킨은 굽네가 지향하는 바가 분명히 느껴지는 치킨이었다. 확실히 바삭했다. 물 반죽을 묻혀 구운 보람이 있었다. 김현경이 연구한 대로 열기가 직접 가지 않는 닭 아랫부분까지 물 반죽이 떨어지지 않고 붙어 있었다(물 반죽 가루를 이루는 요

오븐에 치킨을 다 굽고 문을 열면 닭이 품고 있던 수분이 수증기로
나온다. 이때 나는 냄새 역시 식욕을 자극한다.

소는 비밀이다). 바삭거리는 촉감을 끌어올리기 위해 붙어 있는 현미가루도 자기의 역할을 했다. 결과적으로 이 모든 요소가 붙어 바삭바삭한데 기름기가 덜한 모순을 충족시키는 치킨이 완성되었다. 시장 반응은 모를 일이고 개인의 기호에도 차이가 있다. 그러나 오븐 바사삭이 튀김계 치킨이 닿을 수 없는 새로운 치킨의 경지임은 확실한 것 같았다.

치킨은 한국을 대표하는 배달 음식이 되었다. 그 이유에 대한 해석이 많으나 나는 시대가 치킨을 불러낸 거라고 생각한다. 손님에게는 배달 메뉴 중 단위 가격당 단백질량이 가장 높고 치우기 가장 편한 게 치킨이다. 프랜차이즈 사장님에게는 조리 효율이 가장 높은 음식이 치킨이다. 치킨은 패키징도 간소하고 무엇보다 국물이 없다. 음식 배달은 2륜차로 이루어지므로 국물은 사업자와 배달자 모두에게 리스크다. 손님과 사장님은 본능적으로 함께 최적화된 거래를 추진하는 방향으로 진화한다. 양념치킨 개발 30여 년 만에 대치킨시대가 열린 이유다.

식품업계는 귀여운 이름이나 눈에 잘 띄는 광고로 인식되기도 한다. '굽네치킨 오븐 바사삭'이란 이름만 봐도 그렇다. 이 이름에서 3년의 연구 기간과 냉정한 현실 인식을 떠올리기 쉽지 않다. 그러나 모든 성공엔 이유가 있고 그 이유 뒤에는 상상 이상으로 섬세한 디테일이 있다. 그 디테일을 일일이 내세우며 멋을 부리는 업태나 상품이나 '브랜드'도 있지만, 내세우지 않는다고 디테일이 없는 건 아니다. 그건 굽네치킨뿐 아니라 수많은 대중지향 대형 상품에게 해당되는 이야기이기도 하다. 그렇게 생각하면 굽네치킨의 최신 광고 문구가 달리 보인다. 일견 유치해 보이나 자신들에게는 진지한 선언이었을 것이다.

나는 구울레옹

내 역사는 튀길레옹과의 전투의 역사였다

화산처럼 뜨거웠던 볼케이노 전투와

매운맛을 보여줬던 고바삭 전투까지

어떤 이는 나의 전투를

구 워(war)라고 불렀고

또 어떤 이는 나의 전투를

매 워(war)라고 불렀다

나 구울레옹

앞으로도, 튀기지 않고 '꾸울래옹'

내 오븐에 불가능이란 없다

구워서 불맛정복

구울레옹 불금치킨

불금전투를 향해 퐈이야

(내레이션 차승원)

마지막 퍼즐

프랜차이즈 식품 연구실의 마지막 고민은 '연구실의 맛이 현장에 전달될까'다. 현장 점주님들도 김현경이 보여준 정도의 맛 완성도를 만들 수 있을까. 궁금해서 원고를 마감하는 날 밤 오븐 바사삭을 시켜 보았다. 키보드를 두들기는 동안 음식이 도착했다. 상자를 열자 보이는 치킨은 내가 연구실에서 먹었던 치킨과 큰 차이가 없었다. 날개를 들고 한 입 먹어 보았다. 맛도 비슷했다. '노하우를 매뉴얼화하고 전파해서 맛을 복사하듯 표준화하는 게 가능하구나' 싶었다. 닭 한 마리와 놀라움을 곁들여 먹었다.

굽네치킨 오븐 바사삭의 이야기를 알고 나면
보통의 닭다리도, 굽네치킨의 광고 문구까지도 달라 보인다.
어디에나 이야기와 사정이 있다.

카레를 만드는 녹사평 부다스벨리의 주방 → p. 212

타코를 만드는 신촌 비아메렝게의 주방 → p. 220

햄버거를 만드는 번패티번 더현대 지점의 주방 → p. 232

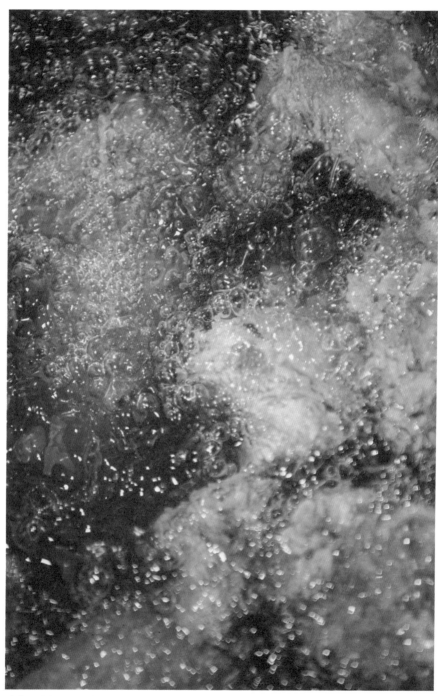

치킨을 튀기는 홍대 치킨인더키친의 주방 → p. 242

만두를 찌는 부산 엄궁동 상해만두의 주방 ― p. 252

튀긴 돈까스를 잠깐 식히는 무교동 가쯔야의 주방 → p. 262

하루에도 몇 번씩 짜장 소스를 볶는 영종도 비룡의 주방 — p. 272

카레:
카레 한 그릇에 담긴 것들

"22년 전이었어요." 한남 이태원 권역의 동쪽 끝 인도 대사관 근처 어느 건물 지하에서 마스크를 쓴 중년 여성이 말했다. 독서당로의 인도 음식 노포 챠크라를 만든 미세스 샨티 프린스였다. 독서당로 특유의 어딘가 이국적인 가게 몇 개를 지나 계단을 내려가면 여기가 서울 맞나 싶은 챠크라가 나온다. 가게에 들어가 봐도 그 분위기가 이어진다. 이날도 그랬다. 약 40석쯤 되는 자리에 한 테이블만 있었다. 역시 외국인. 샨티 프린스와 직원은 영어도 안 썼다. 무슨 말이었냐고 물었더니 타밀어라고 했다.

샨티 프린스 여사의 22년

"나는 파이어니어 중 하나였어요." 샨티 프린스는 영어도 잘했다. 그가 남편의 사업을 따라 22년 전 한국에 처음 왔을 때는 인도 음식점이 거의 없었다. "수원의 삼성전자에 다니는 인도 엔지니어들이 많았어요. 그 사람들이 말했어요. 자기는 채식주의자인데 갈 곳이 없다고요. 나는 전문적으로 요리를 해 보지는 않았지만 요리에 열정이 있었어요." 열정적인 아마추어 샨티 프린스는 해방촌에 테이블 다섯 개짜리 가게를 열었다. 결과는? "사람들이 줄을 섰어요. 우리는 가게를 더 키워야 했죠." 더 커진 한남동의 가게 안에서 이제는 프로가 된 샨티 프린스가 말했다.

그동안 부엌에서 요리 준비가 다 되었다고 했다. 부엌으로 들어가 인도 카레 요리 과정을 구경했다. 카레는 준비해 둔 그레이비 소스를 볶으며 시작한다. 시중의 카레 가루는 다양한 향신료를 그레이비 형태로 만든 걸 다시 가루로 만든 것이다. 샨티 프린스는 자기 입맛에 맞는 그레이비 소스를 직접 만들었다. 재료는? "양파, 토마토, 마늘, 생강, 강황, 칠리 파우더, 고수, 큐민." 이

재료들이 샨티 프린스의 비율에 따라 만들어져 챠크라 카레의 그레이비로 쓰인다. 집집마다 조금씩 쌈장 맛이 다른 것과 비슷한 기분이다.

향을 쌓고 섞는 것

넣고, 볶고, 끼얹는다. 카레의 조리 과정은 이렇게 요약할 수 있다. 그레이비를 데운다. 데워진 그레이비에 내용물을 넣고 볶는다. 버터 치킨 커리면 닭고기를, 채소 커리라면 채소를 넣는다. 다될 때쯤 메뉴에 따라 별도의 마지막 향신료를 끼얹는다. 예를 들어 빈달루에는 식초와 후추를, 코르마라면 코코넛을 더한다. 어느 향신료를 언제 넣느냐에 따라 맛이 앞서거니 뒤서거니 하며 그 집 카레만의 독특한 맛이 만들어진다.

나는 몇 년 전 런던 최초로 인도 요리로 미쉐린의 별을 받은 레스토랑 사장님 판자비 여사를 인터뷰했다. 그때 인도 카레의 맛을 한 단어로 표현해 줄 수 있냐고 물었다. 판자비 여사는 쉰 목소리로 말했다. "복잡성(complexity)." 챠크라의 부엌에서 그때 인터뷰가 생각났다. 완성된 카레만 덜렁 보면 카레는 그릇 속 붉은 뭔가일 뿐이다. 카레가 만들어지는 과정을 보고 나서야 카레 한 그릇에 복잡한 향신료가 어떻게 쌓여 나가는지 실감이 갔다. 냄비에서 향신료들과 볶고 끓인 걸쭉한 카레가 한 그릇에 담기고, 그 위로 고추가 얹혔다. 우리는 다시 테이블로 가 카레를 먹었다. 샨티 프린스가 말한 향신료가 하나하나 조금씩 더 느껴지는 듯했다. 샨티 프린스의 22년이 카레 한 그릇에 들어 있었다.

서울엔 이른바 인도 카레집이 많다. 한남동을 조금 넘어가면 창신동 쪽 동대문에도 카레집이 있다. 샨티 프린스가 느끼기

챠크라에서 카레를 만드는 과정. 버터를 녹인다. 커리를 넣어 볶는다.
그레이비를 넣는다. 다 익히고 나면 마지막에 요거트를 넣는다.
그 향이 모두 쌓여 '그 집 카레'의 향이 만들어진다.

엔 모두 맛이 다를까? 그녀에게 물었더니 당연하다는 듯 답했다. "이슬람 성원 근처의 카레 식당들은 파키스탄 사람들이 해요. 내 입맛에 거기 음식은 간이 좀 세요. 동대문 근처에 있는 식당들은 네팔 사람이 하죠. 거기는 좀 달아요. 그리고 거기는 난이 맛있어요. 좋은 난을 만들더라구."

이런 분들과 이야기를 나누다 보면 내가 사는 세상이 얼마나 좁은지 깨닫는다. 동대문과 이슬람 성원과 인도대사관 근처의 카레집이 어떻게 다른지 이때 제대로 알았으니까. 샨티 프린스는 유튜브에서 한식을 배웠고 새마을식당에도 종종 간다. '한국 사람 다 됐다.'라고 하기도 어색할 만큼 샨티 프린스는 이곳에 익숙하다. 한국에서 외국인학교를 다닌 그녀의 큰딸은 석사 마지막 학기를 할 만큼 어른이 됐다. 나는 샨티 프린스가 종교적인 이유로 소고기를 안 먹나 했는데 웬걸, 샨티 프린스는 미국인 개신교 교회에 다니고 소고기도 잘 먹었다. 샨티 프린스에 대해 내가 가졌던 예상 중 맞는 건 하나도 없었다.

맛 이야기는 별로 안 한 것 같은데 챠크라 카레는 전반적으로 세련된 느낌이다. 크게 모자라거나 튀는 부분 없이 각자의 향신료가 자신의 존재를 떳떳이 주장하는 채로 조화로운 맛을 낸다. 수백 명이 나와서 끝없이 춤을 추는데 미장센이 기막히게 맞아 떨어지는 인도 팝의 뮤직비디오가 생각나는 맛이다.

방콕에서 온 가오

챠크라의 샨티 프린스가 한남 이태원 권역의 동쪽 끝에 있다면 서쪽 끝 녹사평 언덕 부다스빌리에는 가오가 있다. 가오는 한국에 돈을 벌러 온 지 2년이 됐고 방콕 하얏트에서 5년간 셰프로 일했다. 더 묻고 싶었지만 내가 가오에 대해 아는 건 여기까지다. 더 많은 이야기를 나누기에 우리는 서로의 언어를 몰랐고 가오는 보여줘야 할 카레가 너무 많았고 부엌은 너무 더웠다. 나는 식재료를 볶는 소리 사이로 들려오는 가오의 이야기를 들으려 애쓰며 가오의 손놀림을 살폈다.

가오는 늘 해 왔던 일이라는 듯 카레를 만들기 시작했다. 이날의 카레는 그린 커리, 믹스 커리, 새우 커리였다. 소스를 만드는 과정에는 차이가 없고 재료가 익는 시간에 따라 볶는 시간과 웍을 흔드는 팔의 세기만 달랐다. 요리는 타이밍이고 볶는 건 특히 순간적인 타이밍이고 가오는 그 면에서 훈련된 셰프였다. 새우를 볶을 때와 딱딱한 브로콜리를 볶을 때의 숙련도만 봐도 웍을 흔들어 왔을 가오의 지난 시간을 짐작할 수 있었다. 다 볶고 나니 가오가 짧게 물었다. "픽처?" 호텔 셰프들은 사진 촬영에 적합한 조리 포즈를 잘 지어 주곤 한다. 가오 역시 호텔 셰프와 다름없이 자연스러운 포즈를 취해 주었다.

가오가 커리를 만드는 장면. 화구 근처가 깨끗하다.
관리가 되고 있는 식당이라는 뜻이다.

태국의 분위기를 이루는 것

부다스벨리의 테라스석은 전망이 좋다. 반포대교로 내려가는 길을 바라보며 창 맥주 같은 걸 마시면서 한 번도 안 들어봤는데 이상하게 익숙한 라운지 음악을 들으면서 카레를 기다리다 보면 '아 맞아 동남아 식당은 이런 거지.' 싶은 생각이 든다. 잠깐 멍하니 있다 보니 가오가 만든 카레 세 접시가 도착했다. 인도 커리에 비하면 여러모로 한층 가볍다. 묽은 점도에 각 향신료의 맛 역시 입안에서 더 뾰족하게 새겨지는 기분이다. 이 역시 '아 맞아 이게 동남아 맛이었지.' 싶은 기분이다.

부다스벨리 역시 챠크라처럼 지역 명소다. 태국 대사관에서 지정한 우수 태국 음식점인 '타이 셀렉트'에도 지정됐다. 당신이 서울에 살고 이태원 한남 권역에 자주 왔다면 한 번쯤 와 봤거나 지나쳤을지도 모른다. 당신과 나는 가오 같은 사람의 존재 역시 몰랐을 것이다. 우리가 앉아 있는 층 바로 위에서 태국 아주머니들과 태국어로 이야기를 나누며 그림 같은 솜씨로 새우를 볶고 그 위에 코코넛 밀크를 살짝 뿌린 카레를 만드는 가오를.

모두의 삶은 다르지만 분명 공통점도 있다. 지금 어디선가 이걸 읽을 당신도 그렇듯, 우리 모두 각자의 일을 하며 각자의 디테일을 매만지고 고민하고 점점 나아지려 한다. 그렇게 생각하면 조금 더 남들에게 너그러워질 수 있을 것 같다. 이를테면 부다스벨리의 새우 카레에 대해서도. 태국 음식은 접시가 크고 카레는 원래 담으면 양이 적어 보인다. 그래서 부다스벨리의 새우 카레는 배달 용기에 담았을 때 양이 너무 적다는 클레임을 종종 받는다고 한다. 배달음식 시대의 클레임이다. 이 정도는 여유로워져도 괜찮을 것 같다.

녹사평이 내려다보이는 부다스벨리의 창가 자리에서 본 가오의 음식들.
멋진 자리의 멋진 음식에서는 주방의 더위가 느껴지지 않는다. **219**

타코:
이태원과 신촌의 타코

스페인어로 '짜식들'쯤 되는 속어라는 멕시칸 레스토랑 바토스
(Vatos) 이태원점 부엌에 들어가자 김치 박스가 보였다. 마스크
를 한 남자 직원이 매일의 업무라는 듯 김치를 썰고 있었다. 부엌
만 해도 꽤 커서 김치 써는 곳과 화구 있는 곳이 달랐다. 여기서
오늘의 바토스를 있게 한 코리안 아메리칸 타코가 만들어질 것이
었다.

타코를 만드는 '짜식들'

"이건 다 우리가 먹던 거예요." 바토스 대표 김주원은 텍사스 출
신의 미국 교포다. "미국에 멕시코와 국경을 맞댄 주가 네 개 있
고 텍사스도 그중 하나예요. 멕시칸 푸드가 익숙했죠. 교포들은
엄마 아빠가 돈 벌어야 하니까 음식을 혼자 해 먹어요. 엄마가 일
하느라 해 두고 나가신 김치나 불고기들이 냉장고에 있고요. 그
런 걸 토티야에 말아서 섞어 먹곤 했어요. 그때 기억들로 지금 레
시피를 만든 거예요. 어릴 때 내 주변 교포 친구들은 이렇게 먹었
으니까요." 영화 〈미나리〉의 타코 버전 같은 이야기다.

그나저나 김주원은 대단한 달변가였다. 들어보니 미국에서
대학을 졸업하고 어쩌다 한국에서 방송 일을 잠깐 하던 중 방송
일의 일환으로 남극에 갔다가 남극에서 '열정'이 삶의 화두가 되
어 열정적인 삶이 무엇인지 생각해 보다 레스토랑 창업을 하게
됐다고 했다. 이렇게 정리하면 대단한데 막상 얼굴을 맞대고 이
야기하면 그렇구나… 하고 이해하게 되는 묘한 매력의 남자였다.

바토스의 레시피도 그의 인생과 비슷한 면이 있다. 글로 정
리하면 파격적이나 먹으면 자연스럽다. 바토스의 대표 메뉴 김
치 카르니따스 프라이는 프렌치프라이에 한국식 매운 양념이 들

어간 '바토스 파우더'를 섞고 김치와 카르니타스를 얹은 후 치즈와 고추, 적양파를 얹어 마무리한다. 김 대표의 말처럼 우리가 먹던 거니까 온갖 게 섞여 있지만 어색하지 않다. 김치 역시 적양파나 고수처럼 동양적인 맛을 내는 피클로만 작용하니 맛이 헛도는 느낌이 없다. "우리는 퓨전이란 말을 싫어해요. 그냥 우리가 먹던 거니까."라는 말이 이해가 된다.

그 결과 바토스의 음식은 멕시코나 미국을 넘어 이곳에서만 만들어질 수 있는 특별한 음식이 된다. 갈비 타코도 그렇다. 적양파나 치즈 등의 서양 음식풍 식재료, 김치나 갈비 등의 한국 음식풍 식재료가 좋은 밸런스로 섞인다. 그걸 옥수수가루 토티야에 싸서 한 번에 감아 먹는 게 바토스 타코다. 교포 친구들이 먹던 걸 식당 생산을 위해 표준화한 맛이랄까. 아무렇지도 않은 듯 모여 있지만 사실은 꽤 특별한 맛, 지난 10년 동안 시대를 풍미하며 이태원에 정착한 바토스 타코의 그 맛이다.

바토스의 10년, 이태원의 10년

이 식재료가 모인 과정에 한국 식탁 국제화의 지난 10년이 들어 있다. 바토스는 토티야를 직접 만드는데 토티야는 '마사'라고 하는 옥수수가루가 있어야 한다. 처음에는 그 옥수수 가루를 구하기도 쉽지 않았다고. 라임과 아보카도도 마찬가지다. 지금은 아보카도를 원산지별로 골라 살 수 있지만 10년 전에 아보카도는 가락동 농수산물시장에만 드문드문 들어오는 것이었다. 나도 큰 슈퍼에서만 라임을 살 수 있던 그때를 기억한다. 그 식재료를 모으고 수급하는 과정에선 정말 열정이라고 불러야 할 뭔가가 필요했을 것이다. 그 열정이 결실을 맺기도 했다. 이태원 시장 뒤편

(위) 바토스에서 김치 타코를 볶는 모습. 김치가 쓰이지만 바토스의
타코는 텍사스와 멕시코 음식을 섞은 '텍스-멕스'에 가깝다.
(가운데) 프렌치프라이 + 바토스 파우더.
(아래) 바토스는 주방이 굉장히 크다. 업무 효율이 좋을 것이다. **223**

바토스에서 이날 촬영을 위해 준비해 준 음식.
김치 타코와 김치 프라이즈, 한국에서 만든 IPA 맥주,
모두 2020년대 한국 식문화의 한 단면이다.

18평짜리 공간에 테이블 여섯 개로 시작한 바토스 이태원점은 이제 부엌 면적만 20평에 싱가포르까지 진출했다. 2015년에는 당시 미 국무장관 존 케리까지 방문했다.

시대는 파도 같은 거라 그 위에서 놀 수는 있지만 거스를 수는 없다. 바토스의 10년 동안 어쩔 수 없는 일들도 많았다. 이태원에선 용산 미군기지가 빠져나가고 '이태원 프리덤' 이후 전국 단위 번화가가 되어 임대료가 폭등하자 가게들의 다양성이 사라지며 획일화됐다. 불가리아 레스토랑과 중국식 만둣집과 부대찌개집이 한곳에 모였던 이태원 뒷골목에 헌팅포차들이 들어왔다. 그리고 2020년 코비드-19가 퍼졌다. 획일화되었던 가게들이 사라졌다. 텅 빈 골목엔 이제 바토스 말고 남아 있는 가게가 별로 많지 않다.

"버텨야죠." 열정 대신 관록이 생긴 듯한 김주원 대표의 해답은 간단하다. 하긴 현장에 발을 딛고 있는 사람이 할 수 있는 말은 그것뿐이다. 내가 그의 말을 듣고 할 수 있는 것도 응원뿐이었다. 바토스가 계속 이 자리에 있었으면 좋겠다 싶기도 하고. 이 도시에 계속 사는 입장에서 '아 거기 그런 맛을 내는 그런 곳이 있었지' 싶은 장소가 있는 건 좋은 일이니까. "다행히 저희는 괜찮아요. 건물주가 교회라 임대료로 큰 스트레스를 주시지 않거든요. 여기 오시면 성령 충만한 타코를 드시는 거예요." 김주원 대표는 농담도 잘하는 유쾌한 사람이었다. 그의 말처럼 타코의 성령이 깃들어 이태원 바토스를 오래 가게 해 주길. 아, 그리고 '바토스'는 라티노들끼리 친한 사이끼리만 쓰는 말이라고 한다. 쓸 때 조심하시길.

진하고 상냥한 멕시칸 타코

'어디 계신 거지' 나는 말도 못 하고 비아메렝게 안에서 계속 두리 번거렸다. 비아메렝게는 멕시코인이 요리하는 타코집으로 유명 하다고 했는데 막상 들어갔더니 슈프림 스티커와 스트리트풍 한 국인 사장님만 계시고 멕시코 분은 안 보였다. 나의 편견과 좁은 세상 경험에 비췄을 때 그다지 이국적인 분위기는 아니었다. "셰 프는 안에 있어요." 마스크를 쓴 비아메렝게 이동률 대표가 말했 다. 캘리포니아 디즈니랜드에서는 미키의 집에 가야만 살아 있는 미키를 만날 수 있다, 비아메렝게에서도 부엌으로 들어가야만 멕 시코인 셰프를 볼 수 있었다. 셰프의 이름은 페르난도. 멕시코시 티 근처 출신이다.

부엌은 식당 뒤편에 좁고 긴 모양으로 자리했다. 페르난도는 검은 옷을 입고 부엌 안에서 요리를 하는 중이었다. 170센티가 조금 넘어 보이는 키에 마스크 밖으로 드러난 눈이 순해 보였다. 그는 아내와의 결혼을 계기로 한국에 정착했다가 인터넷 구직 사 이트에서 비아메렝게를 알았다. 그 전에 요리를 해 본 경험은 "집 에서"라고 웃으며 말했다. 그러나 페르난도는 한국에서 멕시코의 타코 맛을 알려주는 원천기술자에 가깝다. "페르난도가 인터넷 을 찾거나 친구들과 이야기해서 멕시코 현지 경향을 알아오고 그 걸로 타코를 만들어요. 페르난도가 없으면 안 돼요. 고마운 친구 죠." 이동률 대표 역시 페르난도를 존중하고 있었다.

페르난도가 타코를 만드는 과정을 지켜보았다. 바토스 타코 제조 과정을 본 후 페르난도가 타코를 만드는 걸 보니 둘의 차이 가 보여서 재미있었다. 둘의 차이는 규모와 상황과 세계관의 차 이였다. 예를 들어 바토스는 프라이를 만들 때 감자를 튀기고 나서 자체 제작한 파우더를 감자튀김에 버무린다. 비아메렝게는 그 과정은 없다. 바토스는 토티야 롤을 직접 만들고 비아메렝게는 기성품을 쓰는 대신 토티야 롤을 미리 한번 굽는다. 타코에는 카르니타스라는 멕시코풍 삶은 돼지고기가 들어간다. 바토스는 카르니타스를 삶을 때 과일 등을 많이 넣어 돼지고기 냄새와 다른 냄새를 조화시킨다. 비아메렝게는 카르니타스를 삶을 때 돼지고기에 라드를 추가해 돼지고기의 농후한 맛을 증폭시킨다. 한국도 김밥집의 세계관마다 맛이 조금씩 다르다. 타코도 이런 식으로 타코라는 공통 형식 안에서 각자의 개성이 만들어진다.

비아메렝게의 주방에서 타코를 만드는 멕시코인 페르난도.

맛은 어땠을까. 멕시코인 페르난도가 한국인의 입맛에 맞춘 맛 같았다. 바토스의 타코는 좋은 의미에서 화려한 맛이고 비아메렝게는 좋은 의미에서 소박한 맛이었다. 바토스 타코는 말하자면 '토티야! 불고기! 카르니타스! 소스!' 처럼 각자의 재료가 화려한 방향으로 다듬어져 각자의 존재를 드러낸다. 비아메렝게는 '카르니타스~소스~적양파~고수 조금~' 같다. 과한 것도 멋 부린 것도 없이, 멕시코에 가면 정말 이렇게 먹을 것 같은 타코다. 화려함과 소박함 중 뭐 하나를 더 좋다고 할 수는 없다. 잘하면 좋은 거지. 내 입에는 둘 다 만족스러운 타코였다.

타코를 먹으며 궁금하던 걸 하나 더 물어보았다. 왜 신촌에 자리를 잡으셨을까. 지금의 연세대 앞 신촌은 한때 서울 5대 번화가라는 사실을 믿을 수 없을 정도로 조용해졌다. 한국 1호 크리스피 크림 도넛 매장, 다양한 가게들, 레코드 숍, 다트 바 같은 게

페르난도가 타코에 들어가는 돼지고기를 볶는 모습.

다 사라지고 이제 남은 건 약국과 ABC 마트 같은 대형 가게들이다. 다양성에 예민한 젊은 소비자들은 이제 신촌 대신 한강에 더 가까운 홍대나 합정, 망원이나 성산을 찾는다.

"제가 타코를 좋아해서요." 이동률 대표의 대답은 간단했다. 그는 근처에서 술집을 운영하다 타코를 좋아해서 하나 더 차리게 됐다고 말했다. 비아메렝게의 위치를 생각하면 그냥 하는 말 같지는 않다. 여기는 전에 1인분에 3천원 하던 저가 고기집들이 많던 좁은 골목, 찾아가지 않으면 알 수 없는 곳이다. '여기 타코집을 내면 어떨까'라는 시장조사를 의뢰한다면 만들어질 수 없는 곳일지도 모른다. 그러나 현실이 꼭 그렇게 조사와 예측처럼 되는 것만은 아니다. 비아메렝게는 오늘도 사람이 많다. 운동을 좋아하는 사장님이 호기롭게 타코집을 열어 준 덕에 어느 동네의 외식 다양성이 높아졌다.

그렇게 2021년 서울 풍경이라는 게 만들어진다. 인적이 드문 골목 사이로 타코집이 생기면서 이곳의 분위기가 변했다. 데이트를 하는 학생들, 외국에서 타코를 많이 먹어 본 유학생 혹은 서울에서 공부하는 외국인들. 이런 사람들이 점심이나 저녁때 삼삼오오 찾아와 (백신 접종 인증) QR코드를 찍고 앉아 입을 크게 벌리고 타코를 먹는다. 누가 어느 동네에서 타코를 먹든 입을 크게 벌려야 한다는 사실만은 다르지 않다.

식당 취재로 주방 현장을 다니며 내가 아는 세상이 얼마나 단편적이었나 생각하곤 했다. 브랜딩, 정체성, 맛의 기준 같은 단어들은 이 책 같은 페이지 위에서는 그럴듯해 보일 수 있겠으나 현장에서는 말 그대로 무의미한 단어의 나열일 때가 많았다. 반면 글 속에서만 브랜딩, 정체성, 맛의 기준 같은 이야기를 하는데

신촌 요식업자의 의지와 멕시코인 요리사의 지식이 반영된
오늘날 신촌의 타코.

현장에서는 그 예쁜 말들이 구현되지 않는 경우도 있었다. 원고나 기획에서 중요한 건 어떤 말을 하느냐 뿐 아니라 어떤 말을 하지 않느냐이기도 하다. 이 프로젝트를 진행하고 섭외할 때 그런 곳들은 일부러 제외시켰다.

바토스와 비아메렝게가 속한 카테고리인 타코도 여러 층위로 해석되거나 사용될 수 있는 음식이다. 타코는 규칙이 느슨하고 맛을 낼 수 있는 방식이 다양하다. 해외 유래 음식이니 이른바 '진짜 타코' 같은 주장을 하기가 용이한 반면 냉정하게 무엇이 '진짜 타코'인지 말하기는 쉽지 않다. 바토스와 비아메렝게는 그렇게 모호한 음식 장르에서 자신들의 색을 포함한 음식의 품질 기준을 만족시키는 곳이다. 기준을 만족시키고, 자기 색을 내고, 오랫동안 살아남는 건 쉬운 일이 아니다. 특히 한국 요식업 시장에서는 더.

코비드-19 상황 속에서의 식당 취재는 요식업자의 고통을 취재하는 일이었다. 요리사 페르난도는 계속 불길이 올라오는 좁은 부엌 안에서 내내 마스크를 쓰고 있었다. 취재를 하러 가는 골목길에는 평소라면 으레 다니는 사람들이 없었다. 점주들은 조바심과 체념 등 복합적인 감정을 직간접적으로 표현할 수밖에 없었다. 그래서 비아메렝게를 지켜보면서도 바토스의 이야기를 들을 때와 비슷한 생각이 들 수밖에 없었다. 이렇게 맛있게 열심히 하시는 곳이 계속 잘되었으면 좋겠다고. 언제든 찾아갔을 때 페르난도의 레시피로 만든 멕시칸 타코를 맛보고 싶다고.

버거:
버거를 만드는데 이렇게까지

"아침에는 빵 냄새가 엄청 나요." 여의도 더현대 5층에 있는 번패티번에서 버거가 만들어지는 걸 구경하며 들은 이야기다. 번패티번은 외식업 경력 30년 차 업체의 고민 끝에 나온 가설과 결론인데, 가설이 좀 신기하다. '버거 맛의 차이는 번(빵)에서 온다.' 번패티번의 모든 매장에 본격 빵 굽는 오븐이 들어선 사연이다. 그 오븐으로 아침마다 번을 굽는다. 유기농 밀가루에 뉴질랜드산 버터를 넣은 브리오슈 번이다.

버거를 어떻게 만들면 좋을까

이날 취재를 도와준 번패티번 R&D 담당자는 빵을 만드는 방법을 비롯해 버거 제작의 전 과정에 대해 친절하고 자세히 설명해 주었다. 버거 제작의 디테일은 이렇게까지 하는 건가 싶을 만큼 세밀했다. 빵을 발효하는 시간, 고기를 굽는 정도, 모두 상세히 표준화되어 있었다. 매뉴얼이 촘촘한 만큼 조리 현장에서는 그대로 하면 된다.

빵 이야기를 들었으니 빵 맛이 궁금해질 수밖에 없었다. 입을 크게 벌리고 버거를 한 입 먹었다. 확실히 달랐다. 버터 함량이 높고 반죽을 적절히 발효해 빵이 한결 부드러웠다. 빵을 베어 물기 위해 입에 힘을 줄 필요가 없으니 번 사이의 다른 재료들도 쉽게 먹을 수 있었다. 빵과 패티가 모두 각자의 맛을 드러내도 빵 맛이 너무 도드라지거나 패티 맛이 너무 튀어오르지 않았다. "패티와 번의 질감을 고려했다"는 R&D 담당자의 말을, 먹어 보니 이해했다. 지금 배부르게 먹는데 집에 가면 또 생각날 듯한 음식이 있다. 번패티번 버거는 그런 맛이었다.

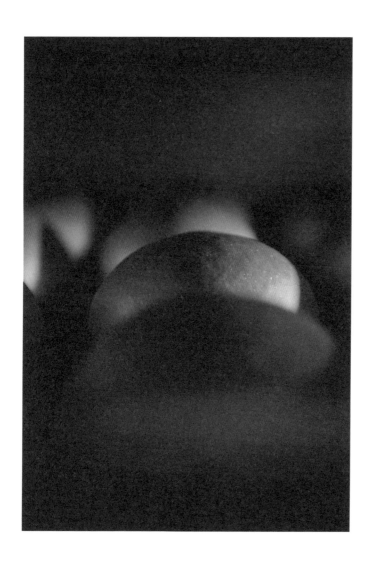

오븐 안에서 부풀어오른 번패티번의 빵들.

번패티번에서 굽는 고기 패티에 소금을 뿌리는 모습.
카메라를 의식하지 않았는데도 극적인 풍경이 만들어졌다.

맛 생산의 노하우

앞서 말했듯 번패티번 버거의 모든 규칙이 매뉴얼로 정해져 있다. 빵이 나오는 시간은 점심시간 기준 하루 세 번. 번 발효실 온도는 38도씨, 습도는 40퍼센트, 발효 시간은 계절에 따라 50분에서 한 시간 반, 패티를 굽는 시간은 각 면 1분씩, 소금과 후추를 뿌리는 타이밍도 정해져 있다. 이 규칙을 지키면 집에 가서 또 먹고 싶은 번패티번의 버거가 나온다.

번패티번의 모회사는 요식업 경력이 길다. 이들은 여러 가지 요리를 다루는 식당을 운영하며 다양한 조리 경험을 쌓았다. 번패티번은 이들의 모회사가 쌓아온 노하우를 버거 제조에 압축했다고 볼 수도 있다. 버거 식당에 빵 오븐을 둔다는 결정은 운영 노하우에서 온 자신감 아니었을까.

소비와 생산은 완전히 다르다. 음식이든 글이든 먹고(읽고) 한마디씩 하기는 쉬우나 실제로 만들어 시장에 내놓으면 게임이 근본부터 변한다. 완성도와 가격과 개성과 보편성 사이 어딘가에 숨어 있는, 손님의 마음이 열리는 마법의 버튼을 찾아 눌러야 한다. 번패티번의 해답은 정공법 같은 역발상이다. '버거의 맛을 빵으로 차별화시킨다'는 역발상이지만 '차별화를 위해 번을 매장에서 굽는다'는 음식 맛을 위한 정공법적 발상이다. 나도 평가받는 게 직업의 일부라 번패티번의 고민과 솔루션이 남 일 같지 않았으나 식당 현장에선 입을 크게 벌리고 버거의 맛에 집중했다. 그만큼 맛있는 버거였다.

파이어벨의 (현재) 대표 메뉴인 레오 버거.
시장의 뜻을 겸허히 받아들인 모범적 음식.

버거는 이렇게 만들면 됩니다

대치동 학원가 근처의 파이어벨 버거는 번패티번처럼 인상적이되 그 이유는 조금 달랐다. 번패티번이 '이렇게까지 해야 하는구나' 싶은 곳이었다면 파이어벨은 '이렇게 하면 되는구나' 싶은 기분이었다. 맛도 분위기도 다 좋았는데 왠지 감상이 조금 달라진 이유가 무엇일지 생각해 보았다.

버거를 만드는 순서 자체는 파이어벨과 번패티번을 비롯해 전 세계의 거의 모든 버거집이 비슷할 것이다. 일단 번을 반 갈라 굽는다. 버거를 굽는 열원은 보통 책상만큼 큰 철판이기 때문에 옆에 남는 공간이 많다. 그 옆에서 패티를 굽기 시작한다. 패티는 공 모양으로 미리 뭉쳐져 있다. 패티를 평평하게 눌러 주고 소금과 후추를 뿌린다. 버거에 따라 한편에서 베이컨을 굽기도 하고 패티의 양쪽 면이 다 익으면 치즈를 잠깐 얹어서 녹이기도 한다. 그동안 한쪽 면이 따뜻해진 번을 팬에서 빼서 대기시키고, 치즈가 적당히 녹은 패티가 다 구워지면 모든 재료를 포개서 손님에게 낸다. 이렇게 버거 하나가 만들어지는 시간은 파이어벨 기준 5분, 번패티번 기준 6분이었으니 버거 하나의 제작 시간 역시 비슷하다. 주문이 몰리는 실제 식사 시간에는 대기 등의 이유로 약 10분쯤 잡아야 한다는 사실도 같다.

그리하여 다 만들어진 버거의 맛은 어떨까. 파이어벨의 대표 버거인 레오 버거를 먹어 보았다. 역시 무엇 하나 신경 쓰지 않은 곳이 없는 맛이다. 레오버거는 번 사이에 패티, 치즈, 토마토, 로메인, 베이컨, 자체 제작 소스가 들어 있는 버거다. 함께 간 요기요 매니저는 '햄버거를 그려 보라면 이렇게 생긴 걸 그릴 듯하다'고 묘사했고, 실제로 그렇게 생겼고, 맛도 그랬다. 필수 영양소를 빵 사이에 두루 넣은 균형감이 돋보였다. 이런 버거집이 동네에 있어서 두 번 가 봤는데 두 번 다 같은 맛이 난다면 신뢰가 생겨서 종종 갈 것 같았다.

파이어벨 버거의 맛을 위한 노력에도 세심한 디테일이 있다. 패티에 들어가는 소고기는 지방과 살코기와 육즙의 비율을 고려해 목심과 전각과 양지를 섞어 쓴다. (비율은 비밀.) 번패티번처럼 번을 직접 굽지는 않아도 대기업의 번이 아닌 전문 빵집에서 맞춤 제작한 번을 들여온다. (어디서 빵을 주문하는지 여쭙자 조금의 망설임 끝에 '감성빵집'이라는 답이 돌아왔다. 비밀이었는지 빵집 이름이 너무 감성적이어서였는지는 모르겠다.) 이런 디테일이 모여 동네 사람들이 찾는 햄버거집이 된다.

브랜딩의 목소리 vs 시장의 메아리

가게 이름은 왜 파이어벨일까? 이름을 둘러싼 사연에 외식업을 비롯한 모든 사업자의 고충이 있다. 파이어벨 버거인 이유는 이들의 주력 메뉴가 매운 버거였기 때문이었다. '매우니까 파이어벨을 눌러라'라는 뜻으로 버거집 이름을 짓고, 처음 밀었던 메뉴도 '콜 911' 버거였고, 가게 곳곳의 소방 관련 인테리어 상품도 이런 이유로 뒀다. 그런데 예상 못한 일이 일어났다. 매운 버거 전문으로 자리 잡으려 했는데 실제로는 기본에 충실한 레오버거와 치즈버거가 인기를 끈 것이었다. 내가 하려던 것과 시장의 대답이 다른 이 상황에서 파이어벨은 어떤 선택을 했을까. 주축 메뉴를 내렸다. 그 결과 지금 파이어벨 메뉴의 최상단에 있는 건 레오버거고 콜 911 버거는 한 층 아래에 있다. 브랜딩도 캐릭터도 시장의 메아리 위에 설 수는 없다.

"저는 그래도 버거는 간단한 요리라고 생각해요." 버거를 만드는 데 변수가 많냐고 물었더니 파이어벨 박형철 실장의 대답은 간단했다. 정해진 매뉴얼대로 하면 된다는 것이었다. 그러면 그 간단한 조리법으로 뛰어들면 되는 버거집 중 이곳만 이렇게 잘되는 이유는 무엇일까. "초심을 잘 지키려고 했죠. 기본에 충실하고, 버거를 예쁘게 만들고." 버거를 '예쁘게' 만든다는 표현이 신선해서 생각해보니 상대적으로 저렴한 버거들의 예쁘지 않은 모습들이 기억났다. 돌덩이만 한 양배추 덩어리가 끼어 있다거나, 소스가 한쪽으로 쏠려서 손의 반쯤이 소스로 푹 젖는다거나. 기본에 충실한 건 결코 쉽지 않다.

촬영이 끝나고 시식을 위해 사진가와 매니저와 버거를 먹으며 감상을 나누던 중이었다. 박형철은 매장의 소스통을 한데 모으더니 아르바이트생들을 불렀다. 그는 브레이크 타임에 소스통 주둥이에 묻은 소스를 닦아 주라는 말과 함께 스리라차 소스통에 묻었던 소스를 닦았다. 그 모습을 보자 나는 이 가게가 왜 잘되는지 알 것 같았다. 버거는 간단할지 몰라도 노력은 간단치 않다. 이들은 늘 매장 곳곳에 관심을 기울이고, 자신이 정한 원칙을 계속 지키고, 버거 맛에 최선을 다했을 것이었다. 그나저나 콜 911 버거가 조금 맵긴 했다.

파이어벨 대치점 한자리에 놓인 소스통. 쉬는 시간에 직원이 일일이
주둥이를 닦는다. 이런 게 성공의 비결이라고 생각했다.

치킨:
치킨과 음악

"와서 다 찍어요. 봐도 못 따라해." 섭외 담당자가 전해 준 대림동 삼우치킨센타 사장님의 호언이었다. 이 연재는 반드시 주방에 들어가 음식이 만들어지는 과정을 담는다. 주방 공개는 생각보다 큰 결정이다. 그 과정에서 섭외가 끊길 때도 많다. 삼우치킨센타는 달랐다. 90년대풍 '쿨' 정서가 있었다. "불친절하신 건 아니었고요, 그냥 되게 자신 있는 말투였어요." 담당자의 말을 들은 뒤 기대와 불안을 반반치킨처럼 안고 현장에 갔다.

대림동의 치킨 세트장

도착한 현장은 치킨이 나오는 시대극 세트장 같았다. 튀김기는 철제 세면대처럼 생겼고 전기구이 기기 역시 어릴 때 그 기계였다. 기름의 흔적도 달랐다. 수없이 배었을 기름을 깨끗이 닦아 온 은은한 광택이 있었다. 그 자체로 업력 50년의 증명이었다. 튀김기가 카운터 바로 옆 입구에 있는 레이아웃도 그 옛날 느낌이었다. 그 카운터에서 마스크를 낀 남자가 우리를 맞았다. 삼우치킨센타 2대 대표 이정재였다.

"우리 아버지가 잘 해 두셨죠." 이정재는 전해 들은 대로 말이 빠르고 문장이 짧았다. 더 발라낼 게 없이 말하는 서울 남자 느낌. 군더더기 없이 전해 준 말씀에 따르면 삼우치킨센타는 50년 전인 1973년에 문을 열었다. 대표님의 아버지인 초대 대표께서 닭을 푸짐하게 보이게 하려 닭 한 마리를 단 네 조각으로 자르고, 1.5마리 분량인 여섯 조각을 한 패키지로 준 게 성공의 비결이었다. 성공은 치킨보다 훨씬 푸짐했다. "한 달에 집 한 채씩 벌었으니까요."

"우리는 이걸 추억의 맛이라고 불러요." 이정재는 성공에 양

(왼쪽) 대림동 삼우치킨센타에서 초벌 튀김을 마친 닭다리들.　　**243**

1973년부터 문을 연 치킨 명가의 디테일들.
(왼쪽 위) 3층 냉장고에서 양동이 단위로 보관하는 자체 제작 치킨 무.
(오른쪽 위) '레트로풍' 21세기 디자인으로는 도저히 따라 할 수 없는,
20세기 '도안' 그 자체인 쇼핑백 패키지 디자인.
(아래) 치킨 다리를 먹기 쉽도록 일일이 자른다. 도구는 식품용이
아닌 직물용 대형 가위. 근처 구로공단의 대규모 봉제공단이 있었다는
사실을 떠오르게 한다.   244

념을 치지 않았다. "인테리어도 (옛날 방식의) 목재니까 화재 위험도 있고, 내부 구조도 꼬불꼬불하고, 신경 쓰이죠. 그래도 바꿀 수가 없어요. 손님들이 이걸 좋아하니까." 이렇게 들으면 그냥 허허롭게 하던 걸 계속 하고 계시는 것처럼 보일 수도 있다. 실상을 지켜보니 전혀 그렇지 않았다.

우리가 치킨을 치킨이라 부르지 않던 때의 치킨

삼우치킨센타의 전부가 훈련된 디테일이다. 모든 곳에 노하우가 있었다. 닭을 두 번 튀기는 이유. 늘 사용하는 기름과 그 기름을 쓰는 이유. 닭의 똑같은 부위를 가위로 자르는 이유. 튀김옷에 들어가는 비법 가루. 모두 이유가 있었다. 동시에 삼우치킨센타는 기업 수준의 품질관리가 지속되는 곳이었다. 그 한 예가 무다. 삼우치킨센타는 무 피클을 직접 담근다. 3층 냉장고 안에 성인도 들어갈 크기의 양동이 세 개가 있다. 그 안에 무가 가득하다.

어떤 옷에 소요되는 자원의 양은 설계 단계에서 90퍼센트쯤 결정된다고 한다. 삼우치킨센타의 지금 역시 선대에서 내려온 비전의 결과였다. 보통 가게가 잘되면 더 큰 새 매장에 가거나 헌 간판을 바꾸는 경우가 있다. 삼우치킨센타는 그대로다. 또 하나의 선견지명은 튀김기계다. 삼우치킨센타는 지금 나오지 않는 구형 압력 튀김기계를 쓴다. 선대께서 미리 넉 대를 사 두셨다고 하니 다행히 이 역사적인 치킨을 당분간은 더 맛볼 수 있다.

맛은 어떨까. 치킨은 반죽의 종류와 튀김 횟수, 양념을 가하는 방법론에 따라 몇 가지 경우의 수가 생긴다. 삼우치킨은 가루 반죽을 두 번 튀긴다. 가루를 살짝 묻혀 튀겨서 튀김옷이 얇고 바삭하다. 한 입 베어 물면 얇은 튀김옷 사이로 별 장식 없이 염지

된 닭 맛이 느껴진다. 전국이 프랜차이즈로 덮이기 전, 우리가 튀긴 닭을 치킨이 아니라 통닭이라고 부르던 때의 맛이다. 이 맛은 추억이 아니다. 상당한 맛의 표준화가 갖춰진 음식이다. 어떤 일도 추억만으로 50년을 할 순 없다.

"아직 무대 꿈을 꿔요." 이정재 사장은 젊은 시절 가수였다. 삶의 몇 가지 변수 끝에 그는 아버지의 치킨집을 훌륭히 운영했고, 그러는 중 세상이 변해서 유튜브로 그때 영상을 볼 수 있게 됐다. 그렇게 삼우치킨센타에 옛날과 지금이 섞인다. 전화기 다섯 대가 놓인 카운터 옆에 각종 배달앱의 전용 단말기가 놓여 있다. 손님들은 그때 그 치킨을 먹으며 유튜브로 사장님의 노래 〈산소 같은 그대〉를 본다. 사장님은 여전히 쿨하고 은근히 친절하다. 전기구이를 포장해 가는 지긋한 손님께 "추우니까 앉아 계세요."라고 말하고, 콜을 받고 온 기사님께 닭을 드리며 "안전 운전하세요~"라고 인사한다. 왠지 계속 구경하고픈 치킨집의 하루가 지나고 있었다.

삼우치킨센타에서 치킨을 시키면 따라오는 레트로 치킨과
그 곁들임. 치킨, 양배추 샐러드, 치킨무.

홍대의 치킨 동화

"표기식 님이랑 같이 촬영하신 적 있죠? 이름이 특이해서, 제 대학 선배인 것 같아서요." 치킨인더키친 이용훈 대표는 처음부터 친절하고 친근했다. 사진가 표기식이 촬영한 기사를 봐 주신 듯했다. "저도 그 선배와 같은 과였어요. 졸업하지는 못했지만요." 옛날이 되어 버린 일들을 전하는 이용훈은 내내 여유로워 보였다. 올해 들어 가장 추운 날이었으나 햇빛은 밝았던 오후에 치킨인더키친의 이야기를 들었다.

치킨인더키친의 이야기는 양념이 많이 들어간 요리 같았다. 이용훈 대표는 디자인을 전공하던 중 집안 사정이 여의치 않아 대학교를 그만둬야 했다. 자기 자신이 생계를 책임져야 했는데 마침 그는 음식에 관심이 많았다. 메뉴를 몇 개 개발하다 가장 성공 확률이 높은 치킨으로 창업하기로 했다. 그때 생기기 시작한 '인터넷 맛집 카페'에 자신의 메뉴 개발 과정과 창업 과정을 올리고, 홍대 앞 미술학원 골목 깊숙한 곳 지하 1층에 작은 가게를 차렸다.

"재료를 빼는 게 중요하더라고요." 이용훈은 레시피를 개발하며 도를 깨친 듯했다. 고기를 숙성하는 이유 중 하나는 고기를 부드럽게 만드는 것이다. 여러 가지 재료를 써서 고기를 연화시키는 게 고기 요리의 한 방향이다. 이용훈은 고기의 연화를 위해 온갖 재료를 써 보다 깨달았다. 배나 키위는 소고기에 좋고 파인애플은 돼지고기를 부드럽게 해 좋으나 닭고기에 쓰기엔 너무 강했다. 좋다고 하는 게 다 좋은 게 아니고, 상황에 맞는 해법은 따로 있다. 이용훈은 다양한 시도 끝에 각종 채소와 허브를 넣어 특제 레시피를 완성했다.

결과는? 해피엔딩. 그가 겪은 모든 일이 성공의 복선이 되었다. 인터넷 카페에 과정을 올리자 회원들이 이 가게를 궁금해하며 찾아갔고 카페에 인증 글을 남겼다. 그 인증 글에 담긴 치킨의 정성을 보고 어느 TV 프로그램이 홍대까지 찾아왔다. 당시 시대를 풍미했던 착한 식당이었다. 디자이너를 꿈꾸던 남자가 상황이 여의치 않아 차린 치킨집에 사람들이 줄을 섰다. '그 후로 오래오래 잘 살았답니다.' 싶은 성공이었다.

치킨계의 유니콘과 유니콘의 현실

우리는 이용훈이 치킨을 튀기는 과정을 지켜보았다. 치킨인더키친은 물반죽과 가루반죽을 함께 쓴다. 염지와 숙성을 끝낸 닭에 물반죽을 묻힌 후 가루 반죽을 한 번 더 묻히면 튀김옷이 밀푀유처럼 붙는 크리스피 치킨이 된다. 이용훈은 주문 후 한 번 깊이 튀겨 치킨을 완성한다. 닭 튀기는 시간은 10년 전보다 조금 늘렸다. 웨지감자는 코비드-19가 부른 물류 대란 때문에 미니 해시브라운으로 바꿨다. 그래도 전국의 치킨집을 찾아다니고 집에서 치킨을 튀겨 가며 익힌 치킨 맛은 여전히 훌륭했다. 물반죽의 점도와 가루반죽의 경도, 염지의 염도와 적당히 밴 채소와 허브의 맛. 이 모두가 닭 한 조각에 스며들어 기분 좋게 씹으며 목구멍으로 넘어갔다.

이용훈은 성공 후의 10년을 간략히 말해 주었다. 장사를 사업 수준으로 확장시켰다. 치맥을 찾는 외국인 여행자의 소문을 타서 치킨인더키친이 홍대 필수 코스가 됐다. 가맹 사업도 진행, 캐나다까지 진출했다. 좋은 일만 있던 건 아니다. 어느 번화가에 낸 대형 매장은 큰 권리금을 손해 보고 철수했다. 사업의 한 축이었던 외국인 여행자는 코비드-19와 함께 사라졌다. 홍대 치킨인더키친은 그간의 단골과 새로운 수입원인 배달 수익을 기틀삼아 이 시기를 견디는 중이다.

어른이 되어야만 알게 되는 게 하나 있다. 우리가 이루지 못한 꿈도 사라지지 않고 지금의 일상 어딘가에 우리만 아는 모습으로 새겨진다. 오늘 사장님들도 그랬다. 이정재 사장님이 가수 지안으로 활동하던 시절의 곡 이름을 적어둔 치킨집 벽에, 그 곡을 검색하면 나오는 영상에, 이용훈 대표가 직접 디자인한 자신의 명함에, 그의 대표 메뉴 이름에, 그들의 꿈이 암호처럼 남아 있다. 치킨인더키친의 양념치킨 메뉴는 레드 핫 칠리 페퍼스, 프라이드 치킨은 범프 오브 치킨, 이용훈이 좋아하던 밴드의 이름이다. 이들의 치킨은 자신의 젊음과 꿈이 담긴 삶의 기념비다. 그 기념비의 겉은 바삭하고 속은 촉촉하다. 적당히 짭짤하고 촉감은 부드럽다.

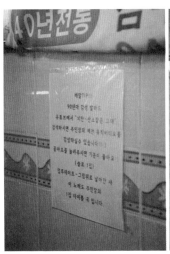

삼우치킨센타와 치킨인더키친 점포에 남은 젊은 날 꿈의 흔적.
(왼쪽) 삼우치킨센타 이정재 사장의 노래에 대한 안내문.
(오른쪽) 치킨인더키친 이용훈 사장이 좋아하는 밴드에서 착안한 메뉴의 이름.

양념치킨은 후라이드치킨과 격이 다른 숙련 노동의 결과물.
빠르고 고르게 양념을 묻히려면 상당한 경험이 필요하다.

치킨 대신 통닭이라 부르던 시대부터 지금까지 같은 자리에 있는
삼우통닭 문. 창업주의 지혜 덕에 원형을 바꾸지 않고 이어질 수 있었다.
1973년 문을 열었으니 '40년 전통'이라는 말을 붙인 지도 10년이 넘었다.

만두:
만두의 도시 부산

7월 부산은 도시 전체가 가습기를 틀어 둔 방 같았다. 실외 세 걸음만 걸어도 미스트 같은 땀이 올라왔다. 그 땀을 느끼며 우리는 작은 식당으로 걸어들어갔다. 엄궁동에 있는 상해만두다. 엄궁동은 아파트가 많은 동네 중 하나라 바깥 사람들이 별로 올 이유가 없다. 엄궁동이 낳은 대표 인물이 배우 임시완인데, 이 정도가 엄궁동에 대한 설명의 거의 전부다. 임시완과 더불어 엄궁동을 대표하는 게 하나 더 있다면 상해만두다.

상해만두, 만두와 삶

상해만두는 1998년부터 엄궁동에 자리 잡은 중국요릿집이다. 식사와 요리 메뉴도 있으나 간판에도 만두가 들어가니 만두가 주력이다. 지금 가게를 운영하는 유가창 사장님의 아버지가 엄궁동에 자리를 잡았다. 1985년생 유가창은 대학을 졸업하고 보통 직장인으로 일하다가 어느날 일은 많아도 성과가 나에게 돌아오지 않는 회사의 숙명에 한계를 느꼈다. 그는 부모님의 반대를 무릅쓰고 가게로 돌아오는 결정을 내렸다. 상해만두는 그렇게 2대째 하는 중국집이 되었다.

아들 사장님이 설명하는 동안 아버지 사장님은 아무 말없이 만두를 만들고 있었다. 만두 만들기는 아침 7시에 만두속을 만들며 시작한다. 8시부터는 밀가루로 반죽을 만든다. 반죽을 30분간 만들고 30분 숙성시키고 10시부터 반죽을 펴기 시작한다. '반죽을 편다'라는 건 원통형의 반죽을 자르고 얇게 펴서 만두피로 만드는 과정이다. 우리가 찾았을 때 그 반죽 펴기가 이루어지고 있었다. 긴 소시지 모양 원통형 반죽을 두께 1센티 정도로 일일이 자른다. 잘린 반죽을 파스타 머신 같은 기계에 넣으면 얇은 만두

(왼쪽) 상해만두에서 만두피를 직접 만드는 모습.　　　**253**

만두는 단순하면서도 복잡하고 반복적이면서도 숙련된 노동의
결과물이다. 상해만두의 어르신들이 하루치의 만두를 '싸고' 있다.

피가 된다. 만두피를 납품받으셔도 수제 만두가 아니냐고 물었더니 "해 오던 거라 그런 생각은 안 해 봤다."라는 답이 돌아왔다. 그런 이야기를 하는 동안 무술 영화에 나오는 '늘 취해 있으나 대단한 무공을 가진 동네 어른' 같은 느낌의 아저씨가 들어왔다.

"중국 사람들은 설날에 만두를 먹기 때문에 화교들은 만두를 다 쌀 줄 알아요. 저 아저씨는 문 열기 전에 만두만 싸고 가세요." 유가창은 만두를 '빚는다' 대신 '싼다'는 말로 표현하며 만두 빚는 아저씨를 가리켰다. 즉 그는 말하자면 단기 만두 전문가였다. 어딘가 취해 있는 듯한 만두 아저씨는 접시 가득 만두소를 쌓아 두고 여유롭게 만두를 빚었다. 피 위에 소를 담고, 엄지와 검지 사이에 소를 담은 피를 올리고, 끝에서 끝까지 아홉 번 매듭을 쥐듯 양 끝을 붙이자 만두 하나가 만들어졌다. 아저씨는 만두 하나를 15초 만에 만들었다. 만두 아저씨가 만두를 빚는 동안 상해만두의 가족들도 준비를 마치고 만두를 빚기 시작했다. TV 뉴스가 나오는 동안 모두 말없이 테이블에 줄지어 앉아 만두를 빚고 있었다. 상해만두의 여사장님, 즉 유가창의 어머니는 8초 만에 하나를 빚었다.

이렇게 만든 만두 맛은 어떨까. 확실한 특징이 있었다. 그중 하나가 돼지고기의 비계 비율. 유가창의 설명에 의하면 육즙이 많이 나오는 만두는 비계를 넣는다. 자신들은 비계를 넣지 않고 살코기를 많이 넣는다고 했다. 그 사이로 생강과 부추를 적당히 넣어 돼지고기의 식감과 향 사이에서 균형을 맞췄다. 한국 사람의 만두보다는 호쾌하나 중국 사람이 만든 만두보다는 섬세한 맛이었다. 육즙 없이 고기가 많은 만두라 오히려 육즙 흘릴 걱정 없이 편하게 먹을 수 있었다. 특히 홍초 만두가 기억에 남았다. 일반 소에 고추기름을 섞어 매운 향과 맛만 남겼다. 매운맛을 세련되게 활용하는 중국요리의 특징이 배어 있었다.

엄궁동 상해만두에서 이런저런 이야기를 듣다 보니 이들의 맛과 함께 삶도 조금 보였다. 화교들은 한국어를 잘 모르니 공부를 하기가 조금 더 어렵다고. 그래서 식당을 많이 하는 거라고. 상해만두 역시 부산 구포역 앞 유명 만둣집 금룡과 친척이라고. 자기는 부산역 앞 화교학교를 다녔지만 자기 자녀는 한국학교를 보낼 거라고. 지금 일은 성과가 다 자신에게 와서 좋지만 불경기는 불안하니 요즘은 회사에 계속 다녔어도 좋을 것 같다고. 이런 이야기 막 해도 되냐고. 처음 보는 만둣집 사장님의 이런저런 사정을 왠지 모르게 깊이 공감하게 되었다.

이야기를 듣는 동안 점심시간이 다가왔다. 우리는 촬영용 튀김만두와 홍초만두를 먹어 보았다. 역시 훌륭했다. 나는 첨단 식품 공장의 수퍼 하이테크 만두는 21세기의 보물 같은 거라고 생각한다. 동시에 갓 빚은 만두만의 신선하고 소박한 맛에도 대

아침에 만들어져 가지런히 늘어선 상해만두의 만두.
이걸 찌면 찐만두, 구우면 군만두다.

체 불가능한 고유의 아름다움이 있다. 상해만두에도 그게 있었다. 시간만 있으면 맥주 한 잔 곁들이며 이것저것 시켜 먹고 싶었다.

양가손만두, 만두가 있었으면 싶은 바로 그곳에

부산에 여행을 간다면 양가손만두는 여행자의 기호에 따라 훌륭한 여행 목적지가 될 것이다. 들어가는 길부터 여행자의 환상을 부풀린다. 양가손만두가 있는 개금시장은 가 본 적 없어도 언젠가 어릴 때 한 번은 가 본 것 같은 도시 한켠 작은 시장이다. 나물 재료를 다듬어 파시는 할머니, 팔뚝만 한 갈치를 파는 어물전, 대중목욕탕 의자 위에서 순대만 파는 작은 순대집, 참기름을 짜는 기름집 등 동네 시장에 있던 가게들이 두루 있다. 그 사이로 하루 종일 손님이 오가는 가게가 하나 있다. 양가손만두다.

양가손만두에서 인터뷰해 주신 양윤석 사장 역시 2대 사장이다. 1대 사장님인 자신의 아버지는 1976년 부산으로 와 지금 이 자리에 양가손만두를 개업했다. 50년 가까이 만두를 빚는 동안 자식들이 장성하고 고락을 함께한 사모님은 작년 작고하셨다. 부산으로 넘어온 한 세대가 그렇게 만두로 자리를 잡았다. 양윤석은 미술을 전공하고 관련된 일을 하다 2015년 양가손만두를 이어받았다. 처남과 형도 양가손만두라는 이름으로 부산에서 같은 가게를 운영하는 중이다.

양가손만두 3개 점포는 거의 같은 가게라 할 만한 것이 재료를 한곳에서 만든다. 개금동 본점 근처에는 재료를 준비하는 공방이 있다. 양윤석은 아침 5시 30분에 일어나 6시 30분쯤 공방에 도착한다. 물을 끓이는 일로 시작해 속과 반죽을 만들고, 속과 반죽이 부산의 양가손만두 3개 지점으로 각자 이동된다. 손님 앞에서 만두를 빚고, 그 만두를 바로 조리하는 시스템 자체는 3개 점포가 모두 같다.

우리가 이야기를 나누는 동안 양가손만두의 선대 사장님은 열린 주방에서 계속 만두를 빚고 있었다. 양가손만두는 부엌 동선도 만두에 맞춰 진화해 있었다. 사장님이 있는 곳이 위치상 부엌의 중심이다. 일반 분식이 만들어지는 부엌은 보통의 식당 부엌처럼 식당 맨 안쪽에 있다. 이 식당을 대표하는 만두 조리부는 가게 전면에 위치한다. 가게 안에서 만두를 빚고, 가게 밖에서 만두를 찌고 굽는다.

만두를 빚는 조리부에서 이 가게의 특징인 아주 얇은 피가 만들어진다. 아주 얇은 피 만두 제작은 2인 1조로 진행된다. 젊은 직원이 쇠봉으로 반죽을 굴려서 피를 만든다. 피는 중력분과 강력분을 섞었기 때문에 얇아도 최소한의 강성이 보장된다. 사장님은 손바닥에 만두피를 얹고 만두피 위에 만두소를 올린 뒤 손으로 만두를 쥐듯 하며 순식간에 만두 하나를 빚어 낸다. 그가 만두 하나를 만드는 데 걸리는 시간은 5초 남짓이었다.

인기의 비결은 고된 노동과 자부심

지켜보니 양가손만두가 인기 있을 만했다. 이들은 한정된 재료 안에서 최대한 다양한 맛을 만들어 냈다. 만두피는 최대한 얇게 만들어서 속재료 맛을 살린다. 군만두는 찐만두를 앞뒤로 한 면씩만 구워내는 방식이다. 찐만두의 쫀득한 식감과 군만두의 바삭한 식감이 만두 한 알에 담긴다. 사업의 생명이 현금 흐름이듯 음식 장사의 생명 역시 순환이다. 우리가 취재를 하는 오후 3시 정

서민 음식이 아름다운 이유는 낮은 재료비에 정성과 아이디어를 더해
최대의 맛을 구현하기 때문이다. 찐만두를 한번 더 구워서 바삭한
식감과 기름기를 덧붙이는 양가손만두의 군만두처럼. 이들의 노고에
정당한 존중을 하지 않는다면 결국 이런 '서민의 미식'은 점차 사라질
것이다. 서울은 이미 이들의 자리를 인스타 맛집들이 메꾸고 있다.
부산에는 아직 정성을 들인 식당이 남아 있다.

도의 오후에도 손님들이 계속 드나들며 만두를 사 가거나 포장주 문을 하고 있었다. 바로 만든 만두를 바로 익히고 바로 사 가니까 맛이 있을 수밖에 없다.

이 맛을 손님들에게 매일 제공하는 사람의 일상은 그만큼 혹독해진다. 지역 만두 명가가 되는 건 보통 일이 아니다. 매일 5시 30분에 일어나 하루 종일 만두를 빚고 만두를 굽다 보면 금방 문 닫는 시간인 저녁 8시가 된다. 집에 와서 씻고 하루 일을 조금만 마무리해도 금방 11시. '워라밸' 같은 건 만두 명가에는 없는 개념이다. 양윤석은 한창 자라는 딸과 시간을 보내기 어려운 게 가장 힘들고, 그래도 힘이 나는 게 지나가는 사람들의 말이라고 했다. "이 시장을 지나가는 사람들이 '여기 맛있는 집이야.'라고 해 주실 때가 있어요. 사람들의 대화 속에서 우리 집을 알아주는 게 좋습니다."

"전에는 체인점 같은 것도 되면 좋겠다 싶었는데요, 지금은 '부산 오면 가 보고 싶은 집' 정도만 되어도 좋겠습니다." 양윤석의 이야기대로 양가손만두의 맛은 부산에 오면 부러 먹으러 갈 만한 맛이다. 이렇게 얇은 피, 이렇게 통통한 속, 이렇게 바로 나오는 맛, 동네 시장 안에서 계속 만두를 찌고 굽는 고유한 분위기, 이런 건 양가손만두에서만 느낄 수 있다.

오늘 찾은 만둣집과 부산의 다른 만두 명가들도 마찬가지다. 만둣집을 비롯해 부산에는 유독 밀가루를 재료로 기술과 정성을 얹어 맛을 내는 가게들이 많다. 식물가가 저렴해서일까, 부동산 시세가 아직 서울만큼 비싸지는 않아서일까, 아니면 음식에 대한 사람들의 고민이 남아 있어서일까. 아마 그 모든 게 이유일 것이다. 그 모든 게 담긴 만두를 양껏 먹고 왔다.

거리를 향해 놓여 있는 양가손만두의 고기만두와 김치만두.
시장을 찾은 손님들이 꾸준히 찾아 잠깐 먹고 나갔다.

돈까스:
그 돈까스 가게들의 비밀

오전 10시 반에 문을 여는 장안동 행운돈까스의 문은 9시에도 열려 있다. 영업을 하지 않는 식당 뒤 부엌에서 하루치 돈까스를 준비한다. 미리 약속을 하고 찾아가 돈까스를 만드는 장면을 구경했다.

행운돈까스의 돈까스는 한국 옛날풍이다. 돈까스는 농구선수의 손바닥처럼 크다. 그 큰 돈까스를 옛날 경양식집 방식으로 나이프로 썰어 먹는다. 역시 옛날 경양식 식당처럼 음식을 시키면 스프를 준다. 곁들이는 음식은 사각 단무지와 기사식당풍 깍두기. 가성비가 좋은 오징어볶음과 돈까스 콤보 메뉴가 인기다. 그게 전부다. 벽에 유명인 사인도 없고 (요즘 사람들이 많이 쓰는 말인) '뾰족한 콘셉트'도 없다. 대신 예약은 없다. 브레이크 타임도 없다. SNS에만 올리는 임시 휴일도 없다. 전화로도 포장 주문이 된다. 성실과 신의. 인기의 영원한 비결이다.

취재를 하는 동안 문 여는 시간 5분 전에 할머니 한 분이 들어오셨다. 새침한 가게나 프랜차이즈였다면 손님을 안 받을 수도 있는 시간이다. 행운돈까스는 손님을 받았다. 할머니는 기본 돈까스를 주문했다. 마침 돈까스가 만들어지는 과정을 촬영하기 위해 튀겨 달라고 부탁하려던 참이었다. 행운돈까스의 스태프들은 그날의 첫 돈까스를 튀기기 시작했다.

문이 열리기도 전에

그날의 첫 돈까스를 위한 모든 것이 준비되어 있다. 냉장고에는 숙성을 시키고 계란물을 덮은 후 빵가루까지 입힌 돈까스가 몇 통씩 쌓여 있었다. 직접 만드는 소스도 〈맥베스〉의 마녀들이 쓰는 것처럼 커다란 솥 안에서 이미 다 끓었다. 50리터 솥의 반을

(왼쪽) 아침 10시 30분부터 맛볼 수 있는 장안동 행운돈까스의 돈까스 정식.

채우는 25리터의 소스를 직접 만든 뒤 하루에 다 쓴다고 했다. 생선까스에 쓸 타르타르 소스도, 초대형 바구니에 넣어 국물을 빼 둔 김치도 준비 완료. 기름 온도를 170도로 맞춰 둔 튀김기에 돈까스를 넣어 튀기는 동안 다른 스태프들이 접시에 돈까스의 친구들을 얹는다. 양배추 샐러드. 마카로니와 옥수수를 마요네즈로 버무린 샐러드. 다 튀겨진 돈까스가 얹힌다. 마지막으로 밥솥을 열고 뷔페에서 쓰는 아이스크림 스푼으로 밥을 한 스쿱 뜨면 준비 끝이다. 할머니는 젊은 사람들도 아침으로는 잘 안 먹는 큰 돈까스를 창가 햇살 아래서 남김없이 비우셨다.

동네 명가는 변한 게 없다

할머니가 앉아 있던 그 자리에서 나도 행운돈까스를 먹어 보았다. 고기가 두껍고 튀김옷이 얇고 젓가락으로 집어 먹는 일본식 돈까스가 아닌, 크고 두툼해서 호쾌한 한국형 돈까스였다. 말하자면 '왕돈까스' 계열이다. 왕돈까스 계열 중에는 고기가 얇아지거나 튀김에 집중해서 과자를 씹는 듯하거나 고기와 튀김옷이 따로 노는 게 있다. 행운돈까스는 그렇지 않았다. 고기는 적당히 부드럽고 두께가 있으나 퍽퍽하지는 않았다.

비결은 밀가루를 제외한 것. 보통 돈까스는 고기에 밀가루와 달걀과 빵가루를 순서대로 덮고 튀긴다. 행운돈까스는 거기서 밀가루를 뺐다. 처음 들었을 때는 '그래도 맛이 사나?' 싶었는데 막상 먹어 보니 오히려 그래서 튀김옷이 더 부드러운 느낌이었다. 아침 식사로도 손색이 없다는 걸 다른 사람도 아닌 할머니가 증명하기도 했고. 할머니가 식사를 하는 중에도 10시 30분이 되자마자 사람들이 하나씩 들어왔다. 혼자 온 남자들이 돈까스와 우

동네 명가 돈까스집의 저력 모음. (왼쪽 위부터 시계방향으로)

1. 튀길 준비가 완료되어 준비된 돈까스.
밀가루를 입히지 않는 게 행운돈까스의 비결.

2. 행운돈까스는 소스도 직접 만든다.
기성품과 다를 거라는 사실은 확실하다.

3. 반숙 정도가 적절해 나이프를 대면 노른자가 소스처럼 흘러나온다.

4. 가게에 쌓인 시간을 보여주는 사장님 일가의 옛날 사진.

265

동 세트를 먹거나 정식을 먹었다. 익숙한 동네 식당에서 아침 겸 점심을 해결하는 듯. 맛을 보니 이런 식당이 동네에 하나 있으면 좋을 것 같았다.

행운돈까스는 동네의 명가다. 손님은 거의 동네 손님이고, 그런데도 하루에 400명씩은 온다고 했다. 창업자인 아버지의 가게를 물려받은 2대 대표 정재훈은 그 비결에 대해 '변하지 않음'이라 답했다. 그는 캐나다에서 11년을 유학했고 그 기간 동안 요리를 공부했다. 그래도 그가 가게를 받아 하는 일은 새로운 뭔가가 아니라 전통의 계승이었다. 그 전통이란 다름 아닌 기본이다. 그날 물량을 그날 소진하는 것. 아침에 나와서 부엌을 깨끗하게 치우는 것. 그런 매일의 원칙을 1986년부터 해 오면 행운돈까스처럼 성공할 수 있다.

튀김옷 안에 들어 있는 인생의 교훈

주택가 돈까스집을 떠나 시내로 들어갔다. 행운돈까스가 주택가의 한국형 돈까스집이라면 두 번째로 갈 가쯔야는 사무실 밀집 지역의 국제적 돈까스 가게였다. 가쯔야 대표 심봉섭은 마스크를 벗기 전에는 연령대를 가늠하기 어려울 정도로 자세가 꼿꼿하고 눈빛이 빛났다. 30대라고 해도, 60대라고 해도 놀랍지 않을 그는 "나는 할 말이 별로 없는데~"라면서 자리에 앉아 이야기를 시작했다. 경험상 이런 사람들 말이 재미있다. 실제로 내가 그의 이야기를 열심히 듣느라 취재 시간이 예상보다 길어졌다.

그의 삶과 돈까스와 요리는 큰 상관이 없었다. 그는 대학에서 영문학을 전공하고 증권사에 들어갔다. 해외영업을 해서 일본 주재원이 되어 1990년대에 일본 생활을 한 것이 돈까스를 만난 계기가 되었다. 직장생활을 하다 보면 언젠가 그만둬야 할 테니, 내 것을 해야겠다는 생각이 들었다고 한다. 모든 직장인이 그런 생각을 한다. 심봉섭은 보통 사람과 달리 이 생각을 실행으로 옮겼다.

충실히 준비하고 과감히 실행하고 뒤를 돌아보지 않으며 정면으로 승부한다. 가쯔야에서 배울 수 있는 삶의 교훈이다. 심봉섭은 일본의 지인을 통해 돈까스를 배울 식당을 연결받았다. 100년 넘은 우에노의 히레카츠 명가와 대중적인 돈까스집 등에서 경험을 쌓았다. 한국으로 돌아와 무교동 빌딩 지하상가에서 영업을 시작했다. 돈까스였던 이유는 일본인들이 "한국에는 맛있는 돈까스집이 없다"고 이야기한 걸 들어서였다. 무교동이었던 이유는 당시 일본인 직장인이 그 동네에 많아서 '그(일본인)들에게 인정받아야겠다'는 생각을 했기 때문이었다. 특히 처가의 반대가 심했다는데 그럴 만도 하다. 처음에는 손님이 없었는데 몇 달 만에 지하상가에서도 줄을 세우는 식당이 되었다. 기본에 충실한 정면 승부가 성공했다.

"제가 일본에서 배운 게 있어요. 잔재주를 부리지 마라." 초롱초롱한 심봉섭은 내내 초롱초롱하게 이야기했다. 설명을 들어봐도 잔재주는 느껴지지 않았다. 좋은 고기를 쓰고 배운 대로 일한다. 체력 관리를 위해 출근 전에 운동한다. 주방은 늘 깨끗하게 정리한다. 예전에는 브레이크 타임에 낮잠을 잤는데 요즘은 브레이크 타임에 웨이트 트레이닝을 한다. 자세가 꼿꼿하고 말에 조리가 있을 만했다. 자기 몸으로 열심히 운동했고, 그 건강을 활용해 자기 삶을 살았으니.

"돈까스를 만드는 방법은 아주 간단해요."라고 말하는 심봉

일본에서 배워 온 가쯔야류 돈까스 만드는 법. (왼쪽 위부터 시계방향으로)

1. 연육해 둔 고기에 소금과 후추를 뿌린다.

2. 소금과 후추도 뿌리는 순서가 있다. 소금 먼저 후추 나중에.

그래야 후추가 보여서다.

3. 소금과 후추를 뿌린 고기를 밀가루에 굴린다.

4. 미리 풀어둔 달걀에 고기를 묻힌다.

여기 빵가루를 입혀 기름에 바로 튀긴다.

섭의 손을 따라 돈까스 만드는 법을 구경했다. 흥미롭게도 행운 돈까스와 달랐다. 숙성한 고기에 빵가루를 묻혀 대기시키는 대신 가쯔야의 돈까스는 소금도 뿌리지 않는다. (연육은 전날 해 둔다.) 주문이 들어오면 후추와 소금을 뿌린다. 밀가루에 굴린다. 밀가루를 깨끗하게 털어 흰 가루가 얇게 묻도록 한다. 거기 달걀을 살짝 입히고 빵가루를 입힌다. "아주 간단하죠."라고 했지만 가정에서 돈까스를 만들어 봤다면 저 연속 동작을 군더더기 없이 하는 게 쉽지 않음을 안다.

거기 더해 모든 게 디테일이다. 후추와 소금을 뿌리는 데도 순서가 있다. 후추를 먼저 뿌린다. 거기도 이유가 있다. 검은 후추를 뿌리고 흰 소금을 뿌려야 소금이 뿌려진 양을 알 수 있으니까. 이곳 역시 기름 온도는 170도. 미리 온도를 맞춰 둔 튀김기에 넣어 적당히 튀겨 주면 돈까스가 완성된다. 접시에 얇게 체를 썬 양배추와 함께 제공한다. 소스는 테이블마다 있으니 따로 뿌려 먹으면 된다. 그는 돈까스 소스를 찍어 먹는 대신 적당히 뿌려 먹는 방식을 추천한다. 일본 튀김집처럼 소금을 곁들여 먹는 사람도 많다고 한다.

맛과 약속

그렇게 만든 돈까스 맛은 한국에서 쉽게 맛보지 못할 맛이다. 재료 내부의 수분과 기름을 최대한 살리는 일본식 돈까스와 튀김의 방법론이 상당히 재연되어 있다. 히레까스는 골프공과 테니스공 사이 정도 크기의 돼지 안심 조각을 튀긴다. 고기를 썰지 않았기 때문에 오히려 튀김옷 속의 육즙이 살아 있다. 조금 작아 보이지만 실제로 먹어 보면 포만감이 상당하다. 회사 앞에 있으면 1~2

그 결과 만들어진 가쯔야의 히레까스. 소금을 찍어 먹어도 맛이 좋다.

주에 한 번은 생각날 것 같다. 사장님은 일주일에 한 번 오는 손님이 제일 좋다고 했다. "매일 오면 한 달쯤 오다가 질려서 다시는 안 와."라면서.

가쯔야는 본산지에서 제대로 배운 걸 현지에 이식하며 자리 잡았다. 일본인에게 인정받았다. 한국 시장에서도 안착했다. 사업을 위해 저녁 장사를 해야 하니까 안주를 만들어야 하는데, 안주 개념을 생각하다 보니 돈까스를 곁들인 두부김치와 골뱅이무침인 '돈뱅이'를 고안했다. 간단한 사케도 판매하니 돈뱅이와 돈까스 두부김치를 먹으면서 데운 사케를 먹을 수도 있다. 이거야말로 일본 현지에서도 못 즐길 한일 양국풍 술자리 안주다.

가쯔야를 뉴스에서 검색하면 의외의 칼럼이 나온다. 기독교계 신문인《국민일보》의 신앙 칼럼 '로뎀나무' 2009년 원고다. 이 칼럼에서는 맛집과 신앙생활을 잇는 논리를 선보이며 가쯔야를 언급한다. 제일 잘하는 음식 한두 개에 집중해 맛집이 되듯 신앙생활도 하나에만 집중하면 된다는 것이다. 이 원고의 마지막 말에는 특정 신앙을 넘어서는 보편성이 있다. '단순한 시선이 고난을 극복하는 힘을 가져다준다.' '승리의 길은 생각보다 단순하다.' 옳으신 말씀. 단순한 길을 가는 과정이 어려울 뿐이다.

오늘의 식당들이 그랬다. 장안동 행운돈까스와 무교동 가쯔야가 대단히 화려한 식당은 아니었다. 요즘 사람들이 말하는 성공 요소도 없었다. 대신 나는 그저 세 가지를 보았다. 깨끗한 부엌. 맛있는 음식. 그리고 여러 번 온 듯한 손님들. 다음에 와도 이 맛이 그대로일 거라는 약속 같았다.

중국집:
면 따라 길 따라

"우리 가게에서 뭘 하겠다는 거예요?" 인천 영종신도시 상가 건물 2층에 있는 비룡 사장님은 정말 신기해하는 것 같았다. 나도 신기했다. 이 프로젝트를 취재하는 우리에게도 이런 경험은 처음이었다. 클라이언트의 요청 사항으로 인천의 맛집을 취재해야 했고, 우리는 그 일환으로 '인천 동네 중국집 탐방'을 하기로 했다. 비룡은 이날 우리가 공식적으로 취재할 수 있던 유일한 식당이었다.

이 프로젝트에 출연하는 식당들은 몇 가지 조건을 충족시켜야 했다. 일단 특정 기업의 프로젝트였으니 요기요 가맹점이어야 했다. 앱을 통한 주문 데이터가 보이니 배달 건수가 높으면 더 좋았다. 인기에는 분명 이유가 있다고 생각했기 때문이었다. 비룡은 인천의 요기요 가맹점 중국집 상위 랭커 중 하나였다. 데이터는 거짓말을 하지 않는다는 말은 대체로 사실이다. 내가 가 보고 먹어 본 바 비룡에는 인기를 얻을 만한 구석이 있었다.

아울러 비룡은 이번 촬영을 위한 수많은 섭외 시도 중에서 유일하게 우리가 부탁한 조건을 들어 준 곳이었다. 그 조건은 주방 공개였다. 주방을 카메라와 에디터에게 공개하는 것, 우리 앞에서 요리 과정을 실제로 보여주는 것, 이를 허락해 주는 식당은 생각보다 드물다. 현장에 가 보니 그 역시 이해할 수 있었다. 주방은 칼과 불을 쓰는 실무가 이루어지는 곳이고, 흙과 피 같은 부산물이 남아 있는 곳이며, 이 모두가 잘 관리되지 않을 때도 있기 때문이다. 우리 팀도 비룡 같은 일반 중식당을 촬영해 보는 건 처음이었다. 기대 반 불안 반으로 주방에 들어갔다.

(왼쪽) 영종도 비룡에서 가장 잘 나가는 메뉴 중 하나인 간짜장.

주방은 깨끗했다. 식재료 창고와 실 주방이 별도 공간으로 분리되어 있었다. 이 정도만 되어도 식재료에 붙은 흙 같은 부산물을 상당 부분 제어할 수 있을 것이었다. 주방의 삼면에 세 남자가 각각 서 있었다. 입구 기준 가로가 짧고 세로가 긴 공간에서 오른쪽 벽에 화구가, 왼쪽 벽에 음식이 나가기 쉽도록 가로로 길게 낸 창구와 싱크대가 있었다. 오른쪽 벽 앞에서 남자가 웍을 돌리고, 왼쪽 벽 앞에 선 남자는 설거지를 하고, 벽 끝에 있는 남자가 그 두 명을 지켜보았다. 사장님은 벽 끝에 있는 남자와 이야기하라고 했다. 저 사람만 한국어를 할 수 있다면서.

　요리를 따로 부탁드릴 필요는 없었다. 화구 앞 남자는 이미 요리를 하고 있었다. 파티 사이즈 피자 지름에 깊이가 벤티 사이즈 컵만큼은 되어 보일 웍을 들고 있었다. 웍은 현역 조리사의 매일 업무에 쓰이는 만큼 기름 길이 아주 잘 들어 있었다. 남자는 그 안에 양파를 가득 넣고 볶았다. 왼손으로 웍을 불 위에서 밀어

비룡의 주방에서 약 40인분 짜장에 쓸 양파를 볶는 모습.
양파들은 파도처럼 튀어올랐다가 고스란히 웍 안으로 들어왔다.
이미 대단한 기술이었다.

주다가 순간적으로 당겼다. 그러면 팬 가득 들어 있던 양파의 위 아래가 뒤집히며 양파가 볶아졌다. 비룡은 고급 음식점은 아니지만 남자의 손길에는 확실한 기술이 있었다.

양파를 그렇게 많이 볶아서 뭘 하나 했더니 저녁 식사에 쓸 짜장면의 짜장을 미리 만드는 중이었다. 이렇게 만들어 놓고 짜장면이나 볶음밥에 부어 준다. 한 번 하면 40인분 정도 되고, 장사가 되는 날은 이걸 몇 번씩 해야 한다고 했다. 가히 시지프스의 바위 같은 시지프스의 짜장이었다.

"중국 사람들이 오래 버티고 한국 사람들은 오래 못 버텨요." 세 명 중 유일하게 한국어를 하는 남자가 말했다. 그 역시 화교고, 중국어를 할 줄 알아서 이 일을 시작했고, 전에는 다른 일을 했으며, 이름을 밝히지는 말라고 했다. 그럼, 뭐라고 불러야 할까요. 물었더니 그는 면장이라는 호칭을 알려 주었다. 그가 면을 뽑기 때문이었다.

보통 중국집에서도 면을 뽑는다. 마케팅 때문이 아니라 효율을 위해서. 면 상태로 된 걸 보존하느니 제면기를 하나 두고 주문이 들어오면 1인분을 뽑는 게 빠르다. 촬영을 위해 간짜장을 부탁드리자 조리사와 면장 2인조가 함께 움직였다. 조리사는 짜장 40인분을 다 만들고 바로 씻어서 깨끗해진 웍 위에 다시 한번 양파 한 바가지를 붓고 볶기 시작했다. 볶은 양파에 춘장과 소스를 조금 더 넣어 양파에 묻도록 볶아 주면 간짜장 1인분이 완성된다. 면장은 면을 뽑고 바로 삶았다. 삶는 시간은 1인분 기준 50초. 상당히 빠르다. 면이 익으면 면장이 그릇에 면을 담고, 조리사가 간짜장을 붓는다. 전국의 짜장면집에서 이루어지고 있을 분업 시스템이다.

"여기가 왜 장사가 잘되느냐고? 배달비를 안 받아서 그래!" 우리가 취재를 나왔다고 했을 때 사장님의 친구인 듯한 분이 웃으며 말했다. 그런가 생각하며 한입 맛보았다. 아니었다. 맛있었다. 양파가 많이 들어 향이 좋고 식감이 아삭했다. 인천공항에 가다 말고 여기까지 오라고 할 만한 음식일지는 모르겠으나, 우연히 들어왔는데 후회할 만한 집도 아니었다. 비룡 간짜장은 말하자면 이 동네 사람이 동네 중국집 세 곳을 하나씩 시켜보고 이곳에 정착할 것 같은 맛이었다. 사진을 찍고 나서 취재팀끼리 사이 좋게 나눠 먹었다.

그런데 왜 인천에는 배달비를 안 받는 중국집이 많지? 비룡 사장님 친구분의 말씀이 기억에 남았다. 그 이유는 조금 뒤에 갈 다음 중국집에서 알 수 있었다. 그 중국집에서 본 건 내가 언젠가 분명히 봤지만 생각하지도 못한 것이었다.

추억의 중국집 철가방은 인천에서는 아직 현역 배달 장비다.
지금 보면 중식 배달에 특화된 장비임을 알 수 있다. 폭과 너비가
정해져 있는 중식 그릇 사이즈에 적당히 맞도록 제작되었다.

영종도에서 인천대교를 지나 인하대학교 앞에 도착했다. 인하대학교 앞 인하각이 오늘의 두 번째 목적지다. 다만 인하각부터는 주방 사진이 없다. 섭외 없이 찾아갔기 때문이다. 섭외가 어려웠던 이유는 아까 설명했다. 식당 쪽 사정도 이해할 수 있다. 남에게 내 일터를 보여주는 건 귀찮은 일이다. 요리에 상당 부분 마진을 붙일 수 있는 고가품 요리(말하자면 파인 다이닝) 정도나 가끔 그런 멋을 부릴 수 있는데 파인 다이닝 레스토랑도 주방 공개는 잘 안 한다.

섭외는 못 했어도 인천에서 배달앱 주문이 많은 곳을 찾아 간판 사진이라도 찍고 가려 했다. 그런데 의욕적이고 호기심 많으며 식사량도 많은 사진가 신동훈이 온 김에 한 그릇 시켜 먹으면서 간짜장이라도 찍고 가자고 했다. 간짜장을 주문하고, 주문한 간짜장을 찍고, 왜 찍냐고 하면 간짜장 동호회라고 둘러대자고 했다. 그렇게 우리는 즉석 간짜장 동호회가 되어 인하각으로 들어갔다.

저녁 시간 조금 전인 인하각은 한가했다. 교복을 입은 고등학생 여섯 명과 선생님으로 보이는 남자 한 명이 짜장면을 먹고 있었다. 그러게, 학생들을 불러 짜장면 한 그릇 사 줄 만한 곳이었다. 우리는 밖에서 약속한 대로 간짜장을 시켰다. 아까 비룡에서도 간짜장을 시켰으니 비교가 될 것이었다. 다행히 사장님은 우리를 전혀 신경 쓰지 않았다. 간짜장에 삼선짬뽕을 하나 더 시키고 음식을 기다렸다.

기다리는 중 아주 의미심장한 광경을 보았다. 인하각 벽 한편에는 지도가 걸려 있었다. 벽 하나를 다 가릴 만큼 큰 관내도.

대형 동네 지도를 보는 것 차제가 오랜만이라 신기했는데, 더 신기한 건 그 앞에 있는 어떤 중년 남성분이었다. 그는 소형 손전등으로 지도를 비추며 가상의 길을 그렸다. 배달 루트였다. 그 광경을 보자 인천이 배달앱을 어떻게 받아들였는지 이해할 수 있었다.

음식 배달이 비즈니스가 되려면 세 분야 담당자가 필요하다. 조리, 주문/포장, 배달. 보통 식당은 조리와 홀 담당만 있다. 배달을 일상화하려면 식당 안에 주문/포장 담당자와 배달 담당자가 모두 있어야 한다. 이 두 담당자를 상시 고용해야 배달 서비스가 가능하다. 그랬던 곳이 치킨집, 중국집, 피자집이다. 배달앱은 여기서 주문과 배달을 아웃소싱한 모델이다. 주문은 배달앱이 받고 배달부는 프리랜서가 되어 배달앱을 통해 중개를 받는다. 개별 식당 입장에서는 주문과 배달 인력을 내재화시키지 않고도 배달 시장에 뛰어들 수 있게 된 셈이다. 배민이나 요기요, 쿠팡이츠를 비롯한 대배달시대가 열린 흐름이다.

인천 중국집이 배달비를 안 받을 수 있는 이유는 주문만 아웃소싱하고 인하우스 라이더가 여전히 함께하기 때문이었다. 즉 라이더들이 여전히 식당의 직원이었다. 그 결과가 동네를 속속들이 알고 오프라인 지도를 읽는 인하각의 배달 아저씨였다. 배달 아저씨는 인천 상륙 작전을 준비하듯 심각하게 용현동 관내지도를 바라보고 있었다. 그 뒷모습은 분명히 프로의 뒷모습이었다.

기다리는 동안 음식이 도착했다. 인하각의 간짜장은 비룡보다 20퍼센트쯤 저렴했다. 먹어 보니 이유를 알 수 있었다. 양파양이 적고 양배추가 더 많았다. 나는 이 글로 결코 인하각과 비룡의 우위를 가리려는 게 아니다. 다른 동네에서 다른 단가로 판매되는 음식점이니 다른 재료가 쓰일 수 있겠다고 이해했을 뿐이다. 인하각 간짜장도 맛있었다. 일단 가격에 비해 양이 많았다. 고등학교와 대학교가 근처에 있는 동네에서 이보다 큰 미덕이 있나. 인하각 간짜장의 맛은 제한된 조건 안에서 최선을 다한 맛이었다. 우리는 인하각의 간짜장과 삼선짬뽕을 조금 남기고 일어났다. 간짜장 동호회가 갈 곳이 한 군데 더 있었다.

맛이라는 것

완전히 해가 진 인천 시내 도로를 약 30분쯤 더 달렸다. 인천의 풍경도 내가 살면서 본 서울 풍경과 비슷했다. 넓은 도로, 조금 좁아지는 도로, 도로 폭에 비례해 높아지고 낮아지는 건물들, 헐리는 옛날 동네들, 그 사이로 지어지는 브랜드 아파트들. 우리의 오늘 동선은 바다에서 출발해 점점 서울 쪽으로 가까워졌다. 우리의 마지막 목적지는 부개역 근처에 있는 유래각이었다.

도착하니 우리가 마지막 손님인 것 같았다. 새마을금고 근처의 작은 시장 골목 모든 가게가 문을 닫았다. 유래각도 언젠가 가본 중국집 같았다. 8시쯤 들어가니 켜져 있는 KBS1 일일드라마, 이때쯤이면 조금 긴장을 풀고 있는 동네 중국집 홀 사모님. 유래각은 30석 정도 되어 보이는 작은 중국집이었다. 우리는 또 간짜장과 삼선짬뽕을 시켰다. 세 사람이 음식 두 개만 시키기가 좀 그래서 여기서만 볼 수 있는 게 뭘까 하다가 미니 깐풍기를 시켰다.

먹어 보니 오늘의 간짜장은 양파와 양배추의 비율, 말하자면 양양비로 표현할 수 있었다. 비룡의 양양비는 3:0이다. 양파가 100퍼센트였고 양배추는 없다. 인하각의 양양비는 1:2였고, 유래각의 양양비는 2:1이었다. 신기하게 가격 역시 양파의 양에 비례

소다가 들어 달걀 넣은 파스타 색이 나는 중식 면. 아주 신선해
보이지는 않는 양파와 양배추를 섞어 볶은 짜장. 그러나 이래야 6천 원
남짓한 가격에 직접 볶는 간짜장을 제공할 수 있을 것이다. 누군가는
이 음식으로 하루치의 온기와 칼로리와 휴식을 얻을 것이다.
그렇게 계속되는 삶도 있을 것이다. 우리는 거리낌 없이 평가할 만큼
충분히 이해하고 있을까. 음식과 조리에 대해, 그를 둘러싼 세계에 대해.

했다. 사실 양배추는 짜장의 향을 돋구는 데는 관여하지 않으니, 식감도 있고 향도 돋구는 양파가 더 나은 식재료일 것이다. 적어도 간짜장에서는. 그러니 단가를 맞추기 위해 양배추를 섞는다는 가정을 해 볼 수 있었다.

그러나 나는 앞서 말했듯 '인천 중국집 세 곳 순위 결정' 같은 걸 할 생각이 전혀 없다. 모두가 채널과 발언권을 가진 세상이지만 우리가 언제부터 음식을 평가했다고. 우리가 음식에 대해 뭘 알까? 우리는 조리의 영역을 얼마나 숙지한 채 합리적인 평가를 할 수 있을까? 지옥의 불처럼 활활 타오르는 화구에서 볶아 내는 중국 식당의 음식에 대해? 적어도 오늘 가 본 식당의 음식은 나름의 원칙과 절차에 따라 숙련된 기술로 조리되어 바로 나온 음식이었다. 간짜장은 식재료를 볶아야 한다. 볶음은 장인의 영역이다. 이날 볶여 나온 간짜장은 모두 내 기준에는 상응했다. 플레이팅에 치중하느라 조리의 기본은 던져 버린 인스타 맛집보다 훨씬 진정성이 있었다.

식당은 많다. 유명한 식당도 많다. 소문난 맛집도 많다. 평점 높은 집도 많다. 그러나 들어갔을 때 나른한 친절함으로 사람을 맞아 주는 식당은 이제 많지 않다. 먹던 대로 적당히 성의 있게 음식을 해 주는 식당도 많지 않다. 오며가며 손님들에게 농담을 섞어 친근감을 표하는 소박한 분들이 홀에 계시는 식당도 많지 않다. 그렇게 오래된 후드 티셔츠를 입듯 편안하게 갈 수 있는 식당들은 점점 줄어들고 있다. 이날 즉석 간짜장 동호회가 찾아간 인천의 중국집 세 곳은 모두 그런 곳이었다. 여러분에게 굳이 가 보시라고는 하지 않겠다. 하지만 나 같은 성격이라면 가서 분명 뭔가를 느낄 수 있을 것이다.

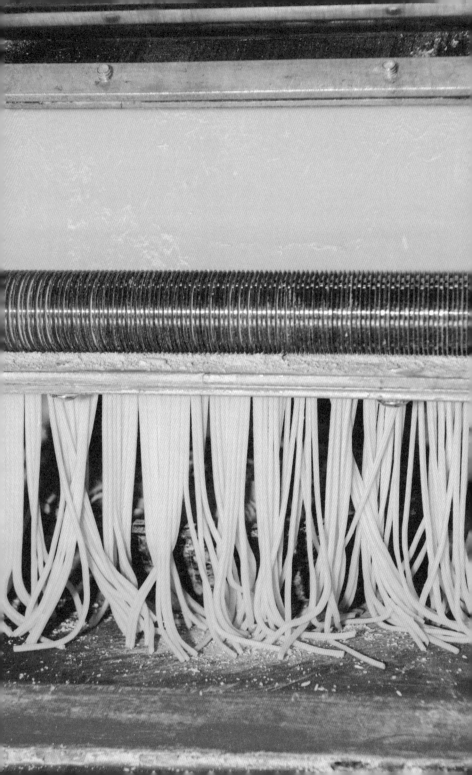

어딘가에서는 마케팅 요소로 쓰이는 자가제면이 보통 중국집에서는
일상이다. 맛뿐 아니라 효율과 운용 때문이다. 제면기에 판지 형태의
반죽이 걸려 있다가 주문이 들어오면 면을 뽑는다. 면이 나오는 대로
끓인다. 1분 남짓이면 다 익는다.

인천 용현동 인하각에서 배달에 나서기 앞서 배달 기사님께서
지도를 골똘히 들여다보고 있었다. 무엇으로 보시나 했는데 못에
걸려 있던 손전등이었다. 배달앱 시대가 열리며 사라진 것.
그러나 아직 어딘가에 남아 있는 것.

☑ 서울의 떡집
  ○ 2021년 8월 어느 이른 아침
  ○ 송파구 삼전동 대한명가,
    영등포구 문래동 현대떡집
  ○ 받은 선물: 이북식 인절미 한 팩,
    블루베리 설기 세 덩어리

☐ 크리스마스의 제빵실
☐ 식빵 주방

떡:
세상의 모든 아침의 떡

잠실 근처 대한명가에서 반죽을 뽑고 있다.
아침 7시쯤이었는데 이미 작업이 한창이었다.
(앞쪽) 문래동 현대떡집의 아침 창가.

석촌호수에서 길을 두 번 건너고 칼국숫집 골목길로 들어가면 잠실에 이런 데도 있나 싶은 골목길이 나온다. 서예 글씨를 간판으로 쓴 약국과 이제 점점 사라져가는 화장품 방문판매 대리점 같은 게 있다. 왠지 정겨워지는 동시에 언제까지 이런 모습일까 싶은 작은 상점가, 그 거리에서 가장 먼저 문이 열려 있는 가게에는 '생활의 달인 출연'이라는 팝업이 붙어 있다. 이북식 인절미를 전문으로 하는 대한명가다.

우리가 갔던 아침 7시의 대한명가는 한창 작업 중이었다. 작은 가게가 그렇듯 생산과 판매가 한 곳에서 이루어지는 구조다. 원룸 반쯤 되는 면적의 떡 매장 뒤로 길게 떡을 만드는 곳이 있었다. 음식을 만드는 건 기본적으로 타이밍에 맞추어 높은 온도를 다루는 일이기 때문에 늘 긴장된 기운이 있다. 대한명가도 그랬다. 우리는 촬영과 인터뷰를 하는 틈틈이 일하시는 분들과 열기를 피해 자리를 비켜 드려야 했다.

남남북떡

"우리는 쌀을 두 번 빻아요." 이북식 인절미를 만드는 서종열 대표는 의외로 진한 경상도 사투리를 쓰며 이야기했다. "몇 번 빻느냐에 따라 부드러운 맛과 쫄깃한 맛이 달라져요." 서종열은 짧은 시간에도 대한명가 떡의 우수성에 대해 재빨리 자세하게 이야기해 주셨다. 어떤 재료를 얼마나 풍부하게 쓰는지, 어떻게 열심히 배웠는지. 떡에 대한 열정이 쌀도 녹일 듯하지만 사장님의 과거는 이북과 경상도만큼이나 멀다. 떡집을 운영하시기 전에는 유명 금융사의 지점장까지 하셨다고 한다. 경상남도 출신 전직 금융인이 이북식 인절미의 달인이 되었다니 정말 노력하면 뭐든 될 수 있는 것이다.

떡은 찌는 떡, 치는 떡, 빚는 떡, 지지는 떡으로 나뉘고 인절미는 치는 떡에 속한다. '이북식 인절미'라고 부르면 왠지 이국적으로 보이지만 인절미 자체가 이북의 떡이니 이북식 인절미라는 이름은 중국식 마라탕 같은 개념이다. 그러면 어때 맛있으면 되지. 떡 제조의 어떤 부분은 효율을 위해 발전됐다. 2000년 출판된 《처음 배우는 떡》에는 '찹쌀로 밥을 만들어서 치라'고 쓰어 있으나 2021년의 떡집에서는 찹쌀을 빻아 가루를 만들고 나서 찐다. 다 찐 찹쌀을 치는 기계도 따로 있다. 떡 치는 기계에서 몇 분 우당탕탕 소리가 나면 쫀득쫀득한 반죽이 나온다.

대한명가의 이북식 인절미는 치는 떡과 빚는 떡의 혼합이다. 보통 인절미는 찧은 떡에 콩가루를 뿌리듯 묻히는 반면 이북식 인절미는 떡 본체 위로 점도가 있는 고물을 직접 손으로 빚듯 붙여 준다. 그래서 이북식 인절미는 가격이 조금 더 나간다. 공정이 더 들어가는 걸 생각하면 이해가 가는 부분이다. 고물에 점도가 있으니 맛도 더 풍부하다. 콩가루가 묻어 있는 보통 인절미보다는 확실히 단맛이 더 나고, 떡 특유의 쫄깃한 느낌 위로 팥소 같은 고물의 식감이 신선한 맛을 준다. 콩가루 묻힌 인절미를 먹다 보면 가루 때문에 기침이 날 때가 있는데, 습식 고물이 묻은 이북식 인절미는 그럴 일이 없는 것도 장점이다.

대한명가에는 떡 만드는 3인조가 있고 모두 쉴 틈이 없다. 나와 인터뷰를 진행한 사장님이 메인 플레이어다. 이북 떡에 대해 10여 년 동안 공부한 노하우로 제작을 총괄한다. 옆에서 돕는 아저씨가 한 분 더 계신다. 여러 일을 하는 틈틈이 배달 콜이 들어오면 배달을 나간다. 다 찐 떡을 식히고 썰고 포장하시는 여성 부

대한명가 이북식 인절미에 습식 고명을 묻히는 모습.
돈 주고 사지 않았을 게 분명한 한국석유공사 앞치마에서
이들의 소탈함을 느낄 수 있다.

장님이 한 분 더 계신다. 모두 각자의 자리에서 해야 할 일을 하고 있다.

도시는 24시간 돌아가고 있다는 사실을 느낄 때가 있다. 대한명가를 취재할 때 그랬다. 평소답지 않게 다섯 시에 일어나 강을 건너 잠실까지 갔더니 이미 이곳은 떡 제조가 한창이었다. 떡을 만들던 분은 아침 8시에 차 시동을 걸었다. "강남에서 떡 콜이 와요. 아침부터 떡 찾는 분들 많아요."라는 말과 함께 자동차가 출발했다. 새로운 음식과 신상 카페의 시대에도 누군가는 떡을 시켜 먹는다. 도시는 잠들지 않고 떡의 시대도 끝나지 않는다.

문래동 떡집 모자는 말이 없다

떡의 시대가 끝나지는 않았지만 우리가 문래동 현대떡집에 도착했을 때 떡을 만드는 과정은 끝나 있었다. 여기서는 백설기의 21세기판 리믹스라 할 만한 '블루베리 설기'를 찍기로 했는데 막상 갔더니 인절미만 썰고 있었다. 한석봉과 어머니처럼 보이는 2인조 중 어머니께서는 실제로 떡을 썰고 아드님은 떡집 곳곳을 움직이며 이것저것 하고 계셨다. 둘은 모두 말이 없어서 나는 또 죄송스러워졌다. 아침 정체에 몰려서 10분 늦었는데 그래서 기분이 상하셨을까.

"늘 3시에 일어나요." 속사정을 듣고 이들의 침묵을 이해했다. 2인조의 침묵은 무뚝뚝함이 아니라 에너지 보존이었다. 떡집은 고된 일이다. 새벽부터 떡을 찌고 쇼케이스를 채우면 출근하는 직장인들이 떡을 사서 나간다. 비는 시간에는 명절에 집중적으로 나가는 송편을 미리 빚어 둔다. 그렇게 시지프스의 바위[18] 같은 떡집의 하루가 간다. 10시쯤 주무시고 3시쯤 일어나는 하루가 끝없이 반복된다. 너무 조금 주무시는 거 아니냐고 물었다. "그래서 우리는 늘 닭처럼 졸아요."라는 대답이 돌아왔다.

생각해 보면 떡은 도시 생활에도 잘 어울리는 식사 메뉴다. 부피도 작고 빵에 비해 속도 든든하다. 쌀 문화권의 사람들은 빵 먹었을 때의 포만감에서 왠지 모를 공허함을 느낀다고 생각했는데 그게 나만이 아닌 모양이다. 직장인 출근 시간이 지나고 나면 유치원 가는 아이들, 학원 가는 학생들이 오는 시간이다. 도시의 어른들과 아이들이 모두 오며 가며 떡을 먹는다.

원래 해 주시려던 블루베리 설기도 우리를 위해 준비하고 있었다. 블루베리 설기는 보통 백설기 재료에 블루베리 가루와 잼이 들어가고 초코 설기는 카카오 가루와 초콜릿이 들어간다. 윤규병은 피곤한 중에도 늘 시장에 나가서 어떤 떡이 새로 나오는지 시장조사를 한다고 했다. 반면 요즘 아이들은 시루떡이나 절편처럼 밍밍한 떡을 좋아한다고. "요즘 아이들은 어머니가 아니라 할머니와 커서 그런 걸까 싶어요." 윤규병의 어머님인 강정희 대표가 살짝 웃으며 이야기했다. 말하는 동안 떡이 나왔다.

블루베리 떡이 나오는 순간은 스마트폰 카메라로 찍어도 푸드 포르노[19]가 될 수준이다. 블루베리빛 보라색 백설기는 잼과 빵가루의 색이 층층이 붙어 멋진 층을 완성한다. 수건만큼 큰 떡 한 판 전체에서 하얀 김이 아침 호숫가의 안개처럼 올라온다. 보기만 해도 침을 삼키게 되는 모습이지만 이 떡도 바로 먹을 수는 없다. "지금은 뜨거워서 못 썰어요. 조금 식혔다가 썰어야 해요." 푸드 포르노와 현실의 차이다. 그래도 강정희 대표님은 갓 한 떡이 가장 맛있다며 몇 조각 잘라 주셨다. 블루베리 특유의 향과 쌀의 묵직한 단맛이 향수의 톱 노트와 베이스 노트처럼 어울렸다. 고민과 실험이 쌓인 맛임을 실감했다.

세상엔 예측을 잘하는 똑똑한 사람들이 있다. 먼 미래를 논하며 뭐가 사라지고 뭘로 바뀔 거라는 이야기를 아무렇지도 않게 한다. 현실에는 가게 하나만 사라지는 것도 보통 일이 아니고 뭐가 됐든 한번 생기면 쉽게 사라지지 않는다. 떡집을 보면 그 사실을 알 수 있다. 하이테크 시대에도 우리는 전통의 산물인 떡을 먹는다. 전동 맷돌과 치대는 기계가 없으면 오늘날의 전통 떡도 없을 것이다. 새벽부터 만든 전통 떡을 배달하는 건 요기요를 비롯한 배달앱의 첨단 라이더 매칭 시스템이다.

세상은 로우테크에서 하이테크로의 무조건적 진보가 아니라 로우테크와 하이테크의 무한 혼합이다. 메타버스 시대에도 누군가는 이번 추석에 송편을 찾는다. 그 송편은 현대떡집 같은 곳에서 명절이 되기 한참 전부터 하루하루 빚고 있다. 로우테크와 하이테크 사이에서 여전히 어머니와 아들이 떡을 만든다. 닿자마자 화상을 입는 130도의 열기를 피해 가면서, 닭처럼 졸아 가면서. 핸드크림을 바르며 손 피부를 관리하는 사람들이 대부분인 이 시대에 떡을 만드는 사람들은 뜨거운 떡을 써느라 지문이 없어진다. 이 모든 요소가 머릿속에서 뒤엉키니 마음이 조금 복잡해졌다. 이번 추석에는 나도 떡을 시켜 먹어 볼까 싶어졌다.

문래동 현대떡집이 블루베리 설기를 만들 때 쓰는 가루.
모두가 자기 자리에서 혁신하려 노력하고 있다.

방금 찜기에서 나온 초코 설기를 썰고 있다.
떡은 질겨서 썰 때도 힘을 많이 쓴다.

이 떡시루에서 나온 떡을 직장인이나 학생들이 아침부터 사 간다.
쌀 문화권의 전통이 이런 것이라는 듯.

□ 서울의 떡집　　　　　　□ 식빵 주방
☑ 크리스마스의 제빵실
　　○ 2021년 12월의 첫날
　　○ 성남시 '파네트리 제과명장 김영모'
　　○ 받은 선물: 케이크 한 개, 빵 한 접시와
　　　커피 세 잔

케이크:
빙빙 돌아가는
성탄 케이크처럼

"건축과 과자를 분리해서 생각할 수 없다." 건축가가 과자를 먹어야 일을 잘 할 수 있다는 뜻이 아니다. 과자류를 만드는 게 건축의 한 분파에 속한다는 이야기다. 이렇게 대담한 말을 한 사람은 앙토넨 카렘, 18~19세기 프랑스 제국에서 활약한 역사적인 제과인이다. 나는 크리스마스 케이크가 만들어지는 과정을 보며 카렘의 '건축과 과자론'을 새삼 떠올렸다. 층층이 쌓아 올리는 웨딩 케이크가 아니라도 케이크를 만드는 과정에는 집 만들기와 비슷한 과정이 있었다. 내 앞의 파티쉐는 스폰지케이크 층층마다 크림을 얹은 후 그 위에 다시 케이크를 올렸다. 3층 규모의 케이크를 다 만들면 그 위로 한 번 더 케이크를 두른다. 벽을 짓고 보기 좋게 감싸는 과정과 개념적으로 차이가 없었다.

과자의 건축술

이런 생각을 하는 동안 케이크는 점점 더 모습을 갖춰 나갔다. 건축 자재로부터 건물의 모습을 상상하기 쉽지 않듯 크림이나 스폰지케이크, 혹은 딸기만 보고 케이크를 상상하기도 쉽지 않다. 그래서 건축가나 파티쉐가 일종의 마법사 같은 오라를 띠는 걸지도 모른다. 내 눈앞에서 케이크가 층층이 올라가고 있었다.

과자류는 건축이고 제빵은 과학이다. 스폰지케이크가 열을 받아 부풀어 오르는 것, 크림이 적당히 발리기 위한 적정 온도, 모두 실험과 측정을 통한 과학적 규칙 도출이 가능하다. 그러나 우리의 일상생활을 즐기기 위해 일상의 모든 걸 알아야 할 필요는 없다. 요리사의 마술 같은 비결도 마찬가지다. 알 수 없는 일들이 잠깐 일어났다가 '아 맛있겠다' 싶은 게 만들어진다. 크리스마스 케이크의 현장도 그랬다.

(앞쪽) 크리스마스 시즌을 맞아 김영모 과자점에서
크리스마스 케이크를 만들고 있다.

케이크의 탄생

케이크가 태어나는 곳은 빵집 뒤편의 제빵실이다. 우리가 케이크의 탄생을 구경한 곳도 제과점의 제빵실이었다. 보통 제빵실과 다른 점은 좀 크다는 정도다. 오늘의 무대는 김영모 과자점의 경기도 성남 매장 제빵실. 카페만 3층 규모일 정도의 대형 공간이다. 강남과 판교의 중간 정도에 자리 잡았는데, 주차가 안 되는 걸 상상할 수 없는 이 동네 사람들의 성향에 맞춰 주차장이 아주 넉넉했다. 본관 옆 건물 1층 전체가 제빵실이다. 약 10여 명의 제빵사들이 분주히 각자의 할 일을 하고 있었다.

케이크 만드는 곳은 수술대가 떠오르는 스테인리스 스틸 도마였다. 디너 테이블만 한 도마 위에서 경력 9년 차 고용준 파티쉐가 케이크를 만들어 주었다. 이날 본 바로는 케이크를 만드는 건 2인 1조로 움직였다. 한 명이 케이크를 조립하고, 다른 한 명이 그 과정을 보조한다. 보조 역할을 한 파티쉐는 제작 과정이 진행될 때마다 알코올 묻힌 수건으로 곳곳을 깨끗이 닦아 준다. 수술실의 의사와 간호사를 보는 듯했다.

크리스마스 케이크의 원재료는 간단하다. 달걀, 밀가루, 설탕, 딸기, 우유. 이 재료들이 섞이고 구워지고 식혀진 후 잘리고 조립되고 다듬어지는 일련의 과정을 거치고 나면 우리가 상자를 열었을 때 "우와~" 하고 탄성을 지르는 케이크가 나온다. 카렘의 건축과 과자론을 곱씹을수록 이 말에 일리가 있음을 알게 된다. 일련의 건축 자재들은 건물이 되고 나면 원재료가 갖고 있었던 존재감이 사라진다. 마찬가지로 우리는 다 만들어진 크리스마스 딸기 케이크 앞에서 사탕수수밭의 온도나 젖소의 성격을 생각하지 않는다.

케이크가 만들어지는 과정 역시 설계 도면대로의 시공과 비슷하다. 순서와 규칙이 있다. 오븐에서 나온 스폰지케이크를 가로로 썰어 준다. 가로로 썰린 스폰지케이크 각 덩어리가 각자의 층이다. 스폰지케이크가 잘린 면에 시럽을 바르고 크림을 덮은 후 층층마다 딸기를 심는다. 건물 골조라 할 만한 케이크 층이 다 올라가면 윗면과 측면 전체를 크림으로 엎는다. 크림으로 덮어줄 때는 도예가의 물레처럼 아랫부분을 계속 돌려준다. 케이크에 발라 주는 크림은 무르기 때문에 깨끗하게 테두리를 마감하기 힘들다. 그래서 스패출러를 살짝 붙였다 떼었다 하며 파도 무늬를 만든다. 장식적인 파도 무늬는 작업의 편의라는 기능적 역할도 수행하는 셈이다.

제빵업계의 극성수기

크리스마스는 으레 케이크가 생각나는 계절이다. 크리스마스트리에 감겨 반짝이는 백열전구, 트리 아래에 놓인 선물 상자들, 테이블 위의 먹거리(어릴 때는 치킨 정도겠지만 나이가 들면 와인에서 과메기에 이르기까지 음식 폭이 넓어진다) 옆으로 빠질 수 없는 게 크리스마스 케이크다. 좋아하는 사람들끼리 모여 앉아 생크림 딸기 케이크를 먹으며 크리스마스를 축하하다 보면 좋은 한 해를 보냈다는 기분이 든다.

이 좋은 기분을 느끼고 싶은 사람들의 집단적인 마음이 연말 제빵업계에 불어닥치는 대목의 돌풍이다. 유명 제과점인 김영모 과자점도 마찬가지다. 오늘 본 딸기 생크림 케이크는 이곳에서 가장 인기가 좋은 크리스마스 케이크 메뉴인 '노엘 오 프레제'. 크기에 따라 1호, 2호, 3호로 나뉘는 크리스마스 케이크가 크리스마

케이크 한 층을 이루는 부분을 다듬는 모습. 케이크 제조 과정을 보면
비싼 가격이 이해가 간다. 손이 많이 가고 버리는 부분도 많다. **305**

스 시즌에만 5천 개씩 팔려 나간다. 휴가철의 제주도 인파에 견줄 만한 딸기 크리스마스다.

그 사이에서 김영모 과자점의 김영모가 빵을 썰고 있었다. 원할머니 보쌈 대표는 원 씨가 아니지만, 김영모 과자점의 리더는 김영모다. 혹자는 너무 유명한 이름이다 보니 실존 인물 맞냐는 질문이 있을 정도지만 빵칼을 들고 빵을 써는 모습을 내가 봤다. 직원들의 말로는 여전히 각종 지점을 다니며 직원 지도를 맡는다고 한다. "크리스마스 케이크는 12월 1일부터 준비합니다. 케이크는 당일 생산 당일 판매하고, 위에 올라가는 데코레이션 초콜릿 같은 걸 미리 준비하죠. 12월 23일 저녁과 24일에는 직원들끼리 교대로 철야를 해야 할 정도입니다." 누군가 즐거운 시간을 보내기 위해 보이지 않는 곳에서 누군가 고생을 하고 있다. 크리스마스 케이크를 넘어 세상 어디나 비슷할 것이다.

한국의 제빵업계는 특이하다면 특이한 산업구조다. 전체 규모의 반 이상을 특정 대기업이 점유하는데, 나머지 규모를 채우는 건 동네 빵집 규모의 개인사업체다. 동네 빵집을 넘어 기업화에 성공한 김영모 과자점은 굉장히 예외적인 경우다. 제빵부가 자리한 건물 3층에는 김영모 박물관까지 있다. 사정을 알고 나면 그럴 만하다 싶다.

변한 것과 변하지 않는 것

빵과 케이크를 넘어 지금 우리가 알고 있는 음식 대부분에는 아주 큰 공통점이 하나 있다. 재료법이 완성된 지 굉장히 오래되었다는 점이다. 밀을 갈아 만든 가루에 물을 섞어 반죽해 발효 등의 화학 처리를 거쳐 오븐으로 구워 내는 빵 만들기의 기본은 로마

케이크 제조 과정이 건축이라는 말은 어느 정도 일리가 있다.
빵 사이에 크림을 얹으며 높이를 갖춰 나간다.

시대부터 지금까지 서양 식문화의 기본이다. 변한 게 없다.

변한 건 본질적 요리 기법을 뺀 전부다. 가열 기술과 냉동 냉장 기술, 각종 물류 기술이 더해지며 우리의 식탁은 예전 시대로는 상상도 못 할 만큼 풍요로워졌다. 당일 생산한 딸기 케이크를 겨울에 사 먹는 행동이 현대 사회의 발전상 그 자체다. 교과서에 나오는 김종길의 시 〈성탄제〉만 봐도 어릴 적 아버지가 눈을 헤치고 따온 산수유 열매가 엄청나게 귀해서 서른 살이 된 아들의 혈액 속에 아직도 흐르는 걸로 나온다. 〈성탄제〉는 1969년 시다. 2020년대의 아버지는 산수유가 필요할 때 스마트폰을 켜서 앱으로 주문하면 당일 배송으로 물건을 수령하며 네이버 페이 1퍼센트를 적립받을 수 있다. 세상이 이만큼 변했다.

"빵은 실컷 만들었지만 먹을 수는 없었지요. 하나라도 훔쳐 먹다 들키면 코피가 나도록 맞지요. 한번은 크림빵이 너무 먹고 싶어 훔쳐서 화장실에 쪼그려 앉아 먹은 적이 있습니다. 눈물이 나더군요."

2009년 김영모의 신문 인터뷰다. 그는 안타까운 어린 시절과 몇 번의 위기를 거쳐 1982년 첫 가게를 내고 1996년 서초방송 케이블 TV에서 '서초구 하면 가장 먼저 떠오르는 것' 1위에 올랐다. 그때로부터도 25년이 지난 지금도 김영모 과자점은 여전히 건재하고 그의 빵집에는 아침부터 사람들이 가득하다. 어떻게든 시간은 흐른다. 올 연말에도 수천 개의 딸기 생크림 케이크가 어딘가의 테이블 위에, 사람들의 설레는 눈빛 사이에 놓여 있을 것이다. 삶은 쉽지 않지만 좋은 점도 있는 것 같다. 모두에게 올해가 그런 한 해가 되었길.

김영모 과자점 케이크는 트리 모양 초콜릿을 얹으며 장식을
마무리한다. 어딘가의 식탁 속 추억의 일부가 되었을 것이다.

□ 서울 떡집
□ 크리스마스의 제빵실

☑ 식빵 주방
　○ 새벽 공기 쌀쌀했던 2022년 5월의 어느 날
　○ 서울시 성동구, 은평구의 두 식빵 가게
　○ 받은 선물: 식빵 네 개와 샌드위치

식빵:
새벽의 식빵,
오후의 식빵

도제식빵 탕종빵의 반죽을 클로즈업으로 촬영한 모습.
정말 뭔가 태어나는 듯한 느낌이다.
(앞쪽) 갓 구워 아직 썰지 않은 도제식빵의 덩어리 식빵.

새벽에 빵집 앞에 도착하니 앞치마를 입은 젊은 제빵사 두 명이 우리를 기다리고 있었다. 한 명은 180센티쯤 되어 보이는 호리호리한 체형, 한 명은 그보다 5센티쯤 작고 조금 통통한 체형이었다. 제빵사 듀오는 취재 올 거라는 이야기를 들었다며 조용히 인사를 하고 빵을 만들기 시작했다. 성동구 금호동 마을버스 정류장 바로 앞에 있는 도제식빵이었다. 여기서 빵을 만들고 빵집 문을 여는 과정을 지켜보기로 했다.

금호동 새벽 6:30

식빵 만들기는 반죽으로 시작한다. 빵집 단위에서 판매하는 빵의 반죽은 사람이 하기엔 너무 고되다. 가정용 믹서를 크게 만든 듯한 반죽기에 버터, 밀가루, 흑설탕, 소금, 이스트를 넣고 탕종과 우유를 넣는다. 식빵은 생김새가 간결해서 들어가는 재료가 별로 없나 싶었는데 아니었다. 식빵의 새하얀 색깔과 풍부한 내음을 만들려면 생각보다 많은 재료와 노력이 필요했다.

그 노력의 증거가 탕종이다. 탕종빵은 탕종을 넣어 만든 식빵이라는 뜻으로, 보통 식빵보다 쫄깃한 식감이 특징이다. 탕종빵은 반죽에 탕종을 넣어 만든다. 탕종은 따뜻한 물로 만든 반죽이다. 식빵 반죽을 넣을 때 일부 추가해 반죽 스타터 역할을 한다. 탕종은 호화를 부른다. 호화는 녹말에 물을 넣어 가열할 때 부피가 늘고 점성이 생기는, 즉 끈적해지는 현상이다. 탕종이 호화를 야기하는 성분이 든 만큼 탕종빵은 더 쫀득하고 찢었을 때 부드럽다. 이 탕종은 미리 따로 만들어 둬야 한다. 도제식빵에서는 그날치의 반죽을 만들고 잠깐 발효를 하는 시간 동안 탕종을 만든다. 빵을 만들려면 발효가 필요하다. 발효가 되는 동안 기다

도제식빵 탕종빵의 단면. 도제식빵의 젊은 제빵사 두 명이
새벽부터 만들어 낸 것. 버터와 흑설탕 등의 색이 반영되어 있다.　314

림도 필요하다. 사람은 그 시간 동안 멈춤 없이 일을 한다.

새벽부터 아침까지

도제식빵의 제빵사들은 2인 1조다. 총 세 명인데 각자의 휴일을 짜고 두명씩 나온다고 했다. 오늘의 두 명은 말 한마디 없이 호흡이 잘 맞았다. 한 명이 밀가루를 꺼내 오면 다른 사람은 버터를 넣고, 반죽이 다 되면 아무 말없이 한 명은 반죽을 썰어 담고, 다른 한 명은 용기를 받치고 있는 식이었다. 두 사람이라기보다는 팔이 네 개인 한 사람이라 해도 무리 없을 정도로 호흡이 잘 맞았다. 이들은 준비 과정 내내 "내가 이걸 할 테니 네가 이걸 해." 라는 말은 한마디도 하지 않았다.

이들이 빵을 만드는 동안 빵집 바깥 세상이 시작되고 있었다. 평소에는 본사로 출근한다는 이 기획의 담당 클라이언트도 와서 우리의 촬영을 도와주었다. 텅 비었던 가게 앞 도로는 출근길 차들로 가득해졌다. 방금 머리를 말린 듯한 여성 손님이 문을 열기 전에 빵집으로 들어왔다가 빵이 아직 안 된 걸 보고 다시 나갔다. 그동안 반죽과 발효가 끝난 식빵도 오븐에서 구워진 후 차례로 나오기 시작했다. 도제식빵의 빈 선반은 매일의 식빵으로 채워진다. 식빵이 하나씩 채워지는 동안 도시도 깨어나 오늘의 할 일을 해 나가고 있었다.

도제식빵이 문을 여는 시간은 아침 10시다. 문을 여는 시간과 비슷하게 첫 식빵이 나온다. 오븐에서 바로 나온 식빵은 자르기엔 너무 뜨겁고 무르다. 식고 굳을 때까지 조금 기다려야 한다. 빵이 식기를 기다리는 동안 2층 카페에서 판매하는 샌드위치 사진을 찍었다. 식빵보다 세 배는 두꺼워 보이는 돈가스가 들어 있었다. 샌드위치[20]를 찍고 내려와 오늘 만들어진 식빵을 먹어 보았다. 탕종빵에 대해 듣고 난 후 먹어서인지 한층 쫄깃했다. 모르던 걸 알게 되는 건 신기하고 즐거운 일이다.

응암동 오후 4:00

오후의 빵집은 곧 찾아올 저녁 손님들을 준비하고 있었다. 한나식빵은 은평구 응암동에서 식빵으로 시작해 전국 단위의 명성을 얻어 프랜차이즈까지 하게 된 회사다. 밀가루 봉투에 '한나 F&B'라고 적힌 걸 보면 자체 규모의 재료 소싱까지 할 만큼 규모가 커졌음을 짐작할 수 있었다. 그 대단한 식빵을 만든 분은 경영의 세계로 넘어갔다. 이 빵집에서 오래 일하던 서정우가 가게를 인수해 한나식빵의 레시피대로 식빵을 만든다. 그가 보여줄 식빵은 밤식빵. 그는 우리를 기다리다가 촬영이 시작된 후 물 흐르듯 제빵을 시작했다.

식빵의 맛을 결정짓는 요소는 생각보다 많다. 옆에서 지켜보니 세상에 똑같은 식빵이 없겠구나 싶을 정도였다. 식빵의 주재료는 밀가루와 물과 이스트겠으나 식빵의 맛을 만드는 재료는 끝이 없을 것 같았다. 도제식빵은 탕종과 흑설탕을 썼고, 탕종에 쓰는 뜨거운 물에는 다시마를 우렸다. 한나식빵은 탕종을 하지 않는 대신 달걀을 많이 넣는다. 서정우 사장의 설명에 따르면 식빵 한 덩이에 달걀 한 개쯤이 들어가는 정도라고 한다. 달걀로 부드러운 맛을 내고 영양을 보충하기 위해서다. 서정우는 차분히 말하며 쉴 새 없이 달걀을 깨뜨려 볼에 집어넣었다. 그가 깨뜨린 달걀 껍질이 쌓이기 시작했다. 한두 번 깬 게 아니었기에 어른 손으로 한 뼘 높이가 쌓이는데도 달걀 탑은 꼿꼿했다.

한나식빵 서정우 대표가 매일 식빵을 만들며 쌓아 올리는
달걀 껍질. 현장에서 촬영을 부탁했다. 표기식은 "이거 찍자고
할 줄 알았다."고 했다.

이외에도 식빵을 둘러싼 모든 게 변수다. 빵은 발효 식품이기 때문이다. 발효는 식재료를 공기에 노출시켜 일어나는 일이니 필연적으로 온도와 습도 등 계절의 영향을 받게 된다. 우리 모두 알다시피 기후가 어제와 같은 날은 하나도 없으니까. 아무리 빵 만드는 시스템과 매뉴얼이 갖춰져도 손으로 빵 반죽을 만져 보는 제빵사의 감각이 발휘되어야 한다는 의미다. 발효가 덜 되면 빵이 덜 부풀고 발효가 더 되면 빵이 틀을 빠져나올 만큼 커진다. 식빵 틀의 뚜껑을 덮으면 판판한 식빵이 되고 안 덮으면 낙타의 등처럼 볼록한 식빵이 된다. 어떤 변수를 어떤 이유로 취하느냐에 따라 식빵의 맛이 달라지고, 그 작은 선택들이 모여 다 비슷해 보이면서도 모두 다른 개개의 식빵들이 된다. 사람들의 삶처럼.

부지런하지 않으면 할 수 없는 일

한나식빵 밤식빵 특유의 맛도 그들의 디테일에서 온다. 한나식빵 밤식빵은 달걀이 많이 들어가고 반죽을 두 번 한다. 1차 반죽을 마치고 한 번 숙성을 시킨 후 2차로 반죽하며(밤도 이 때 넣는다), 그래서 빵이 더 부드러운 거라고 했다. 마침 오전에 구웠던 밤식빵이 조금 남아 있어서 표면을 촬영할 겸 하나 열어 맛을 보았다. 달걀이 들어서인지 도제식빵의 탕종식빵에 비해 한층 노란 기운이 있었다. 보통 밤식빵의 밤은 솥밥 속 밤처럼 색이 도드라지는데 한나식빵 밤식빵의 색은 노란 밤 색과 큰 차이가 나지 않았다. 밤도 많았다. 어릴 때 밤식빵을 먹으면 '이름만 밤식빵인데 왜 이렇게 밤이 적지' 싶어 어른의 세계에 실망하곤 했다. 한나식빵 밤식빵은 정말 밤이 넉넉히 들어 있었다. 은평구 어린이들은 나처럼 실망하지 않아도 된다.

한나식빵 밤식빵의 단면. 서정우 대표가 애써 매일 만들어 낸다.
밤이 유독 크고, 듬뿍 넣는 달걀 색이 반영되어 있다.

우리에게 빵 이야기를 들려주는 동안 서정우 대표가 하던 일들.
빵 오븐과 제빵사의 손은 이야기를 하는 내내 멈추지 않았다.

    그 이야기를 하는 동안 서정우는 군더더기 하나 없는 동작으로 일을 계속했다. 반죽기에서 반죽을 돌린다. 그러는 동안 한판 반 분량의 달걀을 깬다. 깨다 말고 오븐에서 빵이 다 됐음을 알리는 알람이 울린다. 알람을 따라 오븐으로 가 문을 열고 빵을 빼내 식힌다. 식히는 동안 반죽기의 반죽이 끝난다. 반죽이 끝났으니 반죽에 달걀을 넣는다. 발효가 끝난 반죽을 냉장고에서 꺼내 빵 틀에 넣은 뒤 오븐에 굽는다. 저글링 같은 빵 만들기를 계속하는 바람에 서정우는 전화벨 소리가 울려도 전화기 근처로 가지 못했다. 전화 화면에 떠오른 발신자 이름은 '달링'. 빵 굽느라 달링 전화도 못 받고 세상에 쉬운 인생 하나 없다.

    "부지런하지 않으면 할 수 없는 일이에요." 새벽에 만난 도제식빵의 젊은 제빵사들은 빵을 구우며 말했다. 그 말대로였다. 서정우도 아침 6시에 일어나 빵을 굽고, 거의 새벽 2시까지 잠들지 못하고 일해야 한다고 말했다. 새벽의 청년 제빵사들도 오후의 중년 제빵사도 모두 각자의 매뉴얼에 따라 빵을 굽는다. 말없이 멈추지 않고 하루하루 변함없이. 우리가 살고 있는 정체 모를 거대한 세상도 들여다보면 이런 사람들이 쌓아 올린 걸까 생각했다. 아마 그럴 것이다.

충남 논산시 노성면에 있는 딸기 비닐하우스. 2022년 1월.

딸기에 꽃가루를 나르며 수정시키는 일은 벌이 한다.

☑ 논산 딸기 농장
    ○ 2021년 크리스마스이브
    ○ 충남 논산시 노성면
    ○ 받은 선물: 킹스베리 딸기 한 통
☐ 안성 포도 농원
☐ 한재읍 미나리 농장
☐ 하동 밤 농원

☐ 서울 인도어팜
☐ 제주 당근 농장
☐ 제주 감귤 농장
☐ (겪어 보지 않으면 알 수 없는)
    동해 문어잡이 배
☐ 철원 와사비 농장

딸기:
21세기 딸기의 맛

도착한 비닐하우스 앞에는 아무도 없었다. 딸기 비슷한 것도 안 보였다. 미닫이문을 옆으로 밀어 들어가자 낮이어도 밝지 않았다. 대신 비닐하우스 안에 다른 비닐하우스로 들어가는 문들이 있었다. 하나, 둘. 두 번째 문을 열고 들어가자 갑자기 모든 게 변했다. 터널을 벗어나니 설국이었다는 소설의 한 구절처럼 터널 하우스를 벗어나니 딸기 나라였다. 딸기 하우스는 ㄷ 구조고, 우리가 처음 들어간 곳은 ㄷ 의 세로 획 부분이었다. 여기에 가로로 붙은 비닐하우스 두 개가 재배동이었다. 샛초록색 이파리들이 허리 높이로 늘어서 있었다.

하우스 인 더 하우스

딸기 농장은 겨울에도 더워서 우리는 하나씩 옷을 벗었다. 당연한 일이다. 딸기가 자라야 하니까. 어른 허리만 한 높이로 긴 화분이 하우스 끝에서 끝까지 줄지어 있고, 거기에 빽빽하게 딸기가 심어져 있었다. 딸기 화분에서 약 20센티 정도로 자란 큰 이파리들, 딸기꽃이 그 아래로 늘어져 있다. 딸기꽃에서 수정이 일어나면 꽃이 지고 거기서 딸기가 나오기 시작한다. 겨울 수정을 하는 벌이 계속 딸기꽃 사이로 날아다녔다. 모양이 잡힌 딸기가 수확 가능할 때까지 익는 데에는 3일 정도 걸린다고 했다.

그런데 하우스 안에는 사람도 딸기도 없었다. 완전 자동화가 되어서는 아니고 점심시간이라 모두 잠깐 쉬는 시간이었다. 우리가 사진을 찍으며 신기해하는 동안 낮은 음색의 친절한 남자 목소리가 들려왔다. "뭐 찍을 게 있나요? 오늘 다 따서⋯." 180센티쯤 되어 보이는 적당한 덩치의 남자가 문 앞에 서 있었다. 이 딸기 농장의 사장 김대석이었다. 그는 자신의 딸기 왕국으로 들어

(앞쪽) 딸기 꽃이 떨어진 곳에서 자라는 딸기 열매.

와 대뜸 딸기를 하나 따 주며 이야기를 시작했다. "그래도 먹어 보고 해야죠." 수확 단계에서는 농약을 치지 않아 괜찮다고 했다. 말 그대로 밭에서 바로 나온 딸기를 먹으며 이야기를 들었다.

리얼 비닐하우스

김대석 사장은 올해 51세인 9년 차 귀농 농부다. 도시에서는 서비스업에 종사하다 퇴사 후 귀농하기로 했다. 이유는 친구 따라와 봤더니 잘 맞을 것 같아서. 논산에는 이전에는 와 본 적도 없고 농사 비슷한 일을 해 본 적도 없다. 김대석 사장의 경우를 오늘날 논산 딸기 농부의 평균으로 봐도 될 듯하다. 충남 지역 귀농자의 비율은 점차 늘어 전체 농부의 40퍼센트에 이르고, 그중 논산에 정착한 농부의 최소 절반 이상이 딸기를 재배한다. 놀랍게도 응답에 응한 귀농자의 90퍼센트 이상이 현 생활에 만족한다는 결과가 있다. 적성에 맞는 사람들이 이 일을 선택해서 그런 것 아닐까. 김대석도 적성에 잘 맞을 것 같아 귀농을 택했다고 했다.

여기서 필요한 적성은 꼼꼼함과 성실성이다. 실제 딸기 농업은 세밀하고 지루한 단순 작업에 가까워 보였다. 딸기는 예민하고 자연의 모든 것이 딸기 맛의 변수다. 그 모든 상황을 감안하며 매일 딸기의 컨디션을 확인해야 한다. 가장 맛있는 딸기를 만들기 위해 쉼 없이 잎과 딸기를 솎아 줘야 한다. 김대석은 우리 세대가 어릴 때 생각하던, 왠지 얼굴이 그을렸을 듯한 농군의 느낌은 아니었다. 편해 보이지도 않았다. 농생산성은 기계나 공학의 힘으로 엄청나게 높아졌으나 아직 사람의 손이 없을 수는 없다. 부부 두 분께서 일 년 내내 종일 일하면 비닐하우스 4동 규모의 농업까지 가능하다고 한다.

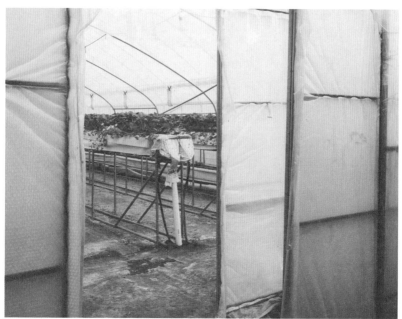

(위) 비닐하우스는 보온을 위해 몇 개나 되는 문을 설치했다.
(아래) 딸기는 엄밀히 말해 땅 위에서 자란다. 현대 농업은
농공학의 산물이다.

생계로의 농업은 영화 〈리틀 포레스트〉와 다르다. 마침 취재 갔을 때는 딸기가 한창 출하 중인 때라 모두 늦게까지 일했고 그 말을 증명하듯 하우스 천장에 전구가 줄지어 매달려 있었다. 직장인 야근보다 늦을까? 자정까지 일하실까? "에이 그 정도는 아니에요. 오늘 좀 일찍 일어나서요." 언제부터 일하셨는지 여쭸다. "새벽 두 시부터요."

김대석은 한 번 망할 뻔했다고도 했다. 파트너를 잘못 만나서. 농가가 망하는 건 무엇일까? 딸기가 안 자라는 것이다. 그는 딸기를 거의 수확하지 못하다 은인을 만나 노하우를 얻었다. 그 은인을 따라 딸기 농사 장소도 이전했다. 은인은 다른 곳에 있었다. 은인 당사자에게 더 자세한 이야기를 듣기 위해 비닐하우스를 떠났다. 약 1킬로미터쯤 떨어진 곳에 집하장이 있었다. 밭 사이의 좁은 길을 차를 몰아 천천히 달렸다.

농업의 문제 해결 모델

적어도 이날 본 생계로의 농업은 낭만이나 느린 삶과는 큰 상관이 없어 보였다. 현실의 농업은 집단 생산 후 단일 브랜딩 판매에 가까웠다. 김대석 같은 분들이 재배한 딸기가 노성농협으로 모인다. 여기서 딸기들이 분류되고 집하되어 각각의 브랜드로 출하된다. 논산 딸기의 대부분을 차지하는 설향부터 최근 인기인 킹스베리까지. 대형 마트 한 층 정도 되어 보이는 출하장에는 두 개의 레일이 있다. 한 레일에서는 킹스베리를, 다른 레일에서는 설향을 출하한다.

일이 고된 건 이쪽도 마찬가지다. 산업 현장의 모든 조건은 산업 최적화에 맞춰질 수밖에 없다. 딸기가 자라는 비닐하우스 온도는 여름에도 26도 안팎이지만 출하장의 온도는 실내에서도 외투를 입어야 할 만큼 서늘하다. 천장이 높고 문이 늘 열린 채로 지게차가 오가기 때문에 어쩔 수 없다. 모두 두꺼운 옷을 입고 손을 놀리고 있었다. 노동자들의 출신지가 달랐던 것도 흥미로웠다. 더운 비닐하우스에는 동남아시아 분들이, 추운 집하장에는 러시아나 중앙아시아계 분들이 많아 보였다.

근무 환경을 보니 요즘 이런 일을 하려는 젊은 한국인이 얼마나 있으려나 싶었다. 농사는 고된 일이다. 젊은 사람들이 심심해하는 시골에서 귀농한 부부가 하루 종일 딸기 잎을 떼어 줘야 하는 일이다. 실내에서도 파카를 입은 후 번데기처럼 움츠려 앉아 컨베이어 벨트 앞에서 딸기를 선별하고 킹스베리에 옷을 입혀 줘야 하는 일이다. 이런 일자리는 늘 있고 사람들이 원하는 멋진 일자리가 적을 뿐이다. 지루하고 덥고 추운 일들을 거쳐 도시의 우리가 딸기를 먹는다. 당일 배송된 딸기, 케이크 속 슬라이스 된 딸기, 누군가가 갈아 주는 생과일주스 속 딸기. 이 딸기 산업의 거대한 지휘자는 따로 있다. 마침 그 지휘자가 점심 미팅을 끝내고 우리에게 걸어오고 있었다.

2022 전원일기
"내가 킹스베리를 하겠다고 했을 때 아무도 안 한다고 했어요."
노성농협 박형규 회장이 회상했다. 킹스베리는 논산이 개발한 신흥 품종이다. (그래서 이름도 논산 7호였다.) 크고 달고 덜 시어서 좋았는데 키울 때마다 죽는 게 문제였다. 박형규는 킹스베리의 수익성이 안 좋은 이유를 네 가지로 정리했다. 응애, 흰가루병, 이과(모양이 이상한 것), 그리고 약한 경도. 박형규는 스타트업

딸기 출하장에서 딸기를 선별 포장한다. 컨베이어벨트가 계속 돌고,
그 위로 선별된 딸기들이 레일을 타고 흘러간다.

에서 늘 말하는 '문제 해결' 방식으로 네 가지 문제를 하나하나 풀어나가기 시작했다.

그는 관리와 아이디어로 킹스베리의 프리미엄화를 이끌었다. 흰가루병과 응애는 병충해의 한 종류라 관리 방법을 교육하면 해결할 수 있다. 이과는 딸기가 자라날 때 모양이 안 좋은 걸 솎아서 해결한다. 보통 딸기보다 무른 킹스베리의 낮은 경도는 어떻게 했을까? 별도의 케이지를 씌웠다. 킹스베리 전용 출하 라인이 따로 있는 이유였다. 딸기가 빽빽이 들어 있는 설향 박스와 달리 킹스베리는 배나 와인을 쌀 때 쓰는 그물 안에 들어 있다. 그 그물이 킹스베리가 무르지 않도록 보호하는 것이다. 킹스베리 망 덕에 딸기가 더 고급스러워 보이기도 하니 그야말로 훌륭한 문제 해결이다. 문제 해결은 딸기 운반 과정에서도 계속됐다. 딸기는 쉽게 무르므로 바구니에 살살 담아 이동하고, 그 바구니들을 담는 수레가 따로 있다. 2022년형 딸기 수레는 바퀴에 쇼업쇼버를 달아서 충격 흡수 능력을 높였다. 대단한 아이디어다.

박형규가 딸기 영농조합을 관리하는 노하우가 정말 놀라웠다. 그는 딸기의 품질을 유지하기 위해 모든 조합원에게 당도계를 주고 수치를 공유했다. 농업 관련 모든 일들을 네이버 밴드로 공유하고 보고도 밴드로 받았다. 지시사항을 어기는 조합원은 냉정하게 제명시키지만 열심히 일한 분들을 연말에 불러 성대한 행사도 연다고 했다. 농사짓는 삶이 재미없다는 생각이 들지 않게 하기 위해서였다. 웬만한 브랜드 스토리나 경영학 케이스 스터디보다 흥미로운 이야기를 딸기 향 속에서 들었다. 역시 현장에는 늘 상상도 못한 이야기가 있다.

(오른쪽) 논산 노성농협 박형규 회장의 혁신 결과물,
킹스베리/논산 7호 딸기.

"킹스베리는 먹어 봤어요?" 박형규는 서울 올라가는 길에 나눠 먹으라며 맘 좋게 한 통을 주었다. 나와 사진가는 킹스베리를 나눠 담고 각자의 길을 따라 서울로 출발했다. 뒷좌석에 둔 킹스베리는 갓 딴 생명의 향을 주장하듯 강한 향기를 냈다. 고속도로 위에서 한 입 베어 물었다. 단맛은 더하고 신맛은 덜했다. 이가 들어가는 촉감은 부드러우나 묘하게 쫄깃쫄깃했다. 내가 알던 딸기와는 같으면서도 조금 다른 맛, 21세기의 농부들이 21세기 시스템에서 만들어 낸 21세기 딸기의 맛이었다. 더 크고 달콤했고, 더 붉고 선명했다.

맛에는 차이가 없지만 모양이 다르다는 이유로 상품에서
제외되는 딸기들. 사진가 표기식은 '이게 맞나' 싶은 마음에
이 장면을 찍었다고 했다.

- ☐ 논산 딸기 농장
- ☑ 안성 포도 농원
  - ○ 2022년 폭염이 한창이던 7월 말
  - ○ 경기도 안성시 선우포도농원
  - ○ 받은 선물: 갓 딴 포도 두 송이
- ☐ 한재읍 미나리 농장
- ☐ 하동 밤 농원

- ☐ 서울 인도어팜
- ☐ 제주 당근 농장
- ☐ 제주 감귤 농장
- ☐ (겪어 보지 않으면 알 수 없는) 동해 문어잡이 배
- ☐ 철원 와사비 농장

포도:
포도 익는 계절

손목에 가위를 매달고 설명하는 선우농원 김종수 대표의 손.
설명을 하면서도 저 가위로 끊임없이 가지를 솎았다. 여름 햇살 아래
안성의 머스캣 함부르크 포도가 익어 가고 있었다.
(앞쪽) 여름 햇살 아래 익어 가는 안성의 머스캣 함부르크 포도.

목적지인 포도 농장에 가는 길부터 이미 계속 포도였다. 길가의 간판(○○농원, ○○농장, ○○네 포도), 포도 축제 현수막, 포도 관련 안내문. 거리에서 읽을 수 있는 모든 기호들이 이 동네의 성격을 보여주고 있었다. 오늘의 목적지에 도착하자 더 느껴졌다. 주차장 그늘막에는 이 동네에만 있을 듯한 장식 요소가 있었다. 천장에 매달린 포도였다. '이 포도는 상품이 되는 걸까 장식용일까'라고 생각하던 중 오늘의 주인공이 도착했다. 안성 선우농원 김종수 대표. 안성원예농협 수출작목반 반장이다.

이날 포도는 브레이크 타임

김종수의 모습이 그의 삶을 말해 주고 있었다. 피부는 조금 많이 익었다 싶은 식빵 표면처럼 그을었다. 그 색이 평생 햇빛 아래에서 일해 온 삶의 상징이었다. 더운 날씨를 상징하듯 뒤쪽이 메쉬로 된 흰색 낡은 트러커 캡을 썼다. 어깨 부분이 특이하게 재단되어 보기엔 덜 예뻐도 움직임은 편할 듯한 코오롱스포츠 반팔 피케 셔츠를 입고 팔에는 햇빛을 막아 주는 토시를 둘렀다. 오른손 손목에는 손잡이가 오렌지색인 전지 가위가 노끈에 매달려 있었다. 카우보이의 총처럼. 김종수 대표는 이야기하는 틈틈이 가위를 잡고 가지를 잘라내며 포도 이야기를 이어나갔다.

지금 시장에는 포도가 한창인데 막상 현장에는 일하시는 분들이 안 보였다. 이유를 여쭈니 "며칠 전에 다 따서."라는 답이 돌아왔다. 농사를 모르는 도시 뜨내기인 내가 또 바보 같은 질문을 했다. 농업은 시간이 걸리는 일이다. 공장처럼 하루하루 생산물이 나올 수 있는 일이 아니다. 시간을 들여 포도가 익어야 출하 상태가 된다. 포도 농장 근로자분들께는 브레이크 타임이고, 포도에게는 숙성의 시간이다. 아무 소리도 들리지 않는 포도 비닐하우스에서 포도가 익어 가고 있었다.

아름답고 냉정한 포도의 세계

포도가 품종 따라 출하 시점이 다르다는 것도 가서 처음 알았다. 지금 시장에 나오는 건 자옥과 샤인머스캣이다. 그리고 8월부터 9월, 그러니까 이번 주부터가 거봉의 제철이다. 그 말고도 김종수는 어린이들이 먹는 경조정, 처음 들어보는 품종이지만 왠지 무슨 맛인지 알 것 같은 허니 비너스 등의 포도를 키운다고 했다. 8월부터 거봉이 나오려면 그 전부터 준비해야 하니 안성의 포도 농장이 실질적으로 일하는 건 3월부터 10월까지의 8개월 정도다. 남은 4개월은 준비를 한다.

"여기가 이전에는 다 논이었어." 김종수는 포도가 자라나는 땅을 발로 가리켰다. 그의 선대부터 벼농사를 지었고 김종수는 40년 전 포도로 종목을 바꿨다. 쌀에서 포도로 품종을 바꿔도 농사는 농사다. 매일 농업 현장에 나가서 식물이 자라는 모습을 지켜보며 일어날 수 있는 문제들을 해결해야 한다. 그 증거가 김종수의 손목에 매달려 있는 전지 가위다. 김종수는 설명하는 도중 계속 가위질을 했다. 뭘 자르나 봤더니 포도나무의 맨 끝 가지였다. 가지를 자라나게 계속 두면 포도에 영양이 안 몰리기 때문이었다. 햇빛 속의 포도는 중세의 정물화처럼 반짝였지만 현실의 포도 농사는 21세기의 인사평가처럼 냉정했다.

"우리가 키우는 건 김천의 면 하나도 안돼요." 안성은 한국에서 포도가 가장 많이 나는 곳은 아니다. 전국에서 포도를 가장 많이 재배하는 곳은 경북 김천이라고 김종수는 말했다. 경기

자연의 맛을 내기 위해 사람의 끝없는 손길이 필요하다.
벌레 먹는 걸 막기 위해 포도에 종이를 씌우고, 비닐하우스에서
계속 온도와 습도를 조절한다.

345

와 경북의 포도는 비즈니스 모델이 다르다. "김천은 서울과 머니까 주로 B2B로 납품을 하죠. 우리는 서울에서 사람들이 차를 타고 오니까 직접 판매를 하고." 우리가 차를 타고 오는 동안 크게 만들어져 있던 포도 농장 간판들도 모두 비즈니스의 산물이었다. B2B를 하는 지역 농가에는 간판이 없다.

안성 포도의 가치는 생산량이 아닌 상징성에 있다. 안성은 한국에서 가장 먼저 포도를 재배한 곳이다. 안성에 자리 잡은 역사적 포도는 지금 많이 먹는 거봉이나 샤인 머스캣이 아닌 머스캣 함부르크다. 안성의 포도 농가 1,500여 곳 중 머스캣 함부르크를 재배하는 농장은 세 곳 정도, 오늘 찾은 선우농원이 그곳 중 하나다. 안성에 왜 한국 최초로 포도가 심어졌는지, 그리고 왜 요즘은 그 역사적인 포도를 잘 키우지 않는지 알아보려면 옛날이야기를 조금 들어야 한다.

안성 포도 탄생 설화

머스캣 함부르크는 이름과는 달리 영국에서 만들어진 종자다. 포도는 인류 역사와 함께 한 작물 중 하나이기 때문에 품종이 굉장히 많은 역사적인 작물이다. 플라톤의 《향연》에서 전날 포도주를 많이 마신 그리스의 철학자들이 '오늘은 조금 마시자구'라고 협의하는 장면이 나올 정도다. 그리스 시대의 포도와 와인은 유럽 문명의 일부가 되어 가톨릭에서도 필수 요소가 되었다. 성찬식에는 그리스도의 피인 와인이 꼭 필요하기 때문이다.

안성에 처음으로 포도를 재배하게 된 이유도 역사적 사실과 이어진다. 안성에 포도를 가져온 사람이 가톨릭 신부였다. 앙투안 공베르(Antoine Gombert), 한국 이름 공안국. 한국 포도 재배 역사에서 길이 남을 한국 최초 포도 도입의 주인공이다. 그는 1900년 경기도 안성시 안성성당 초대 주임신부로 부임해 성당을 짓고 마당에 프랑스에서 공수한 포도나무를 심었다. 성체성사에 필요한 포도주를 만들기 위해서였다. 그때 가져온 포도가 머스캣 함부르크다. 실제로 머스캣 함부르크는 오늘날까지 와인 포도로도 쓰인다. 주로 디저트 와인을 만들 때 쓴다고 한다.

운명과 향기

한반도의 20세기 곳곳에 기구한 운명의 사연이 남아 있다. 공안국의 삶도 그랬다. 신부는 안성의 가톨릭 신자가 단 한 명일 때 안성에 와 사람들의 삶에 여러 기여를 했다. 안성에 농작물을 심고 학교를 만들었다. 그가 가르친 한국의 청년 성직자는 나중에 한국 최초의 추기경 김수환이 되었다. 공안국은 그 모든 일을 만들어 낸 뒤 한국전쟁 발발 후 납북되어 1950년 11월 12일 선종했다.

공안국 신부가 선종한 지 72년이 지난 2022년 7월에 안성성당을 찾았다. 그가 있을 때 지어진 안성성당은 서양식 성당 전면부에 후면은 한옥 양식이다. 그때 건축이 그대로 남아 지금 경기도 기념물로도 지정되었다. 성당에 가기 조금 전에 공안국 신부의 흉상이 놓여 있다. 흉상 아래엔 간략한 약력이 새겨졌다. "1900 사제서품 ~ 1932 안성성당 재직. 1950.7.15 평양으로 납북 1950.11.12 평안북도 중강진 선종." 그의 흉상에서 걸어서 5분쯤 되는 거리, 예배당 곁에 포도나무가 있다. 공안국 신부가 심었던 머스캣 함부르크다.

"머스캣 함부르크는 약해요. 병충해에도 약하고, 잘 키워도 금방 터져 버려." 왜 머스캣 함부르크를 키우는 곳이 적은지 묻자

안성성당 앞마당에서는 머스캣 함부르크를 키운다.

김종수가 해 준 말이다. 실제로 껍질이 약하기 때문에 택배로 보내는 중에도 껍질이 터지는 경우가 있다고 한다. 말씀을 듣다 보니 왜 머스캣 함부르크를 키우는지 궁금해졌다. "(안성 포도의) 상징적인 이유도 있고, 이걸 찾는 분들이 조금 있어요." 머스캣 함부르크만의 매력은 무엇일까. "향. 이 향만은 다른 포도가 따라올 수 없어요."

그러고 보니 30대 중반 이상이라면 기억 속에 남아 있을 옛날 포도 맛이 그랬다. 껍질이 얇고 종종 터져 있기도 했는데 강하지도 약하지도 않게 기억 속에 오래 남는 향이 있었다. 그걸 기억하는 사람들이 있고, 그런 사람들을 위해 그때 그 포도를 키우는 사람이 있다. 샤인 머스캣과 거봉의 시대에도 누군가는 나약하고 향기로운 무언가를 키우고, 또 그걸 알아보는 누군가가 그 향기를 누린다. 그렇게 어떤 것들이 꾸준히 계승된다. 포도 말고 다른 것들도 비슷한 것 같다.

머스캣 함부르크는 9월부터 10월까지 난다. 배달앱에서 포도를 주문해도 되지만 역사적이고 향기로운 포도를 먹고 싶다면 농원에 전화하고 가도 된다. 농원 전화번호는 사진에 있다. 독자 여러분 중에는 '남의 전화번호를 노출시켜도 되나'라고 생각하신 분도 계실 것이다. '저 전화번호를 찍어 달라'고 김종수 대표가 요청했다.

김종수 대표가 운영하는 선우농원 간판. 빛바랜 것에서
자외선의 힘과 지난 시간을 느낄 수 있다.
(오른쪽) 취재하러 간 날 역시 가만히 있어도 땀이 날 만큼 햇살이
작열했다. 그 햇살을 받아 포도들이 알알이 익고 있었다.

- ☐ 논산 딸기 농장
- ☐ 안성 포도 농원
- ☑ 한재읍 미나리 농장
  - ○ 2022년 3월 말 화창했던 월요일 오전
  - ○ 경북 청도군 한재읍 미나리 단지
  - ○ 받은 선물: 각자 미나리 한 단씩 사들고
    귀가했다.
- ☐ 하동 밤 농원

- ☐ 서울 인도어팜
- ☐ 제주 당근 농장
- ☐ 제주 감귤 농장
- ☐ (겪어 보지 않으면 알 수 없는)
  동해 문어잡이 배
- ☐ 철원 와사비 농장

미나리:
미나리 마을 사람들

청도 한재 미나리의 마에스트로, 한고을영농조합법인 김성기 회장.
미나리를 설명하기 전 마을 다리 앞에 잠깐 멈춰서 마을의 역사까지
알려주는 정성을 보였다.
(앞쪽) 수확을 앞두고 싱싱하게 자라고 있는 한재 미나리.

미나리 비닐하우스가 촘촘히 있는 오르막길에서 르노삼성 시절의 검은색 SM5가 털털거리며 내려왔다. SM5는 사방이 긁히고 조금씩 녹이 슬어 있었다. 차가 멈추고 문이 열렸다. 175센티 정도 키에 이마가 조금 벗겨졌다 싶은 남자가 당당하게 내린 후 마스크를 썼다. 영화 〈신세계〉의 황정민 등장 장면 같은 에너지인데, 악한 기운만 없었다. 청도 한재 미나리 단지의 한고을영농조합법인 김성기 회장이었다. 이 책에 모신 분들 중 역대급으로 극적인 등장이었다.

청도 한재 미나리는 산지에서 사면 일주일이 지나도 생기가 꺾이지 않는다. 청도 한재 미나리와 김성기는 닮은 면이 있었다. 그에게 미나리 밭을 보여달라고 청하자 그는 별게 아니라는 듯 가자고 했다. 내가 김성기의 차에 타고 사진가가 뒤따랐다. 차가 한 대도 없는 아침 도로를 달렸다.

미나리 사이로

차는 약 3분 정도 이동해 언덕 아래로 내려갔다. 언덕 아래도 계속 비닐하우스였다. 김성기는 비닐하우스를 앞에 두고 잠시 개천 앞에 내려 마을의 역사를 말해 주기 시작했다. 한재 마을의 뜻은 큰 고개. 예전부터 물이 좋았고, 눈이 잘 안 올 정도로 기후가 온화했다. 전부터 농사가 잘 되어서 한재로 시집을 오면 (일을 하지 않아도 되니) 손가락에 털이 난다는 말이 있을 정도였다. 말씀을 듣는 도중 미나리를 찍을 수 있는 곳을 여쭸다. 김성기는 또 거침없이 SM5의 시동을 걸었다. 논두렁 위 큰 담처럼 솟은 길에 차를 세웠다. 언덕 아래가 모두 미나리 비닐하우스였다.

우리는 미나리 채취가 진행 중인 비닐하우스에 도착했다. 비닐하우스 한 동의 반쯤이 빈 흙이었고, 나머지 반이 초록색 미나리로 차 있었다. 비어 있는 반쪽은 미나리 채취가 끝난 곳이었다. 무심코 걸어 들어가다 잠시 멈췄다. 땅이 무른 진흙이라 발이 조금 빠졌다. 미나리는 진흙 위에서 자라는 걸 도시의 바보들은 깜빡했다. 옆에는 김성기와 오래 알아 온 듯한 농부가 있었다. 그는 김성기와 모든 게 달랐다. 키가 185센티쯤 되는데 체구가 말라 아스날의 예전 감독 아르센 벵거가 떠올랐다. 미나리의 아르센 벵거는 진흙 위에서 쩔쩔매는 우리에게 이곳은 장화가 필수라고 말해 주더니, 우리가 돌아가는 길에는 나무판을 올려 임시 다리를 놓아 주었다. 과묵하고 스윗한 남자였다.

한재의 맑은 물과 진흙은 한재 미나리만의 특징을 만드는 필수 요소다. 우리보다 3년 먼저 한재를 찾은 셰프 강레오도 김성기를 만난 이야기를 농민신문에 기고했다. 강레오가 기억하는 미나리밭은 물이 가득 채워졌고, 진흙과 거머리가 있던 곳이다. 반면 한재 미나리밭은 보통 운동화를 신어도 빠지지 않을 만큼만 물이 조금 차 있었다. 보통은 미나리의 줄기가 꺾이지 않도록 물을 채워 키우는데, 한재의 땅은 모래가 많아서 밭에 물을 채울 수 없다. 그래서 미나리 줄기가 서로를 지탱하도록 빽빽하게 키운다. 그 결과 물에 사는 보통 미나리 줄기는 속이 빈 반면 한재 미나리 줄기는 속이 꽉 차 있다. 우리가 본 미나리 하우스도 그랬다. 김성기는 그 앞에서 낫을 들고 능숙하게 미나리 몇 뭉치를 베고 사진가 송시영은 그 장면을 찍었다. 미나리는 인간사 까짓 게 다 무슨 일이냐는 듯 숨 막힐 정도로 싱싱했다.

비닐하우스는 온도 조절을 위해 조금씩 열어두거나 닫아둔다.
미나리 아래로는 모두 진흙이다.
미나리는 손으로 잡고 낫으로 잘라 캔다.

357

한재마을 곳곳에서 볼 수 있는 미나리 농장 간판.

미나리를 판매하기 위해서는 미나리에 묻은 진흙을 씻고 다듬는
과정이 필요하다. 미나리에 묻어 있던 진흙은 마을 여성의 손과 흐르는
물에 씻겨 흔적 없이 사라진다. 도시인이 생각하는 '자연스러움'과
실제 자연에는 이만큼의 차이가 있다.

큰 욕심을 부린다

김성기는 사려 깊고 친절했다. 조금 길다 싶은 이야기는 김성기 버전의 환대 인사였다. 김성기는 우리에게 시간이 많지 않다는 사실을 확인하자 조금 더 급하게 차를 몰았다. 다음 목적지는 미나리 작업장. 마을의 여성들이 자기 앞의 삶의 무게처럼 각자의 미나리를 쌓아 둔 채 다듬고 있었다. 여성들은 사진가의 카메라를 보자 얼굴 나오는 거 아니냐며 조금 동요했다. 송시영은 정중히 얼굴이 안 나온다고 말씀드리고 사진을 촬영했다. 사진에 가장 예민하게 반응하신 작업자에게 전화가 왔다. 벨소리는 퍼프 대디의 '아 윌 비 미싱 유'. 퍼프 대디의 노래 사이로 여성들이 묵묵히 미나리를 다듬었다.

한재 미나리의 재배에서 출고까지에 이르는 공정은 100퍼센트 수작업이다. 한재 미나리의 경쟁력이고 가격이 높은 이유다. 미나리는 진흙에서 자라기 때문에 사람이 낫을 휘둘러 벨 수밖에 없다. 베어 온 미나리는 언덕 위에 있는 작업장으로 이동한다. 여기서 미나리를 씻고, 먹기 좋지 않은 잔 잎들을 떼어 내고, 한 번에 먹기 좋은 양을 개량해 담는 작업이 한 번에 이루어진다. 모두 사람의 일이다. 동시에 산지에서 바로 상품화가 이루어진다는 장점이 생긴다. 한재 미나리 특유의 맛이 있는데 별도 후처리 없이 바로 받아서 판매할 수 있으니 경쟁력이 커진다. 한재 미나리는 땅의 승리이고 맛의 승리인 동시에 경영기획의 승리이기도 하다.

친절하고 수다스러운 김성기가 한재 미나리의 설계자이자 집행자다. 이 모든 아이디어는 그로부터 왔다. 원래 청도는 감과 밤이 유명했고, 평지에서는 쌀 같은 곡물을 재배했다. 김성기는 그렇게 하면 쌀농사로 경쟁력이 없을 거란 결론을 냈다. 그는 수

익성이 더 높은 비즈니스를 찾다 유기농 미나리에 정착했다. 처음에는 근교의 대도시인 대구에 조금씩 납품하다 백화점 바이어 눈에 띈 게 벌써 15년 전이다. 이제는 경남과 경북을 넘어 전국 단위의 특산물이 됐다. 미나리를 다듬어 소포장으로 낸다는 발상도 김성기가 했다.

한재 미나리는 가격정책 면에서도 남다르다. 한재 미나리의 가격은 언제 어디서든 고정되어 있다. 1킬로그램에 1만원을 유지하다가 올해 물류비 등을 이유로 1만 2천 원으로 인상했다. 작황 따라 가격이 바뀌는 다른 농산물에 비하면 해에 따라 수익률이 낮을 수 있으나 김성기의 뜻은 명확하다. 큰 욕심을 부리자. 일희일비하지 말고 길게 가자는 뜻이다. 한재 미나리는 11월부터 6월까지의 생산철 중 1월은 쉰다. 추워서이기도 하고, 그동안은 다른 미나리 생산지역이 팔면 된다는 논리 때문이기도 하다. 김성기는 확실히 남다른 세계관이 있는 사람이었다.

"아 박진도이~" 김성기는 미나리 마을 사람들에 대해서라면 모르는 게 없었다. 다음 취재지로 예정된 박진동 농부의 식당으로 간다고 하자 그는 이응 받침을 빼는 강력한 경북 억양으로 말했다. 김성기는 박진동 농부는 대구에서 검도 도장을 하다 여의치 않아 청도로 와서 미나리 농사를 짓는다는 사연을 빠르게 전하고 우리를 미나리 작업장 앞에 내려 준 후 뒤도 안 돌아보고 사라졌다. 약속 장소는 미나리 작업장이 아니라 박진동 농부가 운영하는 식당이라 우리는 다시 이동했다.

미나리의 비즈니스 모델

박진동 농부가 운영하는 식당은 농가와 조금 떨어진 큰 길가에 있었다. 큰 길가라 해도 왕복 2차선의 작은 도로다. 식당 이름이 아주 직관적이었다. 한재 농사꾼 박진동 한재 미나리 식당. 식당에 들어가자 박진동 농사꾼의 아내이신 여성 사장님께서 우리를 맞아 주었다. 박진동 님은 농사를 짓고 사장님은 식당을 운영한다고 했다.

미나리를 파는 식당은 한재 미나리가 낳은 파생 상품격 비즈니스 모델이다. 한재 미나리와 관련된 사업은 몇 가지로 나뉜다. 첫째, 미나리를 재배해서 판매하는 사업. 둘째, 미나리를 재배하는 한 켠에 음식을 먹을 수 있는 비닐하우스를 운영하며 자리를 빌려 주는 사업. 이런 경우 고기를 팔 수 없기 때문에 고기나 김치 등을 손님이 사 와야 한다. 셋째, 미나리 농가에서 식당을 따로 운영하는 경우. 넷째, 이 동네에서 미나리 납품만 받고 식당을 운영하는 경우. 박진동 한재 미나리 식당은 미나리 농가에서 운영하기 때문에 미나리를 좀 더 넉넉하게 주는 편이라고 했다. 미나리는 말 그대로 밭에서 바로 따온 듯 특유의 향을 풍겼다. 그 향은 돼지기름에 익혀도 사라지지 않은 채 부드럽게 코를 맴돌았다. 미나리는 물론 직접 담근다는 김치와 된장도 훌륭했다. 취재진 세 명이 고기 5인분을 홀린 듯 다 먹었다. 이제 와 말하면 1인분 더 먹고 볶음밥도 먹고 싶었다.

대도시와 오늘날의 미나리

청도 한재 미나리는 그 이후에도 내 머릿속에 남아 있었다. 그 싱싱함, 김성기의 강력한 자기만의 세계, 마을 곳곳에 붙어 있는 미나리 현수막. 한재 미나리는 대도시에서도 쉽게 볼 수 있다. 집에 가는 길에 본 어느 대형 마트에서는 청도 미나리 300그램이 6천

깨끗하게 씻어 출고 가능한 상태가 된 미나리.
마을 곳곳에 이 미나리와 돼지고기를 구워 먹는 식당이 있다.

원인데 포인트 할인을 쓰면 4천 원이라고 적혀 있었다. 산지에서 1킬로에 1만 2천 원이니 마진을 크게 붙이지 않은 셈이다. 김성기와 청도 농민들의 방침 덕에 소비자가 가격을 계산하기 쉬워졌다. 좋은 일이다.

청도 미나리는 맛뿐 아니라 앞으로의 삶에도 교훈을 준다. 일의 모든 영역에서 사람의 역할이 줄어들고, 전국의 지자체가 인구 소멸을 걱정하는 시대다. 그 사이에서 벽촌에 가까운 청도의 어느 마을이 다른 것도 아닌 미나리로 전국 단위의 인지도를 얻었다. 중요한 건 시대가 아니라 시대를 대하는 인간의 태도와 노력 아닐까. 그 증거 중 하나는 김성기의 손이었다. 그의 손톱과 손가락 마디마다 흙이 껴 있었다. 평생 진흙을 만진 흔적이었다.

나는 이제 깨끗하고 싱싱한 미나리를 먹을 때마다 손들을 떠올린다. 퍼프 대디 노래 벨소리를 들으며 미나리를 씻고 다듬던 여성의 손, 김성기의 손, 우리 눈에 안 보일 뿐 어딘가에서 분명히 자기 역할을 해서 우리 눈앞의 깨끗한 미나리를 가져다 준 사람들의 손들을. 그 손을 생각하면 또 미나리를 먹고 싶어진다. 돼지고기를 굽고 생긴 기름에 지져 먹고, 새우깡 길이로 썰어서 전으로 부쳐 먹고, 앤초비와 올리브오일을 둘둘 볶아 파스타로 먹고, 간장으로 간한 멸치 국물을 살살 끓이며 얇게 썬 고기와 함께 샤브샤브로 데쳐 먹고 싶어진다.

농부의 손에서 미나리를 다듬는 분들의 손으로, 그 손에서
포장되어 미나리를 판매하는 분의 손 안에 있는 한재 미나리.
손에서 손으로 건너온 미나리가 우리의 손까지 전해진다.

☐ 논산 딸기 농장 ☐ 서울 인도어팜
☐ 안성 포도 농원 ☐ 제주 당근 농장
☐ 한재읍 미나리 농장 ☐ 제주 감귤 농장
☑ 하동 밤 농원 ☐ (겪어 보지 않으면 알 수 없는)
  ○ 2022년 가을이 시작되던 9월 마지막 주   동해 문어잡이 배
  ○ 경상남도 하동군 횡천면 ☐ 철원 와사비 농장
  ○ 받은 선물: 알밤 한 박스

밤:
어느 깊은 산속의 밤

"차를 배릴 낀데…." 지리산 자락 밤 농장에 가기 전에 남자가 우리를 멈춰 세웠다. 산에 차를 댈 곳이 마땅치 않으니 차 두 대에 나눠 탄 취재팀이 차 한 대로 가는 게 나을 거라고 했다. 내 낡은 세단으로 올라가기로 했더니 남자가 차를 배릴(버릴)거라 말했다. 오늘 취재의 주인공이자 하동에서 밤과 감을 키우는 구학농원 최용찬이었다.

서울에서 구례를 거쳐 하동으로 오는 동안

차는 이미 고장 나 있었다. 서울에서 구례를 거쳐 하동에 도착했더니 자동차의 우측 전방 방향지시등이 빠져 있었다. 이런 일이 있나 싶었으나 차 라이트가 빠질 만큼 멀리 오긴 했다. 이번의 취재지는 경상남도 하동군 횡천면 학리다. 근처에 청학동이 있다. 산 중턱을 오르면 저 멀리로 능선을 가르는 도로와 송전탑이 보인다. 그걸 빼면 모든 게 자연이다. 멀리 왔다는 실감이 났다.

우리의 취재를 허락해 준 구학농원 최용찬도 먼 길을 왔다. 그는 하동 사람이 아니고 하동에 연고도 없다. 그는 부산 태화백화점에서 기획실장으로까지 일했다. 직장 생활을 오래 하다 세상이 바뀌어 태화백화점이 없어졌다. 때가 되어 회사를 그만뒀다. 그는 직장 생활을 할 때 취미로 낚시를 했다. 낚시를 하다 보니 하동이 참 예뻐서 이 동네에 자리를 잡기로 했다. 역시 부산에서 전산회계를 하던 아내는 남편보다 조금 늦게 하동에 합류했다. 도시 사람들은 그렇게 가을에 밤과 감을 따는 농부가 되었다.

"정확히는 임업입니다." 그의 말대로 밤나무는 농산물이 아닌 임산물이다. 농산물도 임산물도 비즈니스 모델의 종류는 비슷하다. 손님 종류 따라 나누면 B2C와 B2B다. '체험 농장'을 운영하거나 일반인에게 연락처를 공개해 직접 팔거나 별도의 쇼핑몰을 운영하는 곳이 B2C 농수축산임업이다. 마진이 조금 더 좋을 수 있으나 생산과 유통을 함께 하는 건 보통 일이 아니다. 그래서 많은 1차 산업 생산자들이 B2B 방식으로 자신의 수확물을 판매한다. 지역 농협 혹은 백화점/마트에 전매하는 식이다. 최용찬의 설명에 따르면 그의 밤은 99퍼센트가 농협에 납품되고, 본인이 개별 판매하는 건 1퍼센트 정도다.

차고를 높인 최용찬의 포터 트럭을 따라 길을 올랐다. 길은 이런 곳에 어떻게 도로 포장을 했나 싶을 만큼 험했다. 길 중간의 풀이 자동차의 바닥을 스치는 소리가 들렸다. 산 중턱의 농막에 도착할 때쯤이 되자 검은 개 한 마리와 흰 개 한 마리가 크게 짖었다. 검은 개가 특히 충견인지 내 차 안으로 머리를 들이밀고 나를 응징할 듯 짖었다. 최용찬은 식빵 두 덩어리를 꺼내 개들에게 한 장씩 던졌다. 검은 개는 리바운드를 받는 농구선수처럼 뛰어올라 입으로 식빵을 물고 거세게 뜯었다. 최용찬은 개들을 진정시키고 노란 색 장갑을 꼈다. 밤을 따러 산에 갈 시간이었다.

산속에는 디테일이

최용찬과 함께 산을 올랐다. 그의 오늘 일은 단순해 보였다. 양동이를 들고 산길을 걷는다. 밤은 따는 게 아니라 줍는다. 산길 안팎에 밤송이들이 떨어져 있었다. 그는 밤을 들여다보다가 수확할 만하다 싶으면 밤송이를 까서 밤을 꺼냈다. 꺼낸 밤을 양동이에 넣었다. 밤나무는 언덕 가득 심어져 있고 최용찬의 발걸음은 급할 게 없었다. 마침 그날은 날씨도 맑았다. 기온과 햇살이 적당해서 종일 밤을 주워도 땀이 나지 않을 날씨였다. 시골 생활을 미화

최용찬은 목장갑 위에 고무장갑을 하나 더 꼈다. 그래야 밤을 집을
때 가시에 찔리지 않았다. 조용한 산에 밤 떨어지는 소리들만 울렸다.
최용찬이 양동이에 밤을 떨어뜨리는 소리, 그리고 바람과 중력에 실려
밤이 알아서 떨어지는 소리. 그것 말고는 어떤 소리도 들리지 않았다.

하는 나영석의 예능 같은 곳에 쓰여도 좋았을 것이다.

최용찬의 느릿한 발걸음 안에는 여러 가지 의미가 들어 있다. 제 상태의 밤을 따기 위해 약 7개월의 노력이 필요하다. 2월부터 비료를 준다. 화학비료는 나무를 빨리 죽일 수 있기 때문에 가축 분뇨로 만든 비료가 좋다. 가축 분뇨로 만든 비료를 산골짜기까지 차에 싣고 오면 냄새가 나지 않나? "나죠." 최용찬은 잘 웃는 사람이었다. 이런 말도 웃으며 해 주었다. 여기까지가 봄 되기 전의 밤 농장 일이다.

비료를 주고 나면 잎에 약을 친다. 밤꽃 피기 전인 5월 하순, 열매를 맺은 후인 7월 초에, 그리고 비행기로 약을 뿌리는 항공방제도 한다. 그 사이에 계속 가지를 쳐 주고 나무를 새로 심어 주어야 한다. 밤나무의 수명은 30년 정도다. 이렇게 해야 9월 초부터 나오는 조생종 밤을 딸 수가 있는데 올해는 태풍 힌남노와 난마돌이 한반도 남쪽을 강타했다. 밤나무에서 밤이 다 떨어져버렸다. "생산량이 약 50퍼센트 정도 줄어들 것 같습니다." 이런 소식을 전할 때도 최용찬은 희미하게 웃었다. 사는 게 그런 거라는 듯.

"회사 다닐 때와 비교하면, 휴일이 없습니다." 최용찬은 밤과 감을 따는 생활을 한마디로 정리했다. "농사는 휴일에도 안 할 수가 없잖아요. 하다못해 개 밥 주러도 매일 와야 하고." 그러게 말이다. 밤들이 금요일 저녁부터는 '아이구 이제 금요일 저녁이니 떨어지지 말고 나무에 조금 더 붙어 있자구'라고 할 리 없다. 산중턱에서 밤 농장을 지키는 개들도 토요일이 되면 '오늘부터는 주말이니까 이틀 금식하고 월요일 아침에 주인이 주는 식빵을 받아먹으면 더 즐겁겠지?'라고 생각할 리도 없다.

최용찬은 이런저런 이야기를 계속 들려주며 노란 장갑을 낀

손으로 멈추지 않고 밤을 깠다. 나와 몇 마디 한 것 같은데 금방 바구니 한 통이 가득 찼다. 우리가 산을 걷는 동안에도 어딘가에서 밤 떨어지는 소리가 카페의 배경음악처럼 끊김 없이 들렸다. 최용찬은 떨어지는 밤에 맞아 상처도 여러 번 났고, 노란 장갑도 특히 두꺼운 '밤 장갑'이라고 했다. 그러고 보니 우리 모두 도시의 운동화를 신고 갔다가 자꾸 밤에 발이 찔렸다. 최용찬은 두꺼운 가죽 신을 신고 있었다. 세상 모든 일에 디테일이 있다.

환경, 자극, 보상, 성장

하동의 밤과 감이 좋은 데도 이유가 있다. 하동은 일교차가 큰 분지 지형이다. 사람에게는 가혹하나 각종 열매의 당도에는 좋다. 이곳의 일교차는 하루에도 15도에 달한다. 일교차가 심하면 일상은 고될 것이다. 농작물 성장을 위해서는 비료를 뿌려 주면 좋을 것 같다. 현실은 반대다. 식물의 당도를 높이는 건 혹독한 날씨고, 금방 작용하는 비료는 길게 보면 식물을 죽인다. 농사 이야기를 듣다 보면 환경과 자극과 보상과 성장의 미묘한 상관관계에 대해 생각하게 된다.

한국은 국토의 70퍼센트가 산지이니 밤이 나는 곳도 많다. 가장 많이 나는 곳은 공주지만 하동도 공주에 이어 한국 2위의 밤 생산지다. 홍보 역량이나 관심에는 차이가 많이 나는 것 같다. 2016년에는 천안논산고속도로 정안휴게소의 이름을 정안알밤 휴게소로 바꿨다. 공주시는 2018년 177억 원을 투자해 '공주알밤특구'를 만들었다. 반면 이에 못잖은 알밤 산지인 하동군의 지리산청학농협은 바쁘다며 취재를 거절하고 밤 출하장 공개도 거부했다.

(위) 하동군 횡천면 구학마을에는 상업 시설이 하나도 없다. 밤이 우거진
산에서 잠시 뒤를 돌아보면 나무 뒤로 겹겹이 쌓인 산들만 보인다.
(아래) 먹을 수 있는 밤을 솎아내기 위해 밤을 잠깐 물에 담가 둔다. **373**

이날 최용찬이 잠깐 딴 밤의 일부. 사진으로 봐도 보통 밤보다 크다.

정말 홍보할 필요가 없을 만큼 바쁠 수도 있다. 하동의 밤 중 많은 양이 수출된다. "일본 사람들이 밤을 좋아하지 않습니까. 중국으로 가 껍질을 다 까고 일본으로 넘어가서 가공된다고 들었습니다." 최용찬의 말이다. 실제로 밤 수확 기간 동안에는 농협 직원들 역시 주말에도 온 마을을 돌며 농부들이 수확한 밤을 걷어 간다. 최용찬은 마음이 넓었다. "(농협에서 도와주면) 지역 홍보도 되고 좋을 낀데…"라고 하면서도 주말에 일하는 농협 직원들을 이야기할 때는 "그 분들도 고생하는 거지요."라고 말해 주었다.

내 손을 움직이며 살아가는 것

그렇게 산속 깊은 곳에 사는 최용찬 부부의 하루가 간다. 현실은 OX 퀴즈처럼 둘 중 하나로 나뉘지 않는다. 최용찬의 생활도 낭만과 여유와 고생과 불안 사이의 어딘가에 있다. 차로 5분쯤 가면 온 산이 내 밤 농장이다. 집 안에 있는 100년 넘은 감나무에는 임금에게 진상했다는 대봉감이 익어 간다. 고즈넉한 삶은 정확히 그만큼 고단하다. 가장 가까운 상점은 차로 10분 거리다. 가스는 LPG를 써야 한다. 밤 산에서 자라는 1천 여 그루의 밤에서 나오는 밤 생산량은 생각보다 적고 농사는 쉴 수 있는 날이 하루도 없다. 다만 거기서 하루를 사는 최용찬 부부의 표정은 뭔가를 깨달은 듯 보였다. 자기 발과 자기 손을 움직여 사는 사람만이 갖는 건강이 느껴졌다.

"이 산 사실래요?" 우리가 취재를 구실로 이것저것 묻자 최용찬은 역시 웃으며 밤 산의 구체적인 가격을 알려 주었다. '산을 구입한다'라는 개념이 익숙하지 않았으나 가격을 듣고 나니 적어도 숫자만으로는 도전 가능(?)한 액수였다. 그러니 삶은 모를 일이다. 낚시할 때나 하동을 찾던 도시인 최용찬도 이렇게 밤을 따며 살 줄은 몰랐을 것이다. 세상이 변해 다니던 직장이 문을 닫아서, 함께 밤 농사를 지으려던 친구가 떠나서, 그래서 지금 최용찬은 민물고기를 낚는 대신 밤과 감을 따고 산다. 그래도 삶은 계속되고 문명은 진화한다. 최용찬 부부는 이 산속에서 〈오징어게임〉과 〈수리남〉을 다 봤다. "여기도 다 나옵니다." 그가 인자하게 말했다.

"라이트가 빠질 수도 있어요." 서울로 돌아와 단골 카센터 사장님께 소식을 알렸다. 사장님은 오히려 덤덤했다. 구조적으로 빠질 수 있다고. 사장님이 덤덤해하자 내 마음도 진정됐다. 그럴 수 있다는데 별수 있나. 낚시할 때 찾던 곳에 자리 잡고 밤을 키우는 인생도 있는데. 예상 밖의 일들이 있다는 걸 알게 될 때 사람은 조금 더 넓어지는 것 같다. 세상은 그만큼 넓다. 우리가 상상할 수 없는 어딘가에서 지금도 밤송이들이 우르르 떨어지고 있다고 생각하면 마음이 조금 여유로워지지 않을까 생각하게 됐다.

최용찬은 자기가 딴 밤을 가끔씩 직접 판매도 한다. 5킬로, 10킬로 단위의 상자에 담아 출고한다. 그는 이날 취재 자료용으로 5킬로 상자에 밤을 담더니 우리에게 선물로 주었다. 역시 그 인자한 얼굴로. 편의점 군밤에 비하면 세 배는 커 보일 밤들이 상자 가득 담겨 있었다. 노동의 산물을 공짜로 받기가 죄송스러웠는데도 한사코 주신다고 하셔서, 정성을 거절하는 것도 예가 아니라 생각했다. 서울로 돌아와 밤을 쪘다. '말도 안 돼' 싶을 정도로 달지는 않았으나 꽤 큰 밤인데도 싱겁지 않았다. 하동의 햇빛과 최용찬의 정성으로 만들어진 맛이 이런 거구나 싶었다. 밤을 먹으며 숲 속에 매달려 있고 비포장로에 떨어져 있을 밤들을, 하동의 가을 밤하늘을 생각했다.

최용찬은 우리가 찾았던 모든 공장과 농장과 식당 담당자들 중
유일하게 자신의 일을 문서로 정리해 준 사람이었다. 오랜 직장생활을
한 분답게 밤 농사의 필수 요소가 A4 딱 한 장에 손글씨로 정리되어
있었다. 그는 내내 옅은 미소를 띤 채 묵묵하게 밤을 줍고 다듬었다. **377**

□ 논산 딸기 농장   □ 제주 당근 농장

□ 안성 포도 농원   □ 제주 감귤 농장

□ 한재읍 미나리 농장   □ (겪어 보지 않으면 알 수 없는)

□ 하동 밤 농원   동해 문어잡이 배

☑ 서울 인도어팜   □ 철원 와사비 농장

    ○ 2022년 10월 중순의 이른 아침

    ○ 서울 서초구 남부터미널역 지하

    ○ 받은 선물: 양상추 두 봉지

인도어팜:
LED 나라의 농장

"국제전자상가 지하 3층 주차장이랑 연결된다고 했는데… 어느 통로에 있죠?" 인도어팜 전문기업 넥스트온이 운영하는 농장의 출입구를 우리는 찾지 못했다. 어디에도 농장이라고 쓰여 있지 않았고, 국제전자상가 지하 3층은 외부 시설과 연결되어 있지 않았다. 국제전자상가 1층으로 올라가서 남부터미널역으로 가는 연결통로를 찾았다. 연결통로 어딘가에 아무 표식도 없는 문이 하나 있었다. 공사 현장을 막아 둔 듯한 간이 철문이었다. 문이 열리자 공사장 분위기와 영 다른 깨끗한 옷을 입은 사람이 나왔다. 스파이 영화라도 보는 기분이었다. 넥스트온 브랜드 매니저 심송이 팀장이었다.

넥스트온 인도어팜에 가는 길. 지하철역 시절의 흔적이 그대로 남아 있다.
(앞쪽) 3호선 남부터미널역 근처 지하 플랫폼 인도어팜에서 자라난 허브.   **380**

책을 읽다 구 경부고속도로 구간 옥천터널을 알게 됐다. 옥천터널의 옛 이름은 당재터널, 1970년 경부고속도로를 착공할 때 가장 공사가 어려웠던 구간이다. 시간이 흘러 당재터널은 옥천터널로 이름을 바꾸고 일반도로가 되었다. 하행선 터널은 일반도로로 쓰는데 상행선 터널의 사연이 흥미로웠다. 상행선 터널은 연중 비슷한 온도가 유지되기 때문에 묵은지 숙성고로 쓰이다가 지금은 세계 최대 규모의 인도어팜으로 쓰인다고 했다. 그 인도어팜을 운영하는 회사가 넥스트온이다. 미래적 회사가 한국 산업화의 상징을 사용한다니 흥미가 생겼다.

넥스트온은 스마트팜 회사다. 서울반도체를 거친 대표와 LED 전문가들이 만들었다. LED 조명은 식물 성장에 필요한 빛 역할을 한다. 넥스트온은 거기 더해 각종 제어 장치와 데이터 등 인도어팜을 운용하는 주요 기술에 역량이 있다. 구 당재터널이자 현 넥스트온 옥천공장은 그 스마트팜의 최전선이다. 여기서는 저온성 딸기를 키운다. 터널에서 자라는 저온성 딸기라니 생각만 해도 두근거리지만 안타깝게도 딸기는 이미 촬영한 적이 있다. 대신 카이피라와 바질 등 양상추와 허브를 키우는 서초동을 취재하기로 했다. 그래서 어느 평일 아침에 아무 표식 없는 문 앞에서 만나게 되었다. 문이 열리고 들어가서 본 풍경은 우리의 상상을 초월하는 것이었다.

고도로 발달한 농업은 멋과 차이가 없다

우리를 인솔해 주는 브랜딩 팀장을 따라갔다. 한때 지하철 상가였다가 이제는 쓰이지 않는 공간이라고 했다. 곳곳에 '존취' 나

3호선 남부터미널역 근처 지하 플랫폼 인도어팜 일부의 광경. 사진 속
빈 곳까지 재배를 늘린다면 훨씬 많은 양의 채소를 기를 수 있다. **383**

'출구' 등 당시의 쓰임새와 이곳의 역사를 알 수 있을 법한 문구가 스프레이로 쓰여 있었다. 낡은 건 지하상가의 하드웨어일 뿐 모든 리모델링 공사가 끝나 있었다. 전기 배선이나 사무실 인테리어 등은 완전히 새것이었다. SNS에 올리기 좋은 '인더스트리얼 감성 카페'라 해도 큰 무리가 없어 보였다. 고도로 발달한 농업 시설에는 그 자체로 상당한 멋이 있었다. 무엇보다 회의실에 앉아 설명을 다 들을 때까지도 식물 혹은 식물 재배의 흔적이 전혀 눈에 띄지 않았다. 바닥에 흙은 커녕 먼지 한 톨 없었다. 이곳의 식물 재배 시설은 내가 어렴풋이 알고 있던 농업 재배시설의 상식과는 상당한 차이가 있었다.

보통의 농업은 식물이 토양과 햇빛의 에너지를 받아 잎이나 열매를 키운다. 그렇기 때문에 일조량이나 온도 등 외부의 영향을 받는다. 토양이 품고 있는 영양, 즉 지력도 영원하지 않으니 비료를 계속 주거나 땅 자체를 쉬게 해 줘야 한다. 때때로 찾아오는 각종 해충이나 바람도 변수다. 이 모든 변수가 작황 수량과 농작물의 품질에 영향을 미치기 때문에 농업이 복잡한 것이다.

인도어팜은 이 모든 변수로부터 자유롭다. 인도어팜도 토양과 햇빛의 에너지와 바람을 보낸다. 토양의 에너지는 흙 대신 물에 영양분을 담은 양액으로 보낸다. 햇빛의 에너지는 자연광 대신 LED 전구로 보낸다. 때문에 날씨의 영향으로부터 자유롭고 지력 같은 건 신경 쓸 필요도 없다. 연중 온도와 습도가 일정한 지하 공간이라면 더 좋다. 더 효과적으로 각종 변수를 통제할 수 있으니까. 넥스트온 서초 인도어팜은 그 첨단 농업의 현장이었다.

그렇기 때문에 이곳 역시 입구부터 끝까지 다르다. 우리는 식품 공장에 들어가듯 헤어캡을 쓰고 가운을 입었다. 들어가기

현대 농업의 현장을 가면 이제 농업은 공업에 가까우며 농업의
근간에 과학이 있다는 사실을 깨닫게 된다. 최적화된 가시광선과
수액 양분으로 허브를 기르면 잎을 크게 키우면서도 맛은 진하게
유지할 수 있다.

전에는 먼지를 제거하는 에어 샤워 부스에까지 들어가야 했다. 에어 샤워 부스를 통과하고 나오자 네온사인이 생각나는 보라색 조명 아래로 5단 선반이 꽉 차 있었다. LED 램프(넥스트온은 '식물 광합성에 효과적인 가시광선을 발산하는 고효율 LED 광원'이라는 설명을 덧붙였다) 아래에서 식물들이 자라는 곳이었다. 조명만 보면 전자음악이라도 나와야 할 것 같으나 들려오는 소리라고는 조용하게 돌아가는 공조장치의 팬 회전음뿐이었다.

선반이 5단이라는 건 5층 밭이라는 의미다. 동일 면적의 농토에 비해 효율이 500퍼센트 높아지는 것이다. 화분 위마다 빛을 뿌려주면 되니까. 뿌리에 주입하는 영양은 양액으로 주입한다. 모든 빛과 양액 등 구체적 영양 지표는 데이터화되어 최적의 수치로 주입된다. 농업의 하드웨어와 소프트웨어가 모두 근본적으로 개선된 셈이다. 넥스트온은 인도어팜 회사 중에서도 하드웨어와 소프트웨어 최적화에 특화된 회사라고 한다. 넥스트온은 이러한 자사의 특징을 '스마트팜 통합 솔루션'이라는 멋진 말로 소개하고 있다.

모든 게 다른 농업

농업을 이루는 게 다르니 재배와 수확도 다르다. 현장에서 일하시는 분들의 복장부터 남달랐다. 흙먼지 묻은 작업복 같은 건 여기서는 상상할 수도 없었다. 흙이 없으니까. 수확의 구체적인 실무는 배지 안에 있는 식물을 뽑아내는 일이었다. 애초부터 식물이 흙에서 자란 게 아니라 코코넛 껍질로 만든 배지 안에서 양액에 적셔 가며 키웠던 것이니 뽑아낼 흙 자체가 없다. 우리가 사진을 찍고 설명을 듣는 틈틈이 중장년층 어르신들께서 가운을 입고

(위) 보라색 빛 아래에서 싹을 피우는 식물. 일견 인위적으로 보이기도
하지만 '인위적' 이유식을 먹고 예방주사를 맞는 인간과 다를 건 뭔가.
(아래) 씨앗은 코코넛 껍질로 만든 배지에서 키운다.

장갑을 낀 채 연필꽂이에서 연필을 뽑듯 식물을 뽑아 가고 있었다. 흰 가운을 입고 식물을 하나씩 뽑아내는 게 넥스트온에서 이루어지는 21세기의 수확이었다.

농장에는 사람이 많을 필요도 없다. 수확하시는 인력 몇 분과 현장을 총괄하는 R&D 팀장 정도면 된다. 씩씩해 보이는 송다영 팀장이 이곳의 R&D 팀장이다. 그는 여기서 새로 상품화할 수 있는 식물의 데이터를 확인하고 양액, 광량, 풍량 등 주요 지표를 조절해 준다고 했다. 그의 말에 따르면 배지에서 상품화가 가능할 정도의 식물로 자라나는 시간은 품종에 따라 약 2주에서 4주 정도, 씨앗으로부터 상품화까지 걸리는 시간은 총 7주 정도다. 어떤 변수를 조절하느냐에 따라 결과가 달라질 수 있다. 예를 들어 빛 조절이 조금 늦어지면 허브의 잎이 커지는 대신 목이 길어진다. 엽채는 3주 정도, 허브는 2~4주 정도 길러 주는 등 매 식물마다 변수가 다르다. 송다영은 인도어팜 농업 진행 경험을 통해 특히 많은 걸 배울 수 있다고 했다. 그의 부모님이 비닐하우스 농사를 짓기 때문이었다. 여기서 배운 것들이 그의 가업에도 도움이 될 것 같았다.

스마트 농산물의 맛

그래서 어떤 식물을 키우고 맛은 어떨까? 키우는 식물은 단가가 높은 프리미엄 채소류다. 지금은 바질 등의 허브와 크리스피아노, 카이피라 등 유럽 상추를 키운다. 바질은 우리가 알던 동전 크기만 한 바질이 아니라 웬만한 스마트폰만큼 크다. 보통 엽채나 과실류는 커질수록 싱거워지는데 넥스트온이 키운 바질은 어떻게 했는지 잎이 큰 만큼 향이 더 진하다. 이 큰 바질이 금돼지

(위) 수확 작업 역시 기존에 농업과 비하면 한결 쾌적하다.
허리를 굽힐 일이 별로 없어 보였다.
(아래) 첩보 영화에 나오는 비밀 신약 제조 공장처럼 보일 수도
있지만 실제로는 양상추가 출고되는 장면.

389

식당 바질쌈에 쓰이는 그 바질이다. 크리스피아노와 카이피라 등의 상추도 햄버거집이나 샐러드 가게 해당 식재료를 자주 쓰는 곳에 납품되고 있다. 상추의 맛도 놀라웠다. 원래 카이피라나 크리스피아노는 수분 함유량이 풍부한 상추다. 그런데 바로 따온 것이니 잎 끝까지 아삭한 맛이 살아 있었다. 그럴 만도 했다. 말 그대로 밭에서 바로 땄으니. 그 밭의 모습이 우리가 알던 것과 달랐을 뿐이다.

미식계에서 쓰는 말 중 '팜 투 테이블'이라는 개념이 있다. 내가 있는 곳과 가까운 농장에서 키운 식물을 섭취한다는 개념이다. 실제로 서유럽의 고급 레스토랑 중에서는 레스토랑 근교 100킬로미터 이내에서 모든 식자재를 수급하는 곳도 있다. 가까운 곳에서 오는 만큼 신선할 것이고, 그만큼 맛있을 것이다. 팜 투 테이블의 의미는 맛을 넘어선다. 지역에서 소비가 완결되니 지역 경제에도 좋을 테고 가까운 곳에서 물류가 오가니 물류 운송 과정에서의 탄소배출도 줄어들 것이다. 이런 이유로 팜 투 테이블은 점점 중요한 개념이 될 것이다.

서울도 선진국형 개념들이 속속 들어오는 도시다. 곧 서울형 팜 투 테이블이라는 개념도 생길 것 같다. 특정 지역의 한우를 쓴다는 식당의 메뉴판처럼, 해당 지역에서 50킬로미터 안에 있는 채소만 썼다는 개념의 프리미엄 레스토랑이 나올지도 모른다. 그렇다면 서초동의 지하 인도어팜이야말로 서울형 팜 투 테이블의 최전선이다. 이날 미래가 시작되는 현장을 눈에서 보고 온 기분이 들었다.

넥스트온은 더 큰 미래를 그린다. 이들의 주 사업 영역은 단순한 농업용 LED 전등 같은 게 아니다. 인도어팜 하드웨어와 운용 소프트웨어가 결합된 인도어팜 모델 자체다. 인도어팜 모델이 확대된다면 말 그대로 실내 아무데서나 신선한 채소를 키울 수 있다. 대형 아파트단지 지하상가 한 동에서도, 아니면 지금 몇몇 사람들이 하듯 베란다 한 켠에서도. 인터넷이 세상을 바꾼 것처럼 스마트팜도 사람의 식생활을 바꿀지도 모른다. 기대와 기묘한 기분을 동시에 느끼며 인사를 하고 농장을 떠났다. 농장 문을 닫고 나오자 다시 국제전자상가 연결통로였다. 이상한 나라의 앨리스의 토끼굴에 들어갔다 온 것 같았다. 내가 뭘 보고 온 건가 싶었다.

과거의 지하철역 지하상가였던 곳에 비추는 오늘날 농업용 가시광선의 광택.

당근:
제주 왔으면
당근 한번 뽑아 봐야지

"어떡하죠? 제주도에 눈이 너무 많이 와서 당근 촬영을 할 수가 없대요."라는 말을 촬영 전날 들었다. 취재 갈 사람들 이동편과 숙소와 렌터카까지 예약해 둔 상황이었다. 내 머릿속에도 폭설이 내린 기분이었으나 어떻게든 해야 하는 게 이 일이다. 일단 가자고 했다. 가면 뭐라도 찍으면서 물어볼 수 있겠지. 당근 주스라도, 뽑혀 있는 당근이라도, 아니 당근 상자라도.

당근을 촬영할 수 없는 당근 취재

제주 구좌읍 지역에서 당근 농사를 짓는 임봉천 대표는 우리에게 일단 네비게이션에 '종달수다뜰'을 찍고 오라고 했다. 아침에 식당에 도착하니 식당에는 하루 식사를 준비하는 사람만 있었다. 곧 장화를 신은 임봉천이 도착했다. 그는 잠깐 앉아 보라더니 아무 말없이 먼저 당근 주스 네 잔을 갈아 주었다. 한 모금 마시자마자 묻고 싶어졌다. 이게 당근만 넣은 게 맞습니까. 당근만 갈았는데 이렇게 달콤한 맛이 강하고 쓴맛이 없을 수가 있습니까. 아무 말없이 갈아 줄 만한 맛이었다.

당근 주스만 마시고 돌아갈 수는 없었다. 밭으로 가기로 했다. 당근밭에 가는 길은 목가적인 영화가 생각나는 풍경이었다. 사장님의 2.5톤 트럭이 제주도의 현무암 돌담길 사이로 천천히 움직였다. 집 앞에 도착하자 사모님이 나오셨다. 트럭에 사모님이 타자 다시 천천히 움직여 근처 당근밭에 도착했다. 삼거리 모양 길가의 ㄱ자에 면한 부분에 밭이 있었다. 길 건너는 저수지. 오리들이 물 안팎을 오가고 있었다. 당근밭에는 눈이 하얗게 쌓인 흔적이 남아 있었다. 눈이 쌓여서인지 눈앞에 보이는 건 길게 뻗은 풀 줄기뿐. 이 풀만 봐서는 당근밭인지를 알 수도 없었다.

(앞쪽) 당근 수확을 할 수 없을 만큼 눈이 많이 내린 날 제주시 구좌읍 당근밭에 묻혀 있던 당근.

당근밭에 도착한 현장. 처음 갔을 때 문외한의 눈으로 보면
당근이 어디에 있는지도 알 수 없었다.

당근은 어떻게 캐는가

"당근은 이렇게 캡니다" 임봉천 대표는 그렇게 말하더니 갑자기 자기 손 앞에 있던 풀줄기를 들어 올렸다. 땅에 기름이라도 발라둔 것처럼 당근이 매끈하게 쏙 올라왔다. 저렇게 쉽게 뽑혀 나올 수 있을 거라고는 상상하지 못했다.

그다음 일은 더 예상 밖이었다. 당근밭 끝부분이 조금 녹아 있었다. 농부 부부는 사진을 촬영할 분량만 뽑아 주신다고 했다가 갑자기 본격적으로 앉아서 당근을 뽑기 시작했다. 본격적인 당근 수확의 신호는 사모님의 휴대용 의자[21] 장착이었다. 휴대용 의자의 줄을 두 다리에 끼우면 쿠션이 엉덩이 뒤로 꼬리처럼 붙는다. 매번 바닥에 주저앉으면 엉덩이가 젖을 텐데 휴대용 의자 덕에 멀쩡하다. 역시 혁신은 현장 관찰과 치열한 고민 끝에 나오는 단순한 결과물이었다.

"제주 왔으면 당근 한번 뽑아 봐야지!" 임봉천의 말에 나도 가만히 있을 수 없었다. 우산꽂이에서 우산 뽑는 것보다 쉽게 뽑아 내시니 별로 안 어려운가 싶기도 했다. 보이는 게 그랬을 뿐 막상 줄기를 쥐고 위로 뽑으려 하니 역시 잘 안 뽑혔다. 당근은 허락된 자에게만 뽑히는 엑스칼리버 같은 걸까. "허운데기! 허운데기!" 옆에서 사모님이 말씀하셨다. '허운데기'는 제주도 말로 머리카락이니 당근의 머리채라 할 줄기를 잡고 당기라는 말씀이다. 힘을 더 주니 당근이 뽑혀 나오긴 했으나 분명히 내 수확은 농부 부부에 비해 덜 매끄러웠다. 그만큼 속도도 느렸다.

당근 사장님 부부의 수확 속도는 놀라웠다. 그럴 리 없을 텐데 당근이 땅 속에서 땅 위로 알아서 뽑히려고 힘을 내는 것처럼 보였다. 사장님 부부는 당근을 캘 때 나처럼 힘을 많이 쓰는 것

잡초밭인 줄 알았던 곳이 당근 밭이었다. 임봉천 대표 부부는
서울에서 온 우리를 위해 놀라운 속도로 당근을 뽑기 시작했다.

같지도 않았다. 당근을 뽑을 때 힘이 들어가는 부분은 손가락 두 개가 전부다. 심지어 이분들은 당근을 연속으로 뽑았다. 당근 줄 기를 손가락 사이사이에 꽂아서 최대 한 손에 줄기 포함 당근이 네 개씩 잡히는 것이었다. 사장님 부부가 한 손에 대여섯 개를 뽑 다 보니 금방 당근밭의 한 부분이 비었다.

부부는 협업도 아주 잘했다. 사모님이 사장님에게 컨테이 너 좀 가져오라고 이야기했다. 임봉천은 운전을 해 집에 들러서 는 당근이 담길 20킬로그램 분량 대형 플라스틱 바구니를 들고 왔다. 이쯤 되니 나 역시 수첩 하나 펴고 취재한답시고 구경만 할 수 없었다. 오늘은 농사를 할 수 없는 날이라고 하면서도 계속 해 주시니까. 겨울이니 바람도 불었으나 두 분은 제주의 겨울바람 앞에서도 손을 멈추지 않았다. 나도 이분들의 박자를 따르려 노 력하며 옆에서 당근을 날랐다. 당근이 20킬로짜리 바구니 아홉 개에 담겼다. 이걸로 오늘 수확 끝.

여기서 수확된 당근은 만화영화에 나오는 당근에 더 가깝다. 나는 당근 줄기가 그렇게 긴 줄 몰랐다. 당근 뿌리 길이에 비해 두세 배씩은 긴 줄기들이 당근 머리에 매달려 있었다. 그 줄기를 잡아 끌어올리는 솜씨가 당근을 수확하는 솜씨였다. 지금 와 생 각해 보면 나는 당근 뿌리 근처의 줄기를 잡아 뽑았고 사장님들 은 줄기의 끝에 가까운 윗부분을 잡아 뽑았다. 그런 디테일이 큰 차이를 만들었다.

당근은 어디로 가는가

지금까지 취재한 농산물들은 상품화가 되기 위해 거치는 과정들 이 있다. 생산자가 손질을 하고 출하장으로 가서 품질을 확인한

숙련된 농부가 한 손에 잡을 수 있는 당근의 양.
한 손가락 사이에 두 개씩 끼워서 얼추 10개 안팎이다.
이 정도 뽑으면 바구니에 옮겨 담는다.

뒤 상자에 넣어 출고한다. 임봉천의 당근도 그랬다. 당근의 줄기는 밭에서 다 자른다. 줄기가 잘리고 뿌리만 남은 당근을 세척한다. 개별 등급을 매긴다. 등급에 따라 상자에 넣으면 출고 준비가 끝난다.

임봉천은 이 모든 절차를 본인의 집에서 해결했다. 그는 몇 년 전 그림 같은 집을 짓고 멋진 현무암 등으로 정원을 장식했다. 그림 같은 현무암 정원 옆에 역시 그림 같은 당근 출하 시설이 있었다. 당근 창고, 당근 세척기 등. 집 안에는 작업을 위한 전기 지게차까지 있었다. 임봉천은 원래 이런 설비는 잘 보여주지 않는데 이날은 특별히 보여주는 거라고 말했다. 감사한 마음으로 당근 상품화 과정을 지켜보았다.

당근 세척기가 인상적이었다. 트럭에 실려 온 당근을 세척기에 집어넣고 몇 분 기다리면 당근 세척이 끝난다. 당근 세척기는 기계식 세차장을 뒤집어 둔 것같이 생겼다. 넓은 욕조 같은 세척기에 당근을 넣고 스위치를 올리면 당근 아래에 있는 세척 솔이 회전한다. 세척 솔과 당근들이 몇 번 비벼지고 나면 당근은 방금 세수한 얼굴처럼 반짝거린다. 씻은 당근이 쏟아지는 장면을 보면 내 잡념까지 깨끗해지는 기분이 든다.

임봉천은 세척기를 거쳐 깨끗해진 당근을 하나씩 선별했다. 당근의 등급은 크기와 모양에 따라 분류한다. 크기 순서에 따라 왕, 특, 상 순서다. 왕은 어감처럼 크고 풍요로우나 임봉천의 설명에 따르면 왕이라고 더 맛있는 건 아니다. 임봉천이 '딱 맛있는 거'라며 들어서 보여준 건 작은 당근이었다.

당근의 급수를 매기는 걸 보며 생각이 많아지기도 했다. 왕, 특, 상은 크기라는 시각적 지표에 따른 분류다. 등급외 당근도 있

(위) 당근 줄기는 작업장에 가기 전에 잘라낸다.
이때부터 우리가 아는 당근 모양이 나오기 시작한다.
(아래) 수확한 당근은 세척기에서 깨끗해진다. 이후 당근의 등급을
일일이 매긴다.

다. 등급외의 기준 역시 맛이 아니라 생김새다. 너무 크거나 작거나, 혹은 약간 갈라진 부분이 있거나 인삼처럼 뿌리가 두 갈래로 갈라진 것 등이 등급외다. 모두 같은 밭에서 나왔으니 개별 당근의 맛 차이는 크지 않을 텐데 크기와 모양이라는 기준이 적용되며 당근의 급수가 달라진다. 시각적 분류가 효율적이고 직접적인 기준이겠으나 당근의 맛을 보장하지는 못한다. 사는 것도 비슷하다는 생각이 들었다.

겨울의 맛, 당근의 맛

이게 당근 맞나 싶을 정도로 달콤한 임봉천의 구좌 당근을 먹을 수 있는 몇 가지 방법이 있다. 일단 임봉천 사장 본인께 주문하면 된다. '종달수다뜰'로 전화하면 주문 가능하다. 종달수다뜰에서도 당근주스를 판다. 가서 밥을 사 먹어도 당근 주스를 준다. 구좌읍 해변에 자리한 카페 '오스모시스'에서도 임봉천이 재배한 당근을 갈아 당근 주스를 먹을 수 있다. 용산구와 중구에 자리한 헬카페에서도 이곳의 당근을 받아 당근 주스를 만든다.

구좌 당근을 갈아 만든 당근 주스는 싸지 않다. 가격으로 세상을 판단하는 사람이 본다면 '너무 비싸다'고 생각할 수도 있다. 크리스마스 근처에 눈 쌓인 밭에서 초로의 부부가 당근을 바람처럼 캐는 걸 본 입장에서 그 당근을 비싸다고 못 하겠다. "당근은 제일 더울 때 씨를 뿌리고 제일 추울 때 걷어요."라고 임봉천 옆에서 당근을 캐던 사모님이 말씀하셨다. 사실이었다. 당근을 옮기는 내내 바다에서 온 삭풍이 불었다. 내가 실제로 이분들의 일을 도운 시간은 한 시간이나 될까? 고작 그걸 돕고도 손이 터서 며칠 동안 가라앉지 않았다.

모두가 그 노고를 상상하며 당근 주스를 마시라고 강요할 수는 없다. 다만 현장 어디에도 판타지는 없다. 예쁜 영상 속 '리틀 포레스트' 같은 세상은 없다. 칼바람이 부는 겨울 밭에 주저앉아 당근을 뽑는 농부들이 있다. 그 농부들이 따온 당근을 세척기로 돌리고 상자에 담아 육지로 보내 사람들이 갈아 줬을 때 그 예쁜 색깔의 당근 주스가 나올 뿐이다. 아름답지 않을 수도 있는 과정을 거쳐야 아름다운 게 나오곤 한다.

다만 이날 무슨 이유였는지 당근을 수확해 주신 임봉천 사장 부부께는 특별히 감사를 표하고 싶다. 이분들은 사실 더 기다렸다가 수확하면 왕 등급이 될 수 있는 당근을 우수수 뽑으셨다. 사모님은 그 추운 날씨에 맨손으로 저수지의 차가운 물로 당근을 씻은 뒤 우리에게 먹어 보라며 줄기째 건네주셨다. 밭에서 바로 씹어먹는 당근의 감촉이 아직 잇몸에 남아 있는 것 같다. 농부 부부는 줄기가 그대로 붙어 있는 당근 네 개를 꽃다발처럼 선물로 주셨다. 우리는 그 당근을 계속 가지고 다녔다.

제주 당근 이모저모

제주는 한국에서 당근이 가장 많이 나는 곳이다. 한국 당근 생산의 70퍼센트가 제주산이다. 기후 때문이다. 당근은 7~8월에 파종해 12~3월에 수확한다. 한국에서는 제주와 경남에서 재배하며, 가을에 나오는 건 평창 고랭지산이다. 1991년 한국에서 유통되는 당근 점유율은 99.4퍼센트가 국산 당근이었다. 세대가 몇 번 돌고 난 지금은 중국산, 베트남, 뉴질랜드에서도 당근이 수입된다. 세상이 끊임없이 바뀌는 건 내 분야만이 아니다.

제주 당근은 왜 맛있을까. 당근을 자라게 하는 게 기후라면 제주 당근을 맛있게 하는 건 지리다. 지리 중에서도 흙이다. 제주의 흙은 화산성 흙이라 얇고 가벼운 다공성 토질이다. 물이 잘 빠진다는 뜻이다. 물이 잘 빠지면 당근에 쓴맛이 배지 않는다고 임봉천은 말했다. 그는 당근에 쓴맛이 도는 걸 '석유 맛'이라고 표현했는데 생각해 보니 정말 그 맛이었다. 비슷한 이야기를 어딘가에서 들은 적이 있는데 작년에 한재 미나리를 키우던 청도였다. 한재 미나리를 키우는 곳도 물과 흙이 좋아서 미나리가 맛있다고 했다. 물은 맑고 흙은 물이 잘 빠져서 속이 비고 깨끗한 미나리가 나온다고 했다. 당근도 미나리과니까 미나리과 식물들에게는 물이 잘 빠지는 토양이 중요한 것 같다.

당근을 뽑으면 구멍이 남는다. 당연한 이야기지만 진짜 세상을
모르는 도시인의 눈에는 새삼스럽게 새로워 보인다.

눈 쌓인 1월의 당근 밭에서 갓 뽑아낸 제주 구좌읍 당근.

이날 뽑은 당근을 바로 세척하는 모습. 쏟아지는 물줄기 사이로
당근들이 비벼지며 서로의 흙을 닦아낸다. 세제도 수세미도 없다.

살아 있는 주방 ― 농장

□ 논산 딸기 농장　　　　　　□ 제주 당근 농장
□ 안성 포도 농원　　　　　　☑ 제주 감귤 농장
□ 한재읍 미나리 농장　　　　　　○ 2022년 봄처럼 따뜻했던 12월 아침
□ 하동 밤 농원　　　　　　　　○ 제주 서귀포시 남원읍
□ 서울 인도어팜　　　　　　　　○ 받은 선물: 감귤 한 박스
　　　　　　　　　　　　□ (겪어 보지 않으면 알 수 없는)
　　　　　　　　　　　　　동해 문어잡이 배
　　　　　　　　　　　　□ 철원 와사비 농장

감귤:
모던 감귤

서귀포 푸른농장의 귤 창고. 천장이 높아서 오랫동안 시원하다.
여기에 귤을 쌓아 두고 몇 달 동안 출고시키면 전국으로 감귤이 유통된다.
(앞쪽) 푸른농장에서 익어 가는 제주 토종 감귤 하례조생.

서귀포 푸른농장에 들어가는 길은 환상 속 시골 숲길의 모습이었다. 제주에서 서귀포로 가는 긴 도로를 지나 네비게이션을 따라 몇 번 좌회전과 우회전을 하자 12월인데도 푸른 잎이 무성한 숲길로 들어갔다. 카 오디오에서는 당시 최신곡 르세라핌의 '안티프래자일'이 나오고 있었다. 훌륭한 노래지만 이 풍경에서는 자연스럽게 볼륨을 줄일 수밖에 없었다. 대도시의 전자음을 낮추고 창문을 열었다. 새 소리와 바람 소리만 들려오는 틈틈이 오렌지색 덩어리들이 보였다. 길가에 있는 감귤나무였다. 어디선가 본 것 같기도 하고 아닌 것 같기도 한, 미디어에서 수도 없이 재생산되었을 제주였다.

제주의 딥 사우스

아름다운 풍경을 지나 오늘의 목적지인 서귀포의 푸른농장에 도착했다. 제주도는 말할 필요도 없는 전국 최대의 감귤 산지다. (유일한 산지는 아니다. 한반도 남부 일부에서도 귤이 난다.) 감귤 농사를 짓는 농가의 호수만 14,400호가 넘는다(2020년 통계청 통계 기준). 그렇다면 어떤 감귤 농장을 취재해야 할까. 가장 큰 곳? 가장 유명한 곳? 아니면 가장 전통적인 곳? 그럼 가장 전통적이라는 것의 기준은 뭘까? 고민 끝에 우리는 확실한 기준을 정하기로 했다. 최고의 감귤을 생산한다고 인정을 받은 곳. 오늘의 목적지인 푸른농장이 그중 하나였다.

맛있는 감귤이란 무엇일까. 제대로 대답하기는 어려운 질문이다. 적당한 크기가 있을까? 맛을 이루는 요소는 무엇일까? 시면 좋을까 달면 좋을까? 이 모두를 종합한 기준은 무엇일까? 귤을 사 먹으면 그만인 우리가 매사 합당한 기준을 적용하며 귤을 고를 필요는 없다. 만드는 사람은 다르다. 농업은 직업이며 직업은 계속되어야 하니까, 누군가는 계속 지표를 보며 생산성과 품질을 높이고 있다. 그 사람이 강창민 대표다.

우리가 도착했을 때 그는 큰 나무 아래에서 그날 내보낼 귤을 차에 싣고 있었다. 흰색 베라크루즈도, 귤 상자도, 철문 안으로 보이는 귤 창고도 아주 깨끗, 우리가 앉아서 기다린 사무실도 깨끗했다. 마침 강창민이 차에 귤을 다 싣고 사무실로 들어왔다. 그의 옷차림도 깨끗했다. 왠지 재미있는 이야기를 들을 수 있을 것 같았다.

모던 귤 농부의 모던 귤 농사

강창민은 아버지 대부터 귤 농사를 짓는 집의 2대다. 젊을 때는 잠깐 다른 일도 하다가 가업을 잇게 되었다고 했다. 얼핏 봐도 그는 삶을 재미있게 사는 것 같았다. 사무실 벽 한편에는 하드록 밴드 AC/DC의 투어 티셔츠가 걸려 있었다. 반대쪽 벽에는 낚싯배 위에서 찍은 듯한 기념사진이 크게 인화되어 있었다. 다양한 경험에 열려 있는 사람이라는 느낌을 받았다. 공간이 사람의 성향을 어느 정도는 말해 주는 걸까, 강창민 버전의 귤 농사 역시 이전과는 달랐다. 품종부터 농법에 이르는 디테일까지가 달랐고, 그 디테일을 이루는 뿌리가 달랐다.

강창민은 일단 새로운 품종을 쓴다. 한국에서 짓는 대부분의 귤 품종은 '궁천'이라 부르는 미야가와조생(宮川早生). '조생'은 일찍 난다는 뜻이다. 강창민은 귤 농사를 시작한 뒤 새 품종을 도입했다. 한국 최초로 만들어진 감귤 품종인 하례조생. 감귤연구소가 있는 서귀포시 남원읍 하례리의 이름을 따서 만들어진 역사적 품종이다. 하례조생은 보통 감귤에 비해 더 맛있다고 인정받았다.

그가 바꾼 건 품종만이 아니었다. 그는 농사에 신소재를 도입했다. 타이벡, 듀퐁에서 폴리에틸렌으로 만든 신소재다. 방수가 되면서 습기가 투과되는 특징이 있어서 보호복이나 의료용 포장재나 농업 등에 쓴다. 강창민의 푸른농원에는 이 타이벡이 흙 위에 덮여 있다. 서귀포는 연간 강수량이 한국에서 가장 많은 곳이다. 비가 많이 오면 감귤의 맛이 변할 수 있다. 강창민은 이를 해결하기 위해 타이벡을 썼다. 비가 너무 많이 오면 타이벡을 덮는다. 방수가 되면서 습기가 빠져나가니 흙이 썩지 않는다.

하례조생을 키우는 농가는 서귀포에 많지 않다. 거기에 강창민의 남다른 면이 있다. 하례조생이 맛있다고 바로 심을 수는 없다. 농가 입장에서 다 큰 감귤나무는 이제 안정적으로 수익이 보장되는 임대 건물과 비슷하다. 생산성이 보장된 귤나무를 키우려면 30년 정도 걸린다. 큰 문제가 없다면 잘 키운 나무를 벨 필요가 없다. 하례조생의 보급률이 아직 높지 않은 이유 중 하나다. 강창민은 실행했다. 원래 있던 감귤나무를 베고 하례조생을 새로 심었다. "주변에서 다들 미쳤다고 했어요." 강창민의 회상이다. 타이벡도 마찬가지다. 강창민이 타이벡을 처음 사용하던 당시에는 감귤 농사에 타이벡을 쓰는 경우가 거의 없었다.

오늘날의 농사

농사는 날씨의 산물인 동시에 날씨를 대하는 인간 대응의 산물이다. 서귀포의 자연 속에서 강창민이 추구하는 농사의 이상적인 정의는 간단하다. 더 높은 당도와 더 낮은 산도. 강창민의 하례조생은 그 두 가지 숫자를 위해 노력한 결과물이다. 빛을 받으면 당도가 높아진다. 그래서 강창민은 나무 사이의 간격을 일정하게 유지한다. 나무가 너무 빽빽하면 빛을 덜 받으니까.

타이벡도 더 좋은 맛을 위한 장치이자 설비다. 비가 너무 많이 와서 흙이 너무 젖으면 산도가 높아진다. 즉 더 시어진다. 강창민이 흙에 타이벡을 덮는 이유다. 타이벡을 쓰기 위해서도 별도의 시스템이 필요했다. 그는 타이벡을 걷었다 풀었다 하는 장치를 고안하고 타이벡을 위해 이랑도 새로 만들었다. 그는 "이렇게만 해 줘도 1브릭스가 올라가요." 같은 말을 자주 했다. 이 농장의 모든 디테일이 그 수치에 맞춰져 있는 것처럼. 2004년 처음 하례조생이 연구될 때의 당도는 10.7브릭스였다. 올 겨울 김창민이 키운 하례조생은 15브릭스가 넘는 것도 있다. 수치로 드러난 노력이다.

좋기만 한 물건도 시장에서 의미가 없다. 보통 감귤보다 50퍼센트 달콤한데 가격이 세 배 비싸다면 그만큼 시장에서 사랑을 덜 받을 수밖에 없다. 강창민은 더 높은 생산성을 위해서도 노력했다. 감귤 재배에는 겨울에 비닐하우스를 난방해 귤을 키운 뒤 여름에 내는 시설 농업이 있다. 강창민은 이 난방을 중지하고 다른 방식으로 잘 지어보기로 했다. 이런 노력의 디테일이 쌓인 결과 강창민의 귤은 조금 더 비싼 가격에 내놓아 사람들의 사랑을 받는다. 남들이 하지 않는 일을 시작해 좋은 결과를 낸다.

강창민과의 대화는 집중이 필요하면서도 즐거운 일이었다. 당도를 올리는 방법론에 대해 처음 들어보는 이야기가 많았기 때문에 집중을 하고 있어야 했다. 즐거움이 훨씬 컸다. 강창민의 말이 모두 명확했기 때문이었다. 어떤 과일이 좋은 과일인가. 더 달고 덜 신 과일. 그를 위해서 어떤 노력을 했는가. 신품종 하례조생을 도입했다. 신소재 타이벡을 바닥에 깔았다. 난방과 관수(물주기) 등에 새로운 시스템을 구축했다. 설명하는 틈틈이 강창민은 하례조생을 하나씩 따서 주었다. 일단 크기가 컸다. '농사를 어떻게 지으시길래 귤이 한라봉만 한가' 싶었다. 보통 과일은 커지면 싱거워진다. 강창민의 하례조생은 맛이 진했다. 그가 강조한 대로 단맛이 더 나고 신맛이 줄어 있었다.

명확한 아름다움

도시인들이 갖는 농사에 대한 환상과 낭만이 있다. 자연, 전통, 유기농, 계절, 뭐라 정확히 설명할 순 없지만 클래식 기타 솔로의 선율처럼 느릿한 분위기. 그 말들이 다 맞을 것이다. 다만 아름다운 옷에도 사이즈 구분이 있고 엄정한 수치가 있는 설계도가 있다. 아름다움이나 감성의 구조 역시 어떤 상황에서는 누구나 이해할 수 있는 설명이 필요한 순간이 온다. 강창민은 자신의 귤을 통해 그 사실을 보여주었다. 그의 농장은 깨끗했고, 흙에는 타이벡이 빠짐없이 덮여 있었고, 감귤이 달았다.

이 원고를 작성하기 며칠 전 어딘가에서 '아름답고 모호한 글'이라는 표현을 보았다. 과일이나 맛이나 농사 역시 아름답고 모호한 글로 표현되는 소재다. 물론 어느 상황에서는 모호한 말로밖에 표현할 수 없는 게 있다. 나 역시 생각을 표현물로 정리하는 게 직업이니 안다. 동시에 세상이 나아갈수록 과거엔 모호하던 요소를 표현하는 정밀한 도구가 생겨난다. 그래서 우리의 눈앞이 점점 또렷해진다. 달다는 게 당도로 표시되고, 맛있다는 게 당과 산의 비율로 표시되는 것이 오늘날 세계의 언어다. 푸른농

(위) 푸른농장 하례조생 바닥에 깔린 타이벡. 비가 흙을 적시는 걸 막는
용도다. 흙이 너무 젖으면 시어지기(산도가 올라가기) 때문이다.
(아래) 취재 중 만난 농업인들은 손의 일부처럼 가위를 가지고 다녔다.
강창민도 오른손에 가위를 든 채 이야기를 계속했다.

장의 하례조생은 그래서 인상적이었다. 그 맛의 화살표는 명확한 방향을 가리키고 있었다. 더 달고 덜 신 귤. 그래서 더 맛있는 귤.

제주 감귤이 한국에 온 사연

한국에 들어온 대부분의 과일은 20세기 초에 외국에서 들어온 것이다. 귤도 그랬다. 조선 시대에 재래귤을 진상 보냈다는 기록이 남아 있으나 고종 31년(1893) 진상 제도가 사라졌다. 기록상 제주 감귤의 시작은 1911년부터로 본다. 여기에도 프랑스 출신 신부가 있다. 파리 외방 선교회 출신 에밀 조제프 타케(Émile Joseph Taquet, 1873~1952) 신부가 한국에 최초로 밀감나무를 들여온 주인공이다. 그는 일본에서 활동하던 포리 신부에게 제주 왕벚나무를 보냈고, 포리 신부는 답례로 '온주밀감'을 주었다고 한다. 그가 심었던 최초의 감귤나무 열네 그루가 한국 최초의 감귤나무다.

그 열네 그루의 감귤나무는 최근까지 있었다. 서귀포시 서홍동 '면형의 집' 마당에, 한반도에 처음 왔던 감귤나무 중 마지막 한 그루가 살아 있었다. 그 나무가 2019년 4월 고사되었다. 고사한 나무는 약품처리된 뒤 면형의 집에 영구 보존되었다. 프랑스 신부가 일본에서 선교 중인 신부와의 교류를 통해 제주도에 감귤을 들여왔다니 한국도 참 흥미로운 나라다.

☐ 논산 딸기 농장   ☐ 제주 당근 농장
☐ 안성 포도 농원   ☐ 제주 감귤 농장
☐ 한재읍 미나리 농장   ☑ (겪어 보지 않으면 알 수 없는)
☐ 하동 밤 농원   동해 문어잡이 배
☐ 서울 인도어팜   ○ 2022년 11월 11일 오전 5시
                                ○ 강원도 동해시 묵호항
                           ☐ 철원 와사비 농장

문어:
문어 취재 갔다가
무너진 사연

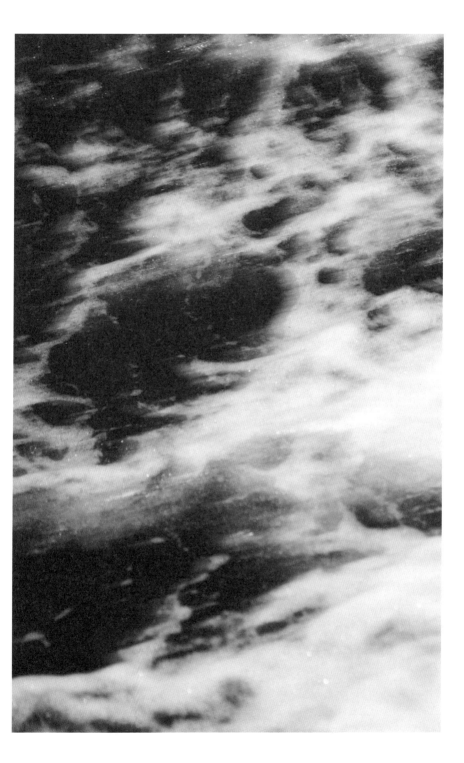

"급하게 나갈 필요 없잖아요?" 어둠 속에서 강원도 말투와 경북 말투가 조금 섞인 남자 말씨가 들렸다. 11월 11일 금요일 새벽 5시 10분. 강원도 동해시 묵호항 선착장에 매여 있는 어선 '길영호' 앞에서 김귀봉 선장을 만났다. 그의 피부는 뒷목까지 빠짐없이 까맸다. 햇빛 아래 일하는 사람들의 색이었다.

바다의 신사

"문어 낚시는 바다의 신사라고 해요." 길영호를 보니 그의 말을 이해할 수 있었다. 문어를 잡는 방법은 크게 세 가지다. 그물을 던져 두는 통발. 직접 잠수해 내려가는 머구리, 길영호 같은 방식의 낚시. 동해에서는 낚시 혹은 머구리만 쓴다. 문어 낚싯배에는 바다 생선의 짠 비린내도 나지 않았다. 문어 낚시는 미끼를 쓰지 않는다. 문어는 미끼 대신 빛에 반응한다. 문어 낚시 바늘에는 미끼 대신 제기의 술처럼 얇은 은색 플라스틱 필름이 붙어 있었다.

김귀봉도 묵호항의 신사였다. 그는 나의 고정관념 속 거친 바다 사나이와는 전혀 달랐다. 자기 배를 가져 보는 게 로망이라 2018년까지 도시에서 살다 귀어했다. 목소리가 크지도, 입이 거칠지도, 손동작이 크지도 않았다. 그는 문어 박물관의 전시 기획자처럼 모든 질문에 조리 있게 말해 주었다. 일이 끝나면 동해시 60세 이상 축구팀에서 축구를 하고 골프를 친다고 했다. 그의 생활과 문어 낚시에 대한 이야기를 다 나누자 둘 다 애를 써도 어쩔 수 없는 소개팅의 침묵 같은 시간이 잠시 흘렀다. "이제 나갈까요?" 김귀봉은 배 엔진의 시동을 걸었다.

이번 촬영의 변수는 날짜였다. 일기예보는 일주일 치만 나왔다. 일기예보가 나오고 그에 따라 촬영 일자를 11월 11일 금요일로 잡았다. 화요일에 연락이 왔다. 목요일 날씨가 더 좋은데 그때 올 수 있냐고. 우리 측 일정도 있으니 날짜를 바꿀 수 없었다. 지금 생각하면 어떻게든 목요일에 갔어야 했다.

거친 바다의 신사

길영호는 방파제 속 호수 같은 바다를 가로질렀다. 이날 예상 파고는 0.5~1.5미터. 괜찮은 편이라고 했다. 나도 그렇게 생각했다. 배도 여러 번 타 봤고 작은 배에서 취재를 한 적도 있다. 뱃멀미가 약간 있을 수는 있어도 취재 업무야 할 수 있을 것이었다. 취재팀 모두 동의했다. 우리 모두의 착각이었다. 우리는 문어 낚시 방법을 간과하고 있었다.

문어 낚시 도구는 배에서 던지는 방식이다. 낚싯줄이 감겨 있는 나무토막에 스티로폼 공을 붙인 게 문어 낚시 도구다. 그걸 던지면 바다 위 부표처럼 스티로폼 공이 떠 있다. 그걸 기다린 뒤 걷어올리는 게 문어 낚시다. 이런 낚시에서 효율을 꾀하려면 어느 한 포인트를 중심으로 두고 컴퍼스처럼 계속 돌아야 했다. 땅이 1미터씩 흔들리는데 나선형 회전 주차장을 끝없이 도는 식이었다. 그 당시에는 그게 무슨 기분인지도 모르다가 나는 취재 도중 말 그대로 주저앉았다. 작동 불능 상태가 되었다. 함께 한 사진가를 포함해 우리 모두 작동 불능 상태가 되기까지 한 시간이 채 걸리지 않았다.

"물이 많이 간다!" 선내 무전으로 바다 위의 문어잡이 선장님들 목소리가 계속 들렸다. '물이 많이 간다'는 건 조류가 세다는 뜻이었다. 조류가 약해야 낚싯줄이 똑바로 바다 밑까지 떨어져 문어가 미끼를 잡을 확률이 높아진다. 조류가 강하면 낚싯줄이

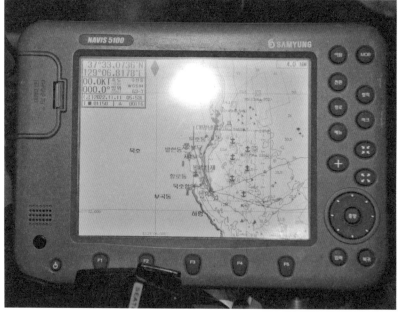

(위) 김귀봉 선장은 손잡이가 전혀 없는 어선에서 자유자재로 움직였다.
왼팔 겨드랑이로 손잡이를 잡듯 쇠파이프에 몸을 고정시키고 키를 돌렸다.
(아래) 김귀봉이 참고하던 화면. 수심과 해류, 다른 어선의 위치가
표시되어 있다. 이 데이터에 입각해 문어를 잡으러 간다.

흔들려 문어가 덜 잡힌다. 김귀봉 역시 타기 전부터 문어가 잡힐지 걱정했다. 우리도 걱정했다. 문어 낚시 장면을 못 찍을까 봐. 타고 나니 우리의 몸 상태가 걱정이었다.

"돌아갈까요?" 김귀봉이 신사적으로 물었다. 처음엔 거절했다. 조업에 방해가 될 순 없다. 아울러 우리의 조업도 중요했다. 문어 낚시 사진을 얻고 싶었다. 그런데 파도가 높아졌다. 배는 계속 빙빙 돌았다. 어느새 사진가 신동훈도 내 옆에 쓰러지듯 앉았다. 이런 상황에서 배를 몰고 낚시 도구를 던지는 김귀봉은 바다의 신사가 아니라 바다의 신처럼 보였다. 김귀봉은 우리가 작동 불능 상태임을 아는 듯했다. 그는 낚시 도구를 몇 개 더 던지고 한 번 더 물었다. "돌아갈까요?" 나는 송구스럽게도 그러자고 할 수밖에 없었다.

"취재 온 분들 배멀미!" "배멀미가 심해서!" "돌아간다!" 김귀봉은 무전기에 대고 말했다.

바다와 육지가 만나는 곳

묵호항에서 우리는 조금 유명해져 있었다. 뱃멀미해서 뻗은 사람들로. 김귀봉은 좀 쉬라며 묵호연승어업조합 휴게실 문을 열어주었다. 뇌가 머리 속에서 흔들리는 기분이 가시지 않았으나 취재를 해야 했다. 다행히 묵호항에는 문어가 있었다.

묵호항 어시장 옆 그물 짜는 곳을 지나면 어부들이 문어를 모아 두는 수족관이 나온다. 이날 잡힌 문어는 모두 여기 모인다. 이날은 관리인과 수협 직원과 연구원이 있었다. 관리인은 문어를 잡아 무게를 재고 수족관에 넣는다. 30대 중반쯤 된 듯한 튼튼한 여성, 무릎까지 오는 앞치마에 장화를 신고 있었다. 수협 직원은

문어 낚시대는 보통 낚시대와 구조가 조금 다르다. 나무 판에 감긴 긴 끈
아래 미끼가 들어 있다. 스티로폼 볼과 연결되어 물에 떠 있고, 어부들은
낚시대를 던져 두고 몇 시간 기다렸다가 통발처럼 낚시대를 거두러 온다. **426**

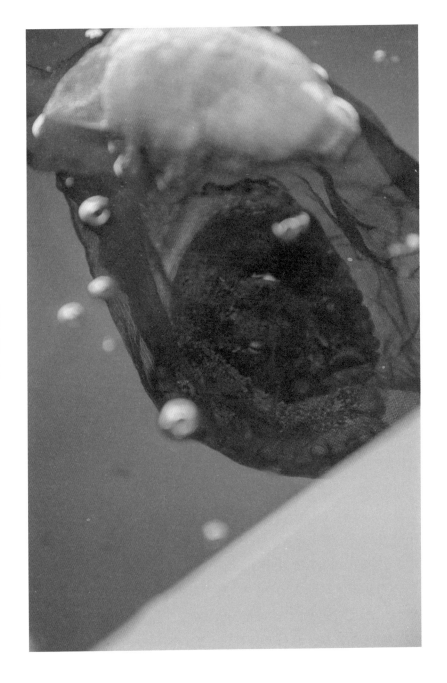

잡아 온 문어는 양파 봉투 같은 그물 봉지에 담겨 수족관에 둔다.
전화로 주문하면 이 문어가 서울 기준으로 보통 1박 2일이면 온다. **427**

작은 목소리로 강원 방언을 말하는 남자였다. 나이는 관리인보다 조금 어려 보였다. 그가 관리인께 무게를 듣고 무게를 적었다. 그 옆에 동해수산연구소에서 나온 연구원이 문어의 데이터를 모으고 있었다.

이들이 기다리고 있는 곳으로 문어 어부들이 한 명씩 오기 시작했다. 차를 타거나 걷거나 스쿠터를 타고 와서 이날 잡은 문어를 내려놓았다. 관리인이 저울 위에 문어를 올리고 몸무게를 불렀다. "이쩜 삼키로." 수협 직원이 그 무게를 듣고 메모지에 적었다. 그 옆에서 초로의 남자가 우리를 지켜보고 있었다. 묵호연승협회 3선단 대호호 이효철 선장. 그가 동해시로부터 우리 취재진을 소개받고 김귀봉을 알려 주었다고 했다. 그 역시 '바다의 신사'답게 말씨가 점잖았다. 요즘 귀어하는 사람들이 많아서 40대도 있고, 80대까지 배를 타는 사람도 있다고 이효철이 말했다. 바다에 신이 많이 있었다.

문어가 바다를 떠나 육지로 오면 인간 세상의 비즈니스에 편입된다. 어부들이 잡아온 문어는 어시장을 거쳐 일반 시장으로 출하된다. 묵호항의 문어는 나가기 전에 가격이 정해져 있다. 어선이 출항하기 전인 새벽에 경매사들이 모여 그날의 가격을 경매로 결정한다. 우리가 묵호를 찾았던 날 문어의 킬로그램당 가격은 약 37,000원. 여기 문어 무게를 곱한 게 문어 어부가 버는 돈이다. 이 문어는 이날 묵호항 어시장에서는 킬로그램당 45,000원에 판매했다. 이 정도면 합리적이다.

문어는 생각보다 크다. 이날 본 가장 큰 문어는 18킬로그램. 실제로 보면 웬만한 대형견만 하다. 김귀봉이 잡아 본 가장 큰 문어는 44킬로라고 했다. (어부들은 자신이 잡았던 큰 물고기에 대

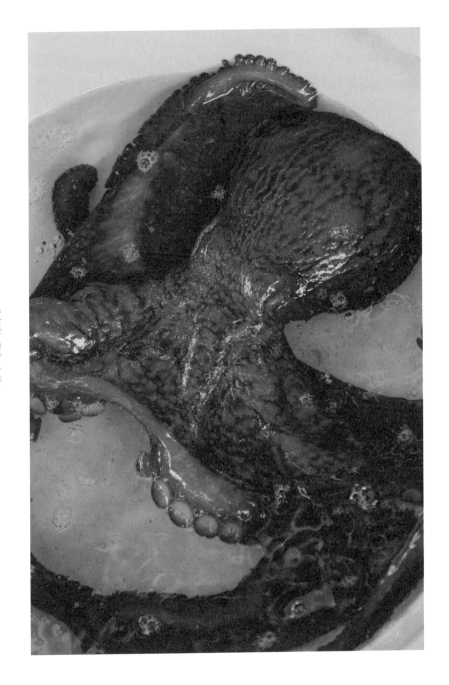

이날 묵호연승어업조합에는 문어가 많이 들어오지 않았다.
몇 안 되는 문어 중 하나.

해 정확히 기억하고 있는 듯했다.) 문어의 가격과 급수는 무게에 따라 달라진다. 600그램 이하는 방류한다. 600그램부터 2킬로까지는 소문어. 2킬로부터 15킬로까지 중문어, 15킬로를 넘으면 대문어다. 대문어가 되면 킬로그램당 단가가 조금 저렴해진다. 그래도 비싼데다 양도 아주 많으니 보통 상황에서는 구매할 수 없다. 묵호항에는 문어 전문 상인도 있다. 그 분들의 수조에는 문어만 들어 있다.

맛은 어떨까. 김귀봉은 투망으로 잡는 남해 쪽 문어의 맛을 두고 '약간 짠내가 난다'고 표현했다. "확실하지는 않지만 문어가 투망 안에 하루 있으면 스트레스를 받을 수 있잖아요. 그래서 그쪽 문어는 조금 짠내가 난다고도 해요." 동해에서 바로 잡혀 오는 문어에게선 (문어에겐 미안하나) 그럴 일이 없다. 동해는 잔칫집이나 상가에서 대문어를 삶아 손님들에게 준다고 했다. 문어를 보니 그럴 만했다. 이런 음식이 나오면 손님 대접 분위기가 날 것이다.

한국은 여러 가지가 지나칠 정도로 편하다. 문어 전문 상인께 문어를 구입하고 추가 비용을 드리면 바로 삶아서 포장해 택배로 보내준다. 그렇게 받아 맛을 보았다. 이견이 필요 없는 맛이었다. 저렴한 문어보다는 부드러우나 어느 정도의 악력은 필요할 만큼 쫄깃하다. 비린 맛 없이 바다의 것임이 느껴질 만큼만 짜다. 충분히 고급스러웠다. 잔칫날 나와도 손색없을 만큼.

문어 비즈니스

인간 사회에서 숫자로 환산되는 문어는 그저 비싸 보인다. 킬로그램당 몇 만원, 삶는 가격 얼마 같은 식으로. 문어 잡는 배를 타보고 나니 그 가격은 비싼 게 아니었다. 어두운 새벽에 바다로 나가 파도를 타며 낚시를 던지는 사람들. 그 사람들이 잡아온 문어를 받아 무게를 재는 사람들, 그 문어를 받아 팔거나 삶아 주는 사람들. 그 과정을 보면 문어 값에도 이유가 있음을 깨닫는다. 문어는 100퍼센트 자연산이다. 양식이 없다. 문어 어선은 주로 한두 사람만 탄다. 낚시니까 매번 잡힌다는 보장도 없다. 잡힌 문어의 맛에는 상급 식재료다운 품위가 있다. 비싸질 수밖에.

현대 사회의 개별 인간은 감당할 수 없을 정도의 정보와 권한을 갖고 있다. 배달앱을 비롯한 모바일 플랫폼 덕에 약 10년 전만 해도 생각도 못했을 정도의 다양한 상품과 정보를 얻을 수 있다. 편리하게, 빠르게. 문명의 쾌거 수준의 발달이다. 그러나 원재료가 나오는 현장에는 변함이 없다. 여전히 위험과 고난이 있다. 내가 느낀 멀미의 기준으로 그 현장은 아주 험난했다.

당신이 출근길에 스마트폰을 켤 때쯤 동해 앞바다에 약 50여 척의 문어 어선이 떠 있다. 문어 낚시를 던져 두고 흔들리는 배 위에서 커피를 마시거나 문어를 끌어올리고 있다. 당신이 오늘 저녁에 문어를 먹는다면 누군가가 어제쯤, 아니면 오늘 아침에 파도 위에서 낚시 도구를 던져 문어를 끌어올렸다는 뜻이다. 우리만큼이나 누군가도 어딘가에서 열심히 살고 있다.

☐ 논산 딸기 농장

☐ 안성 포도 농원

☐ 한재읍 미나리 농장

☐ 하동 밤 농원

☐ 서울 인도어팜

☐ 제주 당근 농장

☐ 제주 감귤 농장

☐ (겪어 보지 않으면 알 수 없는)
  동해 문어잡이 배

☑ 철원 와사비 농장

    ○ 2023년 비가 개인 5월의 어느 토요일

    ○ 철원 민간인 출입 통제선 안 샘통농장

와사비:
꿈이 현실이 되기까지

신분증을 맡긴 건 이번이 처음이자 마지막일 것이었다. 배달 플랫폼 요기요의 뉴스레터로 시작해 《모던 키친》이라는 이름의 책으로 출판될 이번 식재료 현장 취재 프로젝트의 마지막 취재처는 입장 절차부터 달랐다. 철원 민통선 초소 앞, 미리 신고한 신분이 확인되자 초소의 군인이 차량 출입증을 건넸다. 우리는 지그재그로 놓인 바리케이트를 지나 민통선 내부로 진입했다.

여기가 대한민국의 북측 종점이자 한반도의 자연이 남아 있는 곳이었다. 그걸 깨닫는 데에는 그리 오랜 시간이 걸리지 않았다. 눈에 보이는 문명의 흔적은 포장도로뿐. 포장도로 양 옆으로 포탄을 맞아 무너져 있는 일제 시대 건물이 세 채 있었다. 그를 지나자 건물마저 없어졌다. 한반도의 완만한 산기슭 능선 사이로 백로와 왜가리들이 천천히 날개를 접으며 논과 나뭇가지에 내려 앉았다. 이게 한반도의 자연이구나, 강남 3구도 판교도 몇십 년 전에는 이랬겠구나 싶은 실감이 밀려왔다. 도로에는 차도 사람도 없었다. 우리와 왜가리뿐이었다.

민통선을 지나면 사람의 손길이 거의 없다. 사진 속 유일한 문명의 흔적인 전선 뒤로 왜가리가 날개를 펴고 있었다.
(앞쪽) 강원도 철원 민통선 지대에서 자라고 있는 한국산 와사비.

킹 와사비를 만나러

여기까지 오는 데에는 놀랍게도 그리 오랜 시간이 걸리지 않았다. 서울 시내 권역에서 철원 민통선까지 가는 데 걸리는 시간은 두 시간 남짓. 그 두 시간 동안 도로 풍경은 시간을 역행하듯 달라졌다. 도시고속도로와 LED 전광판을 지나, 탱크가 지나다녀서 도로가 갈라져 있는 2차선 도로와 군부대 입간판들을 지나, 남한의 최북단으로 가는 길의 초소를 지나자 농경시대 한반도를 실감할 수 있는 풍경이 펼쳐졌다. 한반도의 과거가 황당할 정도로 가까운 곳에 있었다.

영화 세트 같은 풍경을 지나 목적지에 도착했다. 초현실적인 건 마찬가지였다. 단층 건물 옆으로 현무암으로 짜둔 정원석이 놓여 있고, 그 옆으로는 비닐하우스가 줄줄이 자리잡고 있었다. 겉으로 보면 무엇을 재배하는지도 알 수 없는 여기가 샘통농장, 한국 농업 현장 중에서도 컬트라 할 수 있는 한국산 와사비의 산실이 된 곳이다. 아무도 없는 농장 건물 앞에서 전화를 걸었더니 드디어 사람이 나왔다. 야전 군인처럼 까맣게 탄 얼굴에 평생 웃어 온 사람 특유의 주름이 보이기 시작한 중년 남자. 샘통농장 대표 박상운이었다. 그로부터 오늘의 이야기가 시작될 것이었다.

꿈의 와사비

"처음에는 와사비가 뭔지도 몰랐습니다." 박상운 대표가 눈이 보이지 않을 정도로 웃으면서 말했다. 그는 원래 철원에서 송어 양식장을 하려 했다고 했다. 철원 물이 그만큼 깨끗해서다. 그러던 중 강원도 농업기술원에서 와사비 농가를 모집한다는 제안을 보게 됐다. 1997년 일이다. 그때 한국에서 와사비는 수요도 공급도 거의 없었고, 와사비를 한국에서 사업 수준으로 키워 본 사람도 없었다. 박상운은 가벼운 마음으로 와사비 모종 100주를 받아왔다고 회상했다. 철원은 와사비를 키우기 좋은 환경이었다고 봤다.

박상운의 결정은 결론적으로 맞았다. 와사비를 키우기 좋은 환경은 전 세계적으로 희귀하다. 와사비는 연간 생산량이 2천 톤에 불과하고, 세계에서 가장 재배하기 어려운 상용 작물로 꼽힌다. 와사비가 잘 자랄 수 있는 환경 자체가 제한적이다. 와사비는 수경재배로 기르는 게 일반적이다. 와사비가 자라는 수온이 제한되어 있다. 9도에서 16도 사이. 이 온도의 물이 대량으로 흐르고 햇빛이 별로 없는 그늘진 곳에서 와사비가 자란다. 시원하고 깨끗하고 그늘진 곳은 세상에 많지 않다. 와사비 소비량이 가장 많은 일본을 포함해 대만 남부, 뉴질랜드, 미국 오리건 주 등에서 양산에 성공했다고 알려져 있다.

철원 민통선 지구가 와사비 농업에 최적화된 땅이었다. 남한 북부이니 여름에도 기온이 높지 않다. 철원은 제주와 더불어 한국에 몇 안 되는 현무암 지대다. 제주 삼다수의 광고 문구 '화산암반수'에서 알 수 있듯 현무암 지역 물이 맑다. 현무암에 난 미세 구멍들이 자연 필터 역할을 해서다. 시원하고 깨끗한 곳의 가장 큰 적은 사람이다. 여름에도 시원하고 깨끗하며 물이 콸콸 흐르는 곳은 인간 세상의 계곡 관광지가 된다. 민통선은 도저히 그렇게 될 수 없다. 애초에 민간인 진입이 차단된다. 허가 받은 일반인도 일몰 30분 전에 모두 떠나야 한다. 아직도 안전지역을 벗어나면 매설 지뢰를 걱정해야 한다. 깨끗할 수밖에 없다. 역사의 비극이 역설적으로 천혜의 와사비 산지를 만들어 주었다.

철원 와사비의 성립 조건은 청정 자연, 그중에서도 차고 깨끗한
물이다. 샘통농원 한편에 그냥 흐르는 시냇물에도 1급수에만 사는
민물고기가 헤엄치고 있었다.

천혜의 와사비 산지에서 박상운은 처음엔 실패했다. 관련 데이터가 없었으니 어떤 상태가 와사비가 자란 상태인지도 알 수 없었다. 첫 장애물은 물의 속도. 와사비는 얕은 개천 바닥에 뿌리를 내리고 크는 식물이다. 우리가 와사비라 부르는 건 와사비의 뿌리를 간 것이다. 물이 천천히 흐르면 와사비가 썩는다. 너무 빠르게 흐르면 씨가 떠내려간다. 땅에 자리를 잡은 뒤에도 17개월은 지나야 상품화가 가능할 만큼의 크기로 자란다. 박상운은 물길을 넓혔다 줄였다 해 가면서 물의 빠르기를 조절했다.

물의 빠르기를 조절해서 와사비 재배에 성공하자 판매가 문제였다. 고급 일식집이 있는 호텔에 와사비를 가져갔더니 "한국에 와사비가 어디 있냐. 일제 갖고 와서 장난치지 마시라."라는 대답을 듣기도 했다. 박상운은 그런 상황 속에서도 계속 와사비를 키웠다. 호텔 납품을 시작으로 와사비 농업이 상업화가 가능해졌다. 듣는 내내 존경이나 감탄을 넘어 '이게 정말 가능하다고?' 싶은 생각이 들었다. 그러나 그의 말을 증명하는 풍경이 내 눈 앞에 있었다. 박상운이 만든 것을 보러 갈 시간이었다.

어른의 꿈

박상운은 할 말이 많아 보였다. 자꾸 우리에게 몇 시간이 있냐고 물었다. 따라다니다 보니 그럴 만 했다. 밖에서 보기엔 똑같아 보이는 비닐하우스에 하나하나 그의 이야기가 담겨 있었다. 그 비닐하우스들은 영화 〈아이언맨〉의 수트 같은 발전의 결과물이었다. 첫번 째 타입은 유속을 제어할 수 있는 기본 타입. 박상운은 그 위로 식물 생장에 도움이 되는 '퀀텀닷 LED(왠지 이 이름도 〈아이언맨〉에 나오는 신기술 풍이다)' 등을 달았다. 세 가지 조건

(자연광, 일반 LED, 퀀텀닷 LED)에서의 생산 효율을 비교한 데이터도 있다고 했다. 그는 감성적으로 말하는 한편 끊임없이 측정과 개량이 가능한 현실에서의 증명을 강조했다. 근대인이었다.

박상운이 말하는 샘통농장 와사비 비닐하우스의 발전상은 크게 3단계다. 1단계가 와사비 농업이 가능한 비닐하우스였다면 2단계는 농생산 효율 증대에 초점을 맞춘다. 예를 들어 비닐하우스 농업인 만큼 여름이 되면 온도가 올라간다. 그는 온도를 낮추기 위해 비닐하우스 천장에 스프링클러를 설치했다. 여름에도 차가운 철원의 지하수를 흩뿌려 온도를 줄이는 개념이다. '퀀텀닷 LED'역시 농생산 효율을 늘리는 기법 중 하나다.

3단계는 해당 절차의 자동화다. 이제 농업도 IOT 기술을 받아들여 컴퓨터를 통한 생산관리가 가능해진 시대다. 박상운은 외부 업체와 협업해 와사비 농업의 주요 설정값을 실시간으로 확인하고 바꿔 줄 수 있는 시스템을 구축했다. 여기서의 걸림돌은 의외로 와이파이였다. 민통선 지역이라 인터넷 회선이 설치된 시점이 불과 5년 내였기 때문이었다. 아무도 없는 곳에서 박상운은 하나씩 자신의 와사비 월드를 만들며 완성도를 높이고 있었다.

최신형 와사비 농업 비닐하우스, 말하자면 샘통농장 4.0을 보여준 뒤 박상운은 마지막 비닐하우스로 이동했다. 청정 철원에서 와사비 농업 데이터를 쌓은 결과 박상운은 더 큰 게임을 할 수 있게 되었다. 흐르는 물이 아닌 곳에서도 와사비 재배가 가능한 실내 농업 시스템을 만든 것이다. 말하자면 앞서 양재동에서 보았던 인도어팜 모델을 와사비 농업에서 구현한 개념이다. 양액과 수분, 온도 등의 데이터를 확보해 농촌진흥청 지원사업 심사에서도 높은 점수를 받은 우수 모델이다. 이 이야기를 할 때 박상운은

농원 곳곳에 박상운의 노력과 시도가 들어 있었다. 시원한 계곡 물을
끌어올려 스프링클러를 켜면 금세 비닐하우스 안에 안개가 낀다.

이날은 수확하는 날이 아니라 땅에 묻힌 와사비만 볼 수 있었다.
현재 단위 무게당 가격이 가장 비싼 농산물 중 하나다.
LED 광원 아래라 이런 색으로 찍혔다.

기뻐 보였다. 단순히 성공했다, 돈을 많이 벌 수 있다, 이런 게 아니었다. 내가 생각했던 걸 현실에 만들어 내는 데 성공한 사람의 기쁨이었다.

박상운이 처음 와사비 소식을 들은 게 1997년이다. 와사비 농업에 데이터가 쌓이고 표준화되어 타지 보급이 가능해지기까지 26년이 걸렸다.

꿈을 이루고 나면

26년. 많은 일이 일어날 수 있는 시간이다. 이야기를 들어 보니 와사비가 박상운이 원래 하려던 것도 아니었다. 그는 원래 송어 양식을 하려 했다고 말했다. 사기도 당하고, 수해도 오고, 물(생수)공장 제안도 받고("그랬으면 돈은 많이 벌었겠죠." 라고 박상운은 말했다), 사고도 났다가, 결국 와사비가 그의 삶의 중심이 되었다.

와사비 비닐하우스가 끝나는 곳에 송어 양식장이 있었다. "원래 이걸 하려고 했던 건데…" 박상운이 살짝 웃으며 송어 양식장으로 들어갔다. 송어들을 보며 박상운이 먹이를 뿌렸다. 송어들이 솟구쳐 어항 위로 파도가 생겼다. 송어 양식장을 마지막으로 박상운이 만들어 낸 샘통 월드 견학이 끝났다. 뭔가 대단한 걸 봤을 때 특유의 기분이 있다. 대단한 스포츠 퍼포먼스를 봤을 때 스포츠 문외한이라도 감탄하는 것 같은 기분. 샘통농장을 다 봤을 때도 비슷한 기분이 들었다.

견학이 끝나고 박상운이 만들어 둔 상업시설에 들렀다. 그는 이제 주로 개인간 거래로 와사비를 판다. 그의 와사비는 인터넷에서 살 수 있고 상당히 비싸다. 이런 와사비를 사는 사람들은 상당한 미식가일 듯하다. 와사비 뿌리의 부산물로 만든 와사비 잎이나 줄기 장아찌도 있다. 박상운은 자신이 파는 것들도 친절하게 설명해 주었다. 마침 이때만 나는 와사비 꽃 장아찌도 있다고 했다. 와사비 꽃 장아찌를 판다는 말에 나는 홀린 듯 카드를 꺼냈다. 분위기가 조금 더 화기애애해졌다.

박상운은 직접 만들었다는 와사비 아이스크림을 뽑아 주었다. 맛있을 거라는 건 먹기 전부터 알 수 있었다. 마포구의 아이스크림 왕 '녹기 전에' 대표 박정수는 일찌기 이런 명언을 남겼다. 웬만한 건 얼리면 다 맛있다. 와사비 아이스크림 역시 그 명언대로였다. 미쉐린 가이드의 기준[22]을 인용하면, 이 아이스크림을 먹기 위하여 특별한 여행을 떠날 가치가 있는 맛이었다.

박상운이 와사비 100주에서 시작해 지금까지 온 26년 동안 민통선 바깥 세상에서도 여러 일이 있었다. 1998년에는 지네딘 지단의 프랑스가 월드컵에서 우승했다. 2001년에는 9.11 테러로 세계무역센터가 무너졌다. 아이폰이 나오고 온 세상이 인터넷으로 연결되며 홍콩이 중국에게 반환되고 전기차 시대가 열리고 우크라이나와 러시아가 전쟁을 치렀다. 박상운은 아무것도 변하지 않은 민통선 안에서 와사비를 키우고 공정을 고도화시킨 끝에 마침내 표준화시켰다. 이 역시 혁신이다.

그러거나 말거나 혁신이든 아니든 누가 뭐라 부르든 어떤가. 박상운은 자신이 한 일과 그 가치를 이미 알고 있는 것 같았다. 임무가 있는 인간은 지치지 않고, 그는 자기 삶의 꿈과 임무를 계속 만들 줄 아는 사람 같았다. 취재가 끝나고 민통선 밖으로 나가야 하는 시간. 우리는 악수를 나누고 헤어졌다. 그는 떠나는 우리를 바라보며 아무도 없는 샘통농장에서 손을 흔들었다. 아무것도 없던 곳에서 한국 최초이자 최대의 와사비 농가가 된 곳에서 손을 흔들었다.

♣ 와사비인가 고추냉이인가

박상운은 우리와 이야기를 나눌 때 계속 자신의 작물을 고추냉이라고 불렀다. 나는 그 이름을 전부 와사비로 고쳤다. 이유는 와사비와 고추냉이가 다른 작물이기 때문이다. 와사비와 고추냉이는 학명부터 다른 식물이나 국립국어원의 표기법상 혼용되고 있다. 혹시 박상운을 만난 뒤 박상운이 고추냉이라고 불러도 적당히 '와사비구나'라고 생각하면 된다.

♣ 와사비 잎과 꽃 장아찌의 맛은 어땠는가

와사비 잎과 꽃의 맛은 와사비 본연의 맛과 상관이 있다. 와사비의 맛은 쓴맛, 매운맛, 단맛으로 구분된다. 상품 와사비일수록 복합적인 맛 안에서 단맛이 올라온다고 한다. 샘통농장의 와사비 잎과 꽃 장아찌 역시 그런 맛이었다. 와사비 잎 장아찌는 명이 장아찌와 비슷하고 조금 더 맛의 복잡도가 높았다. 맛의 채도와 해상도가 높았달까. 꽃 장아찌 역시 그랬다. 흔히 장아찌와 곁들이는 기름진 수육 등과 잘 어울리는 건 물론, 물기를 짜내고 잘게 썬 뒤 샐러드나 파스타에 허브처럼 뿌려도 좋을 것 같았다.

(뒤쪽) 안정적으로 흐르는 깨끗한 물,
원래 그 자리에 있었다는 듯 자라난 와사비 잎사귀.
이 풍경이 만들어지고 자리잡는 데 26년이 걸렸다.

1   이들의 개인적 정치 성향은 굳이 말해 우보다는 좌에 가까웠다. 둘은 모두 각종 사회적 약자와 불평등에 깊은 관심을 가지고 있다. 이는 이들이 평소에 하는 행동과 투표 등의 정치적 의사결정에도 영향을 미치는 걸로 알고 있다. 그럼에도 이들은 식품업계의 종사자라는 면에서 '진천 햇반 공장'의 우수함을 존중하고 있었다. '(일이 돌아가는 걸 아는 입장에서) 존중하지 않을 수 없다'에 가까울지도 모른다. 이 책에는 노동과 설비와 그에 따른 결과물에 대해 다양한 의견이 나온다. 내가 좋다고 생각하는 것의 최우선 원칙은 이랬다. 현장에서 안전하게 만든 것. 결과물의 품질이 좋은 것. 이외의 요소들(대기업, 소기업, 장인, 수제 등)은 적어도 이 책에서는 모두 부차적인 요소라 판단했다. 독자 여러분의 의견이 나와 달라 나를 비난하는 건 상관없다. 그러나 현장에서 성실하게 일하시는 분들까지 특정 환경 때문에 무시하거나 미워하지는 않아 주셨으면 좋겠다. p.29

2   이 책의 인명 표기 원칙은 다음과 같다. 처음 등장할 때는 이름+직함, 그 다음부터는 이름. 예를 들어 권기오 과장의 경우는 1. 첫 등장: 해외영업 과장 권기오 2. 그 다음부터: 권기오. 요지는 '님'을 뺀다는 것이다. '님'을 뺀다고 이분들에 대한 존중이 사라지는 것이 아님을, 교양 있는 독자라면 모두 알아주실 거라 생각한다. 반면 뉴스레터를 연재할 때는 '왜 사람 이름에 님을 안 붙이냐, 기자/작가/기업이 너무 건방지다'는 피드백이 거의 매번 들어왔다. 신문을 보면 알겠지만 대통령이나 교황이 나오는 문장에도 '교황님이 한국을 찾았다' 같은 표현은 쓰지 않는다. 직함은 그 자체로 존중의 표시이며, 원고는 일종의 문서이기 때문에 존칭이 빠져 있다. 예외는 직함 없이 사내호칭이 '님'인 경우였다. 그럴 때는 첫 등장에서 ○○○ 과장/대리 대신 ○○○ 님이라 표기했다. CJ 햇반공장이 한 예다. p.34

3   '새로운 시대의 에이전트' 같은 말을 붙이게 된 데에는 당시 클라이언트였

던 요기요의 사내 사정이 있었다. 규모가 있는 기업은 어느 정도의 사회공헌 활동을, 적어도 사회공헌처럼 보이는 활동을 의무적으로 할 필요가 있다. 그래서 요기요에서 생각해 낸 것이 '배달에 친환경 용기 사용'이었다. 친환경 용기를 사용하려면 친환경 용기를 발주해야 하는데, B2B 업무를 해 본 사람이라면 알겠지만 친환경 용기를 갑자기 발주하는 건 쉽지 않은 일이다. 이 과정에서 '새로운 시대의 에이전트'라고 표현한 '리와인드'가 등장하게 된다. 리와인드는 친환경 붐을 타고 등장한 일종의 중개업자였다. 페리칸 같은 생산현장은 영업조직이 사회 변화에 기민하게 대응하는 데 한계가 있고, 요기요처럼 수요가 있는 곳은 실제로 어디에 발주를 해야 할 지 알 수 없다. 어디나 사업의 기회를 노리는 사람들은 있게 마련이고, 리와인드는 그런 시대의 냄새를 맡고 등장한 기업이라 할 수 있다. 실제로 이들은 우리가 취재 온다는 소식을 듣고 그럴 필요가 없는데 현장에까지 찾아와 우리와 함께 종이컵 제조 공정을 지켜보았다. 우리에게 인터뷰해 달라고 요청하기도 했다. 나는 거절했다. 시대의 냄새를 맡은 에이전트에게 딱히 궁금한 건 없었다. p.37

4　이 생각에는 나의 당시 상황이 반영되어 있다. 요기요 뉴스레터는 처음 6개월로 계약되었고, 나는 그 6개월짜리 일에 집중하기 위해 입사한지 얼마 안 된 회사를 퇴사했다. 현장을 다니는 논픽션 프로젝트는 그만큼 나에게 절실하고 중요했다. 요기요 뉴스레터는 다행히 더 연장되어 책 한 권을 만들 만큼의 취재 분량을 확보할 수 있었다. p.44

5　2부 '피자' 편에 나온다. p.45

6　뉴스레터로 발행할 때 이 부분에 대해 '오후에 가 놓고 생산을 다시 해 달라고 하다니 오만하다'는 내용의 비난 피드백을 받기도 했다. '보통 오전에 생산한다'고 알려 주셨다면 오전에 갔을 것이다. 실제로 이 이후에는 현장에서 조업이 이루어지는 정확한 시간을 여쭙고 그 시간에 맞춰 찾아갔다. 닦은 기계를 다시 잠깐 돌려 주신 현장 직원들께는 여전히 죄송하다. p.56

7　특정한 규모를 말할 수 없는 이유는 생산기기 관련 스펙 자체가 일종의 기업 비밀이기 때문이다. 상세 스펙은 그 자체로 데이터다. p.68

8　뉴스레터에서는 이름을 안 보이게 했다. 요기요 경쟁사에서 배달 서비스를 시행하는 회사들이 있기 때문이었다. 어른의 사정도 나름 섬세하다. p.79

9　bean to bar. 와인의 테루아나 커피의 스페셜티 커피 등 카카오가 자라나는 산지의 풍미에 집중하는 초콜릿. 어느 지역에서 자란 카카오를 어떤 쇼콜라티에가 어떻게 볶아서 맛을 냈는지가 맛을 좌우한다. 기존 초콜릿과 빈 투바 초콜릿의 우열이 있다기보다는 접근법이 다르다. (위스키를 섞는 사람의 퍼포먼스와 방향성이 강조되는) 블렌디드 위스키와 (위스키 원액과 그를 만든 지형이나 환경 자체의 캐릭터가 강조되는) 싱글 몰트 위스키의 차이

정도로 알아주아두면 좋겠다. 한국에서도 몇 개 업체가 빈 투 바 개념으로 초콜릿을 만들고 있다. 사실 광의의 개념으로는 롯데 가나초콜릿 역시 '빈 투 바'가 맞긴 하다. 자체적으로 원물 수급부터 가공 및 완제품 생산까지 해내니까. 놀랍게도 롯데 가나초콜릿 홍보 자료에도 스스로를 '빈 투 바 초콜릿'이라고 적어 두었다. 대형 회사의 결과물이 뭉툭해 보여도 내부에서는 세상 돌아가는 걸 다 인지하고 있다는 의미다. p.98

10 이 책의 담당 편집자 조용범은 SPC/SPL 그룹이 최근 문제를 많이 일으킨 만큼 해당 원고를 빼는 게 어떨지 고려해 보자고 했다. 책의 리스크와 사회 정의에 대해 고민했다는 면에서 적절한 문제 제기였다고 생각한다.

다만 나는 간곡히 해당 원고를 수록하자고 했다. 일단 최근 문제가 된 SPC 그룹의 사례들은 배스킨라빈스가 속한 BR코리아와 관련이 없는 계열사이며, 어느 기업이나 한두 다리 건너면 완전히 다른 사업부가 되기 때문이다. 더 큰 이유는 나는 이 책을 통해 현장 담당자들의 노고를 전하고 싶었기 때문이다. 그룹이라는 피라미드의 꼭지점에 있는 일부 사례에 문제가 있다고 하루하루 열심히 일하는 생산직/사무직 근로자들의 노고까지 깎아야 할까. 사람마다 답이 다르겠지만 나는 아니라고 생각했다. 오히려 '현장에서 이렇게 노력하는데 상부에서도 더 좋은 일자리와 일터를 위한 장치를 만들어야 하는 것 아니냐'라는 이야기를 하기 위해서라도, 현장에서 열심히 일하시는 분들의 이야기가 조명되어야 한다고 생각했다. 만약 이 원고의 내용이나 수록으로 문제가 생긴다면 그건 모두 저자인 나의 책임이다. 이 사실을 명시해 두기 위해 주석을 적는다. p.103

11 산소 함량이 낮은 이유는 기압이 높기 때문이다. 높은 기압을 통해 먼지를 바닥으로 내려보낸다. 시계 생산에서도 먼지는 중요한 이슈다. 이 공장은 프리츠커상을 받은 일본 건축가 반 시게루가 만들었다. p.106

12 그래서 보통 사진 촬영이 익숙한 연예인이 아니라면 인터뷰 촬영을 할 때 팔짱을 끼게 한다. 여러분도 무안하게 사진 찍힐 일이 있을 때는 팔짱을 껴 보시라. 주머니에 손을 넣는 건 격식 있는 촬영에서는 조금 위험하다. p.110

13 여기서는 '여사님'이라는 호칭으로 통일하려 한다. '님'까지를 포함한 '여사님'을 일종의 직함이라 간주했다. p.115

14 등단 작가를 마케터로 고용하는 일에서도 덕화명란의 남다른 면모가 느껴진다. 덕화명란 캐릭터도 있고 그를 활용한 굿즈까지 있다. 시도 자체가 무척 인상적이었다. p.120

15 브랜딩 총괄. 덕화명란 규모의 회사가 브랜딩 총괄 임원을 두는 건 흔치 않은 일이라 CBO라는 생소한 직함을 풀어 쓰지 않고 그대로 수록했다. 장종수 대표의 남다른 방향성이 드러나는 인사라 생각했다. p.122

던킨 허브 키친 역시 SPC그룹에 소속된 곳이므로 이 원고를 책에 넣느냐에 에 대해 담당 편집자의 신중한 질문이 있었다. 개인적으로는 이 공장이 '모던 키친'이라는 제목에 가장 잘 부합하는 공장 중 하나라 생각한다. 그래서 이 공장 원고 역시 나의 강한 주장으로 수록되었다. 이 원고를 실었다는 것이 나와 편집자가 SPC 그룹의 모든 것을 옹호한다거나 긍정한다는 의미가 되 지는 않는다. 오히려 SPC 그룹은 마음 놓고 이런 원고를 쓸 수 있도록 사회 적으로 알려진 조직 대내외의 문제를 잘 해결해 주길 바란다. SPC의 현장 전 문가들은 도매급으로 비난받기에는 너무 열심히 일을 잘하고 있다. p.144

17 《치즈로 만든 무지개》, 고동희·박선영, 명인문화사 p.180

18 나는 이 원고를 연재하며 '시지프스의 바위'라는 표현을 중복해서 썼다. 아 닌 게 아니라 식당 일은 끝없이 이어지는 비슷한 일이라는 점에서 시지프스 의 바위 신화와 비슷한 면이 있고, 이를 대체할 다른 표현을 찾기가 쉽지 않 다. 여담이지만 나 역시 취사병과 함께 일하던 군 복무 시절부터 비슷한 기 분을 느낀 적이 있다. 수백 명의 장병이 밥을 먹으러 오고, 그 수백명이 순식 간에 한 끼를 비운다. 그렇게 밥솥이 비면 또 그 솥을 씻고 다시 수백 명 분 의 한 끼를 만든다. 그때도 생각했다. 시지프스의 바위가 이런 거구나. p.294

19 이 원고가 뉴스레터로 나갔을 때는 '푸드 포르노'라는 말이 적절하지 않다는 항의 피드백을 주신 분도 있었다. '자극적인 것도 아닌데 어른들 보는 글에 이 런 말도 못 쓰나'라는 생각이 들기도 하고, '역시 더욱 거슬리지 않는 방향으 로 원고를 고쳐야 하나'라는 생각이 들기도 했다. 고민 끝에 이 책에서는 '푸 드 포르노'라는 표현을 쓴다. 불편한 분이 계시다면 저자의 책임이다. p.295

20 식빵 편에 '돈가스가 두꺼운 샌드위치'가 언급된 이유는 해당 취재처였던 도 제식빵이 돈까스 샌드위치 노출을 강력히 원했기 때문이었다. 작은 취재 프 로젝트 안에도 나름 다양한 변수와 이해관계가 있다. 샌드위치 자체는 맛있 었으나 지면 관계상 책에는 사진이 들어가지 않는다. p.316

21 오픈마켓에서 '농사 방석' '엉덩이 의자' 등으로 검색하면 실제 모양을 확인 할 수 있다. 가격은 2023년 10월 기준 한 개에 4천 원 정도이니 별로 비싸지 않다. 왠지 도시에서도 다양하게 응용할 수 있을 것 같다. p.396

22 참고 삼아 알아보는 미쉐린의 별의 기준은 다음과 같다.
별 1개: 요리가 훌륭한 레스토랑
별 2개: 요리가 훌륭하여 멀리 찾아갈 만한 레스토랑
별 3개: 요리가 매우 훌륭하여 맛을 보기 위하여 특별한 여행을 떠날 가치가 있는 곳
어디까지나 개인적인 기준에서 철원의 와사비 아이스크림은 별 2~3개 사 이의 가치가 있었다. 일단 여기서만 먹을 수 있으니까. p.444

오늘의 모던 키친

(부록: 책 속 등장 장소와 인물의 근황)

출간 직전인 2023년 10월 초에 《모던 키친》에 등장한 분들께 전화를 걸었다. 덕분에 책이 잘 나온다는 감사 인사를 드리고 그간의 근황과 안부를 여쭈기 위해서였다. 저자의 일정상 큰 실례 무릅쓰고 추석 연휴에 연락을 드렸고, 그랬는데도 모두들 친절하게 답해 주었다. 인물의 등장 순서는 책에 수록된 순서다. 다른 장소와 인물 업데이트는 쇄가 진행될수록 (그럴 수 있다면) 지속할 예정이다.

즉석밥: 햇반 브랜드 담당자는 같은 회사에서 같은 업무를 하며 지내고 있다고 했다. 프로 회사원답게 책 출간에 대해 회사 차원에서 확인하고 싶다는 뜻을 밝혔다. 확인은 신속했고 태도는 진중했다. 담당 편집자도 깊은 인상을 받았는지 '회사는 이렇게 분명하게 일하는 직원 덕분에 더욱 발전할 것 같다.'는 소감을 남겼다. 물심양면 도와주셨으나 프로 회사원답게 신상 노출을 원치 않으실 듯해 이름을 적지 않는다. 감사의 마음만 지면에 남겨둔다.

종이컵: 친환경 종이컵 편에 등장해 종이컵의 면면을 설명해 준 페리칸앤플러스 권기오 과장은 지난 달 퇴사해 종이컵 업계의 다른 회사로 이직했다고 한다.

요거트: 요거트의 생산과정을 설명해 준 김근배 PM은 요거트팀을 떠나 2022년 8월부터 커피로 옮겼다. 요거트와의 차이점을 물었더니 평택공장에서 그랬듯이 유장하게 설명해 주었다. 요거트는 유통기한이 짧고 커피는 유통기한이 길어 업무 사이클이 조금 다르다. 매일유업 커피는 업계 시장점유율 1위라 커피에 대한 자부심이 있다. 매일유업 커피의 특징은 원두 수급부터 그라인딩과 로스팅에 이은 추출까지 커피 제조 전과정이 내재화되어 있다는 점이다. 그는 커피를 해 보고 싶어서 음료팀으로 옮겼다고 했다. 앞으로도 좋은 음료를 만들어 줄 것 같았다.

만두: 당시 만두 공장을 설명해 준 권희수 팀장은 회사와 식품업계를 떠나 다른 분야에서 일한다고 했다.

건면: 이 책의 원고를 작업하며 알게 되었는데 풀무원은 한국 식품 기업 중에서도 독특한 면이 있는 회사다. 사옥이 없고 (상대적으로) 건강한 식품 제조에 주력하는 등 확실히 남다른 모습이 몇 있다. 풀무원 건면 공장을 찾아간 이후에도 건면의 매출은 꾸준히 증가해 2023년 6월 누적 판매량 5000만 개를 기록했다고 한다. 지금도 흘러가고 있을 강물 같은 건면의 흐름이 떠오른다. 최근에는 두부면도 출시했으니 건강한 먹거리 부문에서 남다른 면을 보여주고 있다.

커피: 자세하고 친절하게 설명해 주셨던 핸디엄 박규일 팀장의 연락처를 갖고 있지 않아 근황을 묻지 못해 아쉽다. 핸디엄 역시 꾸준히 자체 브랜드와 위탁생산으로 좋은 커피를 만들고 있다.

초콜릿: 영등포의 초콜릿 공장에서도 변함없이 매일 가나초콜릿을 만든다. 지금 서울에서 구할 수 있는 몇 안 되는 '메이드 인 서울' 제품이다. 그동안 바뀐 것도 있다. 이름이다. 2023년 4월부터 이곳은 롯데웰푸드 영등포 공장이다. 56년만에 이름에서 '제과'를 뗐다고 한다.

아이스크림: 당시 아이스크림 공장 현장 담당자 정효립은 올해 2월 팀을 옮겨 본사 전략기획실의 글로벌비즈팀에서 근무한다. 현장 경험이 그에게 미친 영향을 묻자 '자신의 삶에서 가장 운 좋은 경험'이라고 답했다. "사무직은 눈앞에 보이지 않는 일을 하는 기분을 느낄 때가 있고, 업무 마감이 정해지지 않을 때도 있는데 생산현장은 그렇지 않아요. (일이 잘 되지 않으면) 제 눈앞에 있는 모든 것이 어그러지기 때문에 업무를 진행할 때 실행과 결정을 빨리 해야 합니다. 그 실행을 하기 위해 데이터가 필요하고요. 1만 개를 생산하려면 1만 개를 생산하기 위한 준비 작업을 다 확인해 둬야 하니까요. 즉 제가 어떤 업무를 선택할 때 근거가 있어야 하는 겁니다. 그렇게 근거를 중요하게 생각하는 사고방식이 생겼습니다. 그 덕분에 중요 프로젝트도 진행할 수 있었고요. 제조업 기반 회사에서 생산 흐름을 안다는 건 아주 큰 자산입니다. 생산의 디테일을 알면 전략을 수립할 때도 도움이 됩니다."라는 멋진 이야기를, 정효립은 연휴 중 목감기가 걸려 기침을 하면서

도 상세하고 친절하게 설명해 주었다. 현장 디테일을 알아야 전략을 수립할 때 도움이 된다는 말에 100퍼센트 동의한다. 앞으로도 정효립의 건승을 기원한다.

명란: 덕화명란 장종수 대표이사와 전화로 이야기를 나눴다. 그동안 그에게 좋은 일이 있었다. 해양수산부에서 지정하는 대한민국 수산식품 명인 제11호로 선정된 것이다. 그의 부친인 덕화명란 장석준 창업자는 대한민국 명장으로 선정되었으니 그야말로 국가가 인정한 명란 명문가다. 올해는 경기가 안 좋지만 매출은 계속 성장하는 중이고, 덕화명란도 잘 운영되고 있다고 장종수 대표는 말했다. 앞으로도 덕화명란의 번창을 믿어 의심치 않는다.

얼음: 박준혁 파트장은 계속 얼음 공장을 총괄하고 있다. 올해는 비가 조금 많이 왔지만 얼음은 전년 대비 문제 없는 수준으로 출고되었다고 한다.

도넛: 던킨도너츠의 지금에 대해 익명의 직원과 이야기를 나눴다. 던킨 허브키친은 순조롭게 운영되고 있고, 강남역 던킨 라이브도 잘 운영되고 있다고 한다. 흥미로운 여담은 다른 도넛 브랜드다. 던킨도너츠가 프리미엄 매장을 내게 된 계기는 고가 도넛 유행을 불렀던 몇 인기 도넛 회사다. 그런데 여러 이유로 그런 도넛 회사들의 실적이 떨어졌고, 사실 이제 유행 식품으로 도넛의 인기는 지나갔다. 예나 지금이나 도넛만 만들던, 그래서 오히려 그룹 내 실적은 평이하던 던킨만 변함 없이 도넛을 만든다. 식품 산업과 식품 사업이라는 게 이런 건지도 모르겠다.

피자: 피자 만드는 법을 알려 준 김대선 대리는 놀랍게도 도미노 피자에서 굽네치킨으로 이직해 GN푸드 김대선 연구원이 되었다. 굽네치킨에도 피자가 있기 때문이었다. 보통 피자들이 '엣지'라 부르는 테두리에 집중하는 데 비해 굽네치킨 피자는 치즈가 두툼히 들어간 '시카고 피자' 방식이라 차별화된다고 김대선 연구원은 말했다. 김대선의 활약 덕인지 굽네치킨 시카고 피자 시리즈는 올해 2월 누적 판매량 600만 판을 달성했다. 해당 뉴스를 소개한 기사에서는 굽네치킨이 '레스토랑 셰프, 피자 전문 브랜드 개발진 출신으로 꾸려진 R&D팀에서 제품을 개발한다.'는 구절이 있었다. 그 말이 정말이었다.

프레즐: 프레즐 만드는 법을 설명해 준 당시 조수근 대리는 승진해 수퍼바이저가 되었다. 앤티앤스는 코로나 기간을 잘 버티고 실적 유지에 성공했다고 한다. 코로나 때 만났던 분들께는 모두 조금 짠한 마음이 있다. 다들 잘되셨으면 좋겠다.

치즈: 치즈 연구원 최희영 실장 역시 임실에서 치즈를 만들고 있다. 취재를 위해 만났을 때 그는 지정환 신부가 실제로 사용했던 유산균주로 만든 유제품을 만들고 있다고 했다. 그때 진행사항을 물었더니 숙성실에서 균주를 스크리닝해 곧 락토핏 같은 유산균 제품이 나올 거라고 했다. 균주 복원은 2023년 내 완료될 거라고 한다.

카레: 우리에게 카레 만드는 장면을 보여준 가오는 작년 부다스 밸리를 그만두고 외국으로 떠났다고 했다. 이 이야기를 전해 준

당시 담당자는 폴란드라고 기억하지만 확실치는 않다고 했다. 부다스밸리를 그만두고 자기 일을 하고 있다고 했다. 모두에게 행운이 있길.

타코: 바토스 이태원점은 지금도 그 자리에서 잘 운영되고 있다. 내가 지금 다니는 회사가 용산이라 그 이후에도 바토스는 종종 간다. 바토스 대표 김주원과도 연락이 닿았다. 그 역시 이태원이 예전 같지 않아 사업이 궤도로 돌아오려면 시간이 걸릴 거라고 말했다. 바토스는 여전히 맛있다. 심지어 요즘은 사람이 적으니 손님 입장에서는 한가해서 더 좋다. 많이들 가셨으면 좋겠다.

비아 메렝게는 코로나가 끝나고 다시 살아났다고 했다. 이동률 대표의 목소리도 한층 밝아져 있었다. 그런데 페르난도가 없다. 코비드-19에 걸리기도 했고 원래 지병도 있어서 치료하고 복귀할 예정이다. 페르난도의 쾌유를 빈다.

버거: 파이어벨 박형철 실장은 통화 연결 당시 운전중이라 바빠 보였다. 파이어벨은 잘 운영되고 있다고 한다. 그럴 거라 믿어 의심치 않는다.

치킨: 삼우통닭 이정재 대표는 전화를 받지 않았다. 모르는 번호의 전화는 받지 않는다며 문자로 이야기하라고 했다. 그때 취재로 찾아뵈었고 책 나와서 인사드렸다고 하니 친절하게 ^^ 이모티콘을 보내 주었다. 물론 잘되고 있다고 한다.

치킨인더키친 이용훈 대표와는 그 뒤에도 다른 일로 몇 번 만났다. 늘 친절하고 정보량이 많은 분이었다. 전화를 걸었을 때

도 친절했지만 지금 엄청 바빠서 전화를 도저히 받을 수 없다고 했다. 홀이 꽉 차 있고 절반은 외국인이라며, 미안하지만 나중에 전화해도 되겠냐고 정중히 되물어 주었다. 이 정도 이야기로도 충분하다고, 바쁘시니 일단 일하시라고 하고 전화를 끊었다. 전화를 끊고 무척 기뻤다.

돈까스: 행운돈까스 정재훈 대표와 가쓰야 심봉섭 대표는 놀랍게도 비슷한 말을 했다. 코비드-19 시기와 지금이 큰 차이 없이 매출은 계속 꾸준했다는 것이었다. 동네 명가의 저력을 실감했다. 근처에 일이 있어 가쓰야에는 몇 번 간 적이 있다. 확실히 늘 훌륭한 맛이었다.

중국집: 비룡과 전화로 인사를 나누었다. 사장님께 덕분에 취재 내용이 책으로 잘 나와서 감사 인사와 안부 전하려 전화 드렸다고 이야기했다. 비룡 잘되고 있는지도 여쭈었다. 사장님은 모든 질문과 이야기에 시원시원하게 "예 예"로 대답해 주시고 기분 좋게 전화를 끝냈다. 인하각과 유래각도 성업중이다. 내 동선에 있는 곳은 아니지만 한 번은 가보고 싶다.

떡: 떡집 두 군데는 아침부터 분주하시던 게 생각나 차마 팔자 좋게 전화를 드리지 못했다. 나중에 책이 나오면 한번 인사를 드리러 가려 한다.

케이크: 김영모 과자점 당시 담당자와는 연락이 닿지 않았다. 그와 별개로 김영모 과자점은 문제 없이 아주 잘 운영되고 있다.

식빵: 도제식빵 팀장과는 연락이 닿지 않았다. 한나식빵 서정우 사장은 연락을 받았다. 빵집은 계속 잘되고 있고, 마침 긴 연휴라 쉬는 중이라고 했다. 모처럼 생긴 연휴인데 잠시나마 피로 푸셨으면 좋겠다.

딸기: 김대석 농부의 전화로 연락을 드렸더니 사모님께서 전화를 받았다. 딸기는 씨를 뿌려서 슬슬 자라나는 중이라고 했다. 책이 나올 때쯤이면 딸기도 한층 더 자라나고 있을 것이다.

포도: 가위를 팔에 걸고 계시던 선우포도농원 김종수 대표와 전화로 이야기를 나눴다. 올해는 비가 많이 와서 포도 농사가 작년보다는 조금 덜하다고 했다. 9월과 10월까지는 샤인머스캣이 조금 남아 있으나 올해의 포도 농사는 이제 거의 끝나간다고 했다. 내년에는 다시 달고 맛있는 포도를 지으시길 바란다. 주문은 본문의 사진 속 전화번호로 하시면 된다. 서울에서 1시간이면 간다.

미나리: 여러 모로 아주 인상적이었던 김성기 회장과 전화로 이야기를 나눴다. 10월 초순 현재 시점으로 파종한 미나리가 자라는 걸 기다리는 시기이고, 10월 중순에서 말 사이에 수확을 시작할 예정이라고 한다. 싱싱한 미나리를 생각하니 정신이 번쩍 나는 기분이 들었다. 취재를 위해 다녀온 모든 현장이 생생히 기억나지만 미나리 농장은 몇 가지 이유로 기억에 남았다. 특히 갓 딴 미나리와 구워 먹는 삼겹살은 '이게 뭔데 이렇게 맛있지?' 싶을 정도로 인상적이었다. 나도 모르게 꼭 찾아뵙고 싶다고 말씀 드렸더니 김성기 회장은 한번 놀러 오라고 사람 좋게 말했다.

밤: 최용찬 농부 역시 하동에서 밤 농사를 계속 짓고 있다. 그와 만났던 2022년에는 밤 작황이 좋지 않았다고 했는데, 안타깝게도 2023년인 올해는 작황이 더 안 좋아졌다고 했다. 나무 사이에 벌레가 많이 먹은 것도 있고, 장마 때 비가 많이 오기도 했고, 이상기온 때문에 기온이 너무 높아져 밤이 다 떨어졌다는 것이었다. 지금 한창 수확 중이라고, 그는 만났을 때와 똑같은 목소리로 말했다. 왠지 희미하게 웃고 있을 것 같았다. 잘되실 거라고, 밤 한번 주문하러 또 연락드리겠다고, 그런 말씀밖에 드릴 수 없었다.

인도어팜: 넥스트온 심송이 팀장과 전화로 이야기를 나눴다. 넥스트온은 점점 잘되고 심송이 팀장도 계속 다니고 있다고 한다. 넥스트온은 명동에 '어반 팜 플랫폼'을 '매드배리라운지'를 열었다. 5층 건물 규모에서 2층에 딸기를 키운다. 2023년 9월 8일 조선비즈 기사에 따르면 연간 생산량은 1톤이 넘는다고 한다. 프리즈 기간에 맞춰 아티스트를 초빙하는 행사를 열었고, 11월 25일 일반인에게 문을 열 예정이다. 남부터미널 지하는 내부 사정상 잠깐 운영을 멈춘 상태라고 한다.

당근: 임봉천 대표와 전화로 이야기를 나눴다. 원고에 적힌 말대로 당근은 올해 여름 가장 더울 때 씨를 뿌려 지금 성장하는 중이다. 지금 캐도 먹을 수는 있을 정도로 자랐다고 임봉천 대표는 말했다. 본격적으로 수확하고 주문할 수 있는 시점은 11월부터다.

감귤: 푸른농원 강창민 대표는 여전히 서귀포에서 최상급 하례조생과 써니트와 미니향을 짓고 있다. 그는 감귤이 맛있게 익어 가는 중이고, 올해 귤은 아주 달게 잘 익었다고 했다. 그의 감귤을 맛본 입장에서, 강창민이 그렇다면 정말 그럴 것 같았다. 나중에 제주에 가면 한번 보기로 했다.

문어: 김귀봉 선장과는 연락이 닿지 않았으나 우리는 촬영 이후 한 번 더 만난 적이 있다. 그의 삶과 문어 낚시가 굉장히 인상적이어서 내가 지금 일하는 잡지《아레나 옴므 플레스》에서 그의 하루를 소개했다. 그는 매일 똑같이 새벽에 일어나 문어를 잡고 일이 끝나면 운동을 했다.《아레나》에서는 그가 운동하는 모습을 촬영하기 위해 헬스장에 함께 갔다. 그의 종아리는 나보다 훨씬 굵고 울퉁불퉁했다.

와사비: 샘통농장 박상운 대표는 올해도 수해 등 큰일 없이 와사비를 잘 출고했다고 했다. 그가 키운 와사비를 먹기 위해서는 미리 예약하고 찾아가면 된다. 이 책에 나온 곳 중 일반인이 갈 수 있는 곳은 모두 남에게 추천할 만큼 흥미로웠다. 철원 와사비 농장도 한번 가보면 상당히 이색적인 체험이 될 수 있을 거라 생각한다.

나는 이 책을 기획하고 편집한 에이치비 프레스와 함께 내 첫 단행본 《요즘 브랜드》를 만들었다. 말 그대로 오늘날의 브랜드에 대한 나름의 취재와 분석 원고를 모은 책이었다. 그 일을 하던 2010년대 자체에 '브랜드'라는 개념이 동네 개천의 외래종 물고기처럼 들어오고 있었다. '브랜딩 전문가'라는 개념으로 스스로를 브랜드화하는 데 성공한 사람들이 이름값을 얻어 돈과 명성을 얻기도 했다.

　누군가는 나를 그렇게 봤을 거라는 생각도 든다. 나 역시 브랜드에 대한 책을 만드는 디자인 에이전시에서도 일했다. 심지어 《요즘 브랜드》라는 제목의 책까지 냈다. 어쩌다 보니 브랜딩 책 저자 중 한 명이 되었으나 그게 그렇게 달갑지는 않았다. 브랜드라는 게 뭔지 점점 알 수 없어졌기 때문이었다.

　나는 이 프로젝트를 시작할 때쯤 조금 혼란스러웠다. 내가 속한 라이프스타일 잡지와 에디터 직군에서는 치세와 자기 브랜드 관리에 성공한 일부 사례들이 이상적인 '브랜딩'이라 소개되고 있었다. '브랜딩 전문가'는 동네에 점점 많아지는데 그 사람들이 무슨 '브랜드'를 만들고 어떤 '브랜딩'에 관여해 구체적으로 어

떤 성공과 발전을 만들어 어디에 어떻게 기여했는지에 대해서는 알 수 없었다. 하나씩 짚어 보면 아무것도 아닌 이야기들을 풍선처럼 부풀리던 사람들이 어딘가에서 한 마디씩 하고 있었다. 뻔뻔하고 매끈한 자기 포장만이 성공의 비결인가 싶었다.

본질, 상식, 원칙, 발견, 신념, 꿈. 요즘 흔히 보이는 '브랜드 스토리'에 많이 보이는 개념어들이다. 내게 이런 말들은 밖으로 꺼내기 전에 몇 번은 생각할 만큼 엄숙한 단어다. 적어도 내게는 그렇게 소중한 개념들이 허풍선이들의 말장난 재료로 쓰이고 있었다. '나도 생활을 위해서는 저렇게 해야 하나'와 '아무리 그래도 저럴 수는 없다' 싶은 고민이 하루에도 몇 번씩 교차했다. 그때쯤 이 프로젝트를 시작하게 되었다.

현장에서 깨달았다. 내가 귀하게 여기던 그 개념들이 이 곳에서는 말 그대로 살아 있었다. 현장에 있는 사람들은 모두 각자의 원칙과 신념에 따라 그날 치의 음식을 열심히 만들고 있었다. 최첨단 공장에서도 오래된 부엌에서도. 그 이유가 대단한 본질이나 상식 때문도 아니었다. 그들은 그저 하루의 일을 성실히 하고 있을 뿐이었다.

그런 분들을 보면서 내가 많이 배웠다. 현실의 한복판에서도 발전할 수 있다는 사실을, 대단한 일들을 하고 있는 사람들은 오히려 자기의 대단함을 말할 여력이 없다는 사실을, 무엇보다 세상 어딘가의 주방과 그곳에서 일하는 사람들 덕에 우리가 언제 어디서나 안전하고 맛있는 음식을 먹을 수 있는 거라는 사실을. 그분들 대신 내 모자란 직업적 역량과 짧은 재주로 그들의 대단함을 전하려 했다. 멋진 공장과 농장과 주방의 이야기들을 통해. 이 과정에서 부족한 부분이나 사실과 다른 부분이 있다면 그건

모두 저자인 나의 책임이다.

　이 책 내용의 대부분은 내가 배달 플랫폼 '요기요'의 주문으로 시작한 요기요 뉴스레터다. 요기요 뉴스레터는 '요기레터'라는 이름으로 시작되어 '요기요 디스커버리'라는 이름으로 바뀌어 지속되다가 2023년 6월 서비스를 잠시 쉬어 가기로 했다.

　요기요 뉴스레터의 주제는 이 책의 주제와 같다. '음식이 만들어지는 현장에 간다.' 나는 이를 구현하는 과정에서 최대한 자유롭게 취재하고 원고를 작성했다. 나는 기업의 예산으로 이런 양질의 취재 프로젝트를 진행한 것에 대해 고마워하고 있다. 한국 라이프스타일 잡지 업계에서 일을 하는 동안 내게 이 정도로 풍성하고 자유로운 취재 지원과 사진 선정 권한을 준 클라이언트는 없었다. 요기요가 계약 과정에서 해당 작업물의 저작권을 저자인 나에게 귀속시킨 것도 아주 중요한 부분이다. 그 계약 문항이 없었다면 이 프로젝트의 출판에 또 하나의 절차가 필요했을 것이다.

　이 일을 하기 전에 나는 미묘한 고정관념에 싸여 있었다. 그 고정관념의 이름을 간단히 줄여 말하면 이분법적 사고다. 조금 더 풀어 말하면 이런 것이다. 기업은 악, 노동은 선. 대기업은 악, 소기업은 선. 대형 브랜드는 악, 독립 브랜드는 선. 대자본은 악, 소자본은 선. 이성은 악, 감성은 선. 프랜차이즈는 악, 동네 작은 가게는 선. 다른 사람들은 모르겠지만 나는 어느 정도 이런 생각으로 살아 왔다.

　현실은 이분법과도 상상과도 다르다는 걸 현장에서 거듭 느낄 수 있었다. 생산은 대형화될수록 효율적이다. 커질수록 비효율적인 요소를 걸러 내고 개선하기 때문이다. 비효율적인 요소를

걸러 낼수록 드러나는 아름다움이 있으며, 그건 어느 공장에서든 드러난다는 것도 눈으로 봤다. 여러 이슈가 있음에도 안전규정을 가장 잘 지키는 건 대기업이다. 이들이 더 잘나서가 아니다. 규모의 경제가 실현되어 예산이 더 크기 때문이다. 그만큼 규제와 위기관리 상황에서 생기는 각종 리스크도 크기 때문이다. 이른바 노동조건이 가장 잘 지켜지는 현장도 큰 회사의 공장들이었다. 작은 공장들은 작기 때문에 어쩔 수 없이 열악해지는 면이 있었다.

'무엇이 좋은 것인가'에 대한 근원적 질문에 대해서도 나름의 답을 얻었다. 좋은 품질이란 한 번의 최고점과 저점이 번갈아 오는 게 아니라 일정한 품질의 유지이며, 그 품질 유지를 위해 필요한 건 감성이나 열정이 아닌 고도화된 시스템(좋은 시스템을 위한 감성이나 열정은 있을 수 있겠으나 그런 게 현장에 드러나지는 않는다)이다. 이 말이 작은 회사를 비하하는 것이 아니며 큰 회사를 칭찬하는 말도 아님을, 감성을 깎아내리는 말도 아니고 시스템을 미화하는 말도 아님을, 큰 조직과 작은 조직을 모두 겪어 본 경험이 있다면 몸으로 이해할 수 있을 것이다. 이 과정에서 내가 현실을 많이 배웠다. 그 역시 이 프로젝트가 내게 준 귀한 교훈 중 하나이며, 부족한 원고를 통해 전하려 했던 것이기도 하다.

처음부터 이렇게 다양한 현장에 가려던 건 아니었다는 게 일의 역설이자 재미다. 코비드-19 시대의 현장 취재는 현장 자체가 변수였다. 처음에는 식품 공장 취재로만 채우려 했는데 집합금지 명령이 자꾸 내려졌다. 취재를 하루 앞둔 날에 다 약속된 공장 출입이 취소된 적도 있었다. 그 덕분에 현장이 풍성해질 수 있었다.

대형 공장이 각종 법규에 예민함을 깨닫고 상대적으로 너그러운 실외의 농업 현장을 찾았다. 식품 공장에서만 식품이 만들어지는 건 아니라는 당연한 논리에 따라 주요 식품 기업의 연구소와 식당의 부엌을 찾기도 했다. 그 결과 이 책에서 정의하는 다양한 '모던 키친'의 모습을 담을 수 있었다.

　모던 키친 프로젝트는 내가 한국 활자 콘텐츠계에서 구현한 것을 한국 출판계에 출고시켰다는 점에서 나에게 큰 의미가 있다. 나는 이 프로젝트를 통해 내가 모실 수 있는 최고 수준의 사진가들과 현장 취재 기반 데이터를 수집한 후 피처 기사 형식의 원고와 사진으로 정리했다. 해당 원고와 사진은 내가 함께할 수 있는 최고 수준의 편집자와 정리해 한국어 단행본의 형태로 출고되었다. 그 결과가 당신이 읽고 있는 지금 이 문장이다. 나는 앞으로 이런 프로젝트를 계속 진행하고 싶다. 이를 어떻게 더 할 수 있는지가 정보 생산자로서 내가 가진 역량과 목표가 될 것이다.

나가는 말

책에 직간접적으로 공헌해 주신 분들께 감사드린다. 책의 원재료는 저자 생산물이지만 책의 꼴로 나오는 건 에디터의 몫이자 역량이다. 이런 주제와 이런 요소로 이루어진 책에 에이치비 프레스 조용범 편집장과 함께 할 수 있어 다행이었다. 전우애가 섞인 감사를 전한다.

모든 현장 촬영에 함께한 사진가 송시영, 표기식, 최용준, 신동훈께 감사드린다. 이들은 모두 자신의 색이 있는 프로 사진가이며, 각자의 전문 영역에서 활발한 활동을 하는 창작자들이다. 이 프로젝트의 현장들은 이들이 그 해에 작업한 곳 중 가장 열악했을 것이다. 그럼에도 이들은 늘 내가 상상하지도 못했던 멋진 이미지를 만들어 주었다.

사진에 대해 꼭 말하고 싶은 게 하나 더 있다. 독자들이 보는 결과물을 넘어 사진가들이 현장에서 보여준 자세다. 이들이 마주한 현장 중에는 촬영 난도가 쉽지 않은 곳이 많았다. 누군가에게는 초라해 보였을 수도 있다. 그럼에도 이들은 내내 현장에 대한 깊은 존중과 배려를 보여주었다. 내가 현장에 있었기 때문인지 내 눈에는 사진에서 이들의 미감뿐 아니라 현장에 대해 보여

준 예의 역시 보인다. 그 예의 역시 이들이 만들어 내는 아름다움의 일부라고 나는 확신한다. 독자 여러분들도 그 요소를 느껴 주신다면 감사하겠다.

내가 음식 관련 취재를 할 수 있었던 데에는 나의 직업적, 개인적 경험이 영향을 미쳤다. 패션잡지나 라이프스타일 잡지사에서 일하며 각종 식당이나 공장을 취재했던 경험이 이번에도 큰 도움이 되었다. 이 프로젝트는 시점상 내가 패션잡지《아레나 옴므 플러스》에디터로 일하는 때에 출간된다. 책이 나온다는 소식에 응원 보내주신 이주영 편집장 이하《아레나 옴므 플러스》팀원들께도 감사드린다.

처음 내게 이 프로젝트를 의뢰한 요기요 김소라 당시 파트장께 감사드린다. 기획에서 계약 및 섭외와 진행까지, 김 파트장의 노고 덕에 이 프로젝트가 시작되어 단행본으로까지 만들어질 수 있었다.

무엇보다 현장에서 나에게 온갖 이야기를 다 해 주신 현장의 식품 전문가들께 깊이 감사드린다. 내가 처음 찾은 현장인 도미노 모델스토어부터 마지막 현장인 와사비 농장까지, 한국말을 잘 못하던 태국인 요리사 가오부터 마을의 전설까지 들려준 청도 한재 미나리의 김성기까지, 현장에서 만난 모든 분들의 삶이 담긴 경험과 정보 덕분에 책의 내용이 풍성해질 수 있었다. 한 분 한 분 이름을 적을 수는 없지만 책에 등장인물로 남아 있는 모든 분들께 안부를 전한다. 모두 각자의 음식 현장에서 건강하고 보람 있게 일하고 계시길 바란다. 이 책이 나올 때쯤에는 해당 현장을 떠난 분도 계실 것이다. 그분들도 현장에서의 경험이 좋은 추억과 경력이 되었기를 바란다.